# ローディバイス
# 法学入門【第3版】

三枝 有・鈴木 晃・漆畑貴久 著

法律文化社

# 第3版はじめに

　2018年の本書第2版の出版以降、民法や刑法等の改正・施行、あるいは最高裁判例の変更や違憲判決等、法を取り巻く社会情勢は更に大きく変化している。また、近時の、法に限られない社会情勢の急速な変化は、これからの社会生活において、社会に生起する諸問題に対して既知の知識を活用しつつ様々な思考を展開させることで解決を図るために、より高度な思考能力を養成することの必要性を示している。昨今のこうした状況から、本書初版、並びに第2版の「はじめに」にて既述したように、大学教育における「高度な思考性」の修得に対する社会の期待はますます高まっている。そこで、最近の法的変更を反映させることで、これまで本書が維持してきた「法的思考のツール」たるDeviceとしての役割を果たすべく、第3版を作成することとした。

　第3版の作成にあたっては、社会の存在を前提として機能している法を現実的な適用面から具体的問題として把握する思考方法、並びに具体的解決を図るなかで法理論へと遡る方法論を踏襲し、感性にもとづく自由な発想と現実的処理としての法適用の融合をめざすという本書の当初からの枠組みを維持した。その中で、憲法、民法、刑法等の最近の動向を反映させることを意識した。

　第3版までに積み重ねてきた本書の記述により、学生諸氏の思考性が刺激され、創造性に溢れる論理的思考を形成できる一助となることを期待している。本書がそうした学生諸氏の学問に対する熱意に応えるものになっていることを著者一同確信している。

　最後に、第3版の出版にあたっても、法律文化社の方々に大変お世話になった。ここに改めて厚く御礼申し上げる次第である。

　2025年1月

著　者

## はじめに

　近年の社会環境の著しい変化にともない、社会が大学教育に求めるものも単なる知識からより高度な思考性へと変化してきている。そして、現実に多くの企業においても世界の多様な価値観に対応できる創造的思考性を備えた人材の育成を大学教育に要求してきている。

　本書は、このような社会的ニーズに対応すべく、従前の知識中心的な法学入門書とはまったく異なった事例にもとづく思考中心型のテキストを目標とした。それゆえに、本書は法的思考のツールとしてのDevice(ディバイス)を用いて『ローディバイス法学入門』と命名することにした。そこでは、社会の存在を前提として機能している法を現実的な適用面から具体的問題として把握し、具体的解決を図るなかで法理論へと遡る方法論を採用することで、感性にもとづく自由な発想と現実的処理としての法適用の融合をめざす形態を採用した。

　そのため、本書では法学概論としてのパートは最小限とし、現実社会で必要とされる基本的法律である憲法、民法、刑法の三法に重点を置いて、具体的な社会事実から構成される事例問題を随所に取り入れることで、学生諸氏の思考性を刺激する仕組みを取り込んだ。これらの法を事例を通して概観し、より現実的問題につき思考していくことで、創造性溢れる論理的思考を形成できるものと考えている。

　しかしながら、本書の目的を100％発揮するためには、本書を活用する学生諸氏の学問に対する熱い想いが不可欠であるということを忘れないでいただきたい。著者の想いと学生諸氏の熱い想いが重なったときに初めて本書の目的は達成されるといえよう。

　最後に、本書の出版にあたっては、法律文化社の方々に大変お世話になった。ここに厚く御礼申し上げる次第である。

2013年3月

著　者

# 目　次

第3版はじめに
はじめに

## 第I部　法への誘い

### 第1章　法の目的 …………………………………………………… 2
### 第2章　法　　源 ………………………………………………… 9
　1 法源の意義と種類（12）　2 成文法の種類（13）　3 不文法の種類（14）
### 第3章　法の解釈・適用 ………………………………………… 17
　1 解釈の必要性（17）　2 法の適用（17）　3 解釈の方法（19）
### 第4章　裁　　判 ………………………………………………… 25
　1 裁判の意義（25）　2 裁判外の紛争解決（26）　3 裁判の種類（28）
　4 裁判を支える法律家（30）

## 第II部　憲　　法

### 第1章　憲法の基本原理 ………………………………………… 34
　1 基本原理（36）　2 天皇（42）
### 第2章　人　　権 ………………………………………………… 46
　1 人権総論（46）　2 自由権（55）　3 社会権（71）
### 第3章　統治機関 ………………………………………………… 81
　1 国会（81）　2 内閣（87）　3 地方自治（90）　4 裁判所（92）

## 第Ⅲ部 民　　法

### 第1章　総　　則 …………………………………………… 104
  1 民法の基本原則（104）　　2 人（106）　　3 法人（107）　　4 法律行為（108）　　5 代理（112）　　6 条件及び期限、期間（115）　　7 時効（115）

### 第2章　物権・担保物権 ……………………………………… 118
  1 物権（118）　　2 担保物権（129）

### 第3章　債　　権 …………………………………………… 139
  1 債権総論（139）　　2 債権各論（153）

### 第4章　親族・相続 ………………………………………… 177
  1 親族（177）　　2 婚姻（178）　　3 離婚（181）　　4 親子（183）　　5 相続（185）

## 第Ⅳ部　刑　　法

### 第1章　刑法総論 …………………………………………… 190
  1 序論（190）　　2 構成要件（192）　　3 違法性（203）　　4 責任（212）

### 第2章　刑法各論 …………………………………………… 225
  1 刑法各論の意義（225）　　2 生命・身体に対する罪（225）　　3 財産に対する罪（229）　　4 社会的法益に対する罪（235）　　5 国家的法益に対する罪（237）

# 第Ⅰ部

## 法への誘い

# 第1章 法の目的

> **事例1-1** Aはテレビのサスペンスドラマの最後に犯人が時効を迎え高笑いをするシーンを観て思った。犯罪を犯しても時効が成立すれば処罰されないなんておかしいのではないか。法というのはあくまでも正義を追求するべきで、裁判だとか警察の都合で時効が成立するなんて、まったく理解できない。たしかに、一部の重大犯罪について時効は廃止されたけれど、時効そのものはあってはならないのではないか。Aのこの考え方は正しいのであろうか。

　社会あるところ法ありと言われるが、それは社会が無目的に存在し、法がそれに自動的に付いてくるというようなものではない。それぞれが何らかの目的をもち、それぞれが固有の存在意義を有しているのである。そうでなければ、私たちは一体何のために法を守らなければならないのか説明がつかない。ただ漠然と存在する法を守ることは無意味であるし、無意味な法を守っても空しいだけである。ドストエフスキーの「死の家の記録」にあるように、ただ意味も無く穴を掘り、それをさらに埋めることを繰り返すことが人間にとっていかに過酷であるのかを考えれば、それは容易に理解される。

　そこで法には目的があるものとして、それは一体何であろうか。**事例1-1**では、Aはそれは**正義**だと考えた。たしかに、法の目的を考えるうえで、正義の実現は非常に重要なものである。Aがそれのみが法の目的だと考えたこともっともではある。しかし、法の目的はそれに尽きるのであろうか。いろいろと考えてみる必要がある。

　まず、正義というが、それが何を意味するのか明確に答えられる人がいるであろうか。よく若者は真・善・美を追求する（最近はそうでもないようだが）と言われるが、狭い世界の中では正義がおぼろげながら見えているのかもしれない。ただ、それはあくまでも狭い世界の中でだけである。大きな世界の中では、正義だと思えたものがそうではないとわかる場面がいくつもある。ケーキを分ける場合、小さな子であればみんな同じ大きさに分けるのが正義だと感じるかもしれない。しかし、大人の世界ではかえって不平等になる（つまり正義ではな

い）と考える場面は結構ある。たとえば、兄は妹に少し多めに切ってあげるべきだと考えるのは大人の理屈である。難しく言うと、さまざまな生活空間や社会構造あるいは国家が関わってくると、価値というものはそれに応じて相対化する。つまり人によって正しいものが異なることになる。

> **事例1-2** ある日突然、Aが新聞を読んでいると次のような内容の法律が制定されることになるらしいことが報道されていた。「年収100万円以下の者には選挙権を与えない。なぜなら、そのような者は相応の税金を納めていないのであるから、政治参加も制限されるべきである。」このような法律は不当であろうか。

　正義というものが人によって異なるということは、**事例1-2**のような法律が制定されたとしても、それをただちに正義に反するということはできないであろう。主権がお金によって左右されるという価値観が妥当する社会では、**事例1-2**のような考え方も決してできないわけではない。ただ、現代社会ではそのような価値観をもたないから、そのような法を不当だと感じるにすぎないのである。実は正義とはこのように非常にあやふやで脆いものでもある。

　では、法の目的として正義の実現を考えることは本来はできないことなのであろうか。かつて古代ギリシアの哲学者アリストテレスは、<u>正義を平均的正義と配分的正義とに分類した</u>。これは要するに、ともかく人はみんな平等にしようという形式的な正義の実現をめざすものと、人はみんな異なっているのであるから異なった取扱いをするのが本当の平等であるという実質的な正義の実現をめざすものとを区別したのである。たしかに、例えば選挙権は18歳以上の者に平等に1票与えられているのであるから平均的正義があてはまるような分野もある。しかし、およそ人は個性をもつものであるから、平均的正義があてはまる分野は意外に少ない。実際、平均的正義といっても、実質的に考えたら形式的に平等にするのが正義の要請に適っているという場合も多い。形式的に考えるにしても実質的な考慮をしているのである。そうだとするなら、問題は実質的に何をどう評価するのかである。これが意外に難しい。

> **事例1-3** Aは妻と大リーグ中継を観ていた。そのシーズン打率2割5分の4番の選手が4三振するのをみて、野球事情を知らない妻がこの人の年俸は安いよねと言った。Aが10億円だというと、妻は顔色を変えてホームランを打った打率2割8分の9番の選手は

年俸高いよねと再び聞き返すと、Aは5000万円くらいかなと答えた。妻は混乱してさっさと寝てしまった。

　事例1-3 では、その日の活躍から妻は9番の選手の年俸は当然高いものと勘違いしてしまったのであるが（つまり年俸についての評価基準を知らなかっただけであるが）、実質的な判断というのはその基準をどこにおくかで結論がさまざまに変化することを端的に表している。そうすると、結局、実質的に正義に反するかどうかという議論でも、結論というのは容易に変化するものであり、決定的なものではないといわざるをえない（もっとも人を殺してよいという結論をどうでもよいとするわけにはいかないので、結果の正当性・妥当性が厳しく問われる場合もある）。では何が重要であるのか。それは結果でないとするなら、そこにいたるプロセスとは考えられないだろうか。難しく言えば、主体間の尊敬と受容の精神に満ちた公正な対話が行われるかどうかが重要である。説得と納得を媒介にしたプロセス的正義と言い換えることもできる。簡単にいえば、よく話し合って、出された結論を尊重し受容しようということである。そのような過程と結論を正義として考えようというのである。よく考えてみると、このような正義の考え方は、かなり民主主義的である。裁判の現実をみても、当事者の訴訟行為は証拠にもとづく説得と納得の繰り返しであり、例えば刑事裁判において一定の証拠にもとづいて被告人に判決を言い渡す行為も被告人に対する説得行為とみることができる。もちろん被告人が主観的に納得はしないとしても、納得できるだけの証拠があることによって客観的に納得しているとみることになる。こうして、裁判において出された結論を法的正義が守られたと考える根拠は、そのプロセスにあるといえるのである。もっとも、そのプロセスにおいて正義が守られたと考える根拠、つまりプロセスを正当と考える根拠は何かと問われたら、議論は堂々巡りになるかもしれない。ただ、結果そのものを絶対的に正しいと考えることよりも、正義をダイナミックにとらえ、とことん話し合ったうえでの結論を尊重し受容する態度の方が、さまざまな価値観のなかに放り込まれた人間にとって理解を得やすい考え方といえよう。

　事例1-4　Xは長距離バスの運転手である。すでにベテランの域に達した優秀なドライ

バーであるが、最近会社の売り上げが伸びないため、交替運転手なしの1人での運転や、適度の休憩なしの徹夜運転を強制されていた。そのようななかで、Xがいつものとおりバスを運転していると突然睡魔に襲われ、居眠り運転によって人身事故を起こしてしまった。Xは、常日頃から、会社にこのままではいつ事故が起こっても不思議ではないから、何らかの改善措置をしてくれと申し入れていたが、会社は嫌なら辞めてもらってもよいと返答していた。

事例1-4の問題はいろいろな法律的視点から結論が出されるであろうが、ここで考えるべきことは、Xが仮にすべての責任を負うことになった場合、Xはそれを正義だと感ずるかどうかということである。もちろん、Xは客観的にみれば法的責任を負うのは当然である。いかに会社が不当な労働を強制したとしても、まともな大人が果たすべき義務を果たしていないとするなら、それについての責任は逃れようがないといえる。しかし、Xの個人的とも思える不満を仮にすべて法が放置することになると、Xのみならず国民の遵法精神そのものが低下するおそれが否定できない。つまり個人的事情をすべて無視して客観的な要件だけでもめごとを解決しようとしても、生身の人間は「やってられないよ」という不満を募らせるだけであるということになる。このような問題は<u>一般的正義と個別的正義の問題</u>としてとらえられることになるが、要はその調整にある。法は万人に適用されるものであるから（つまり平均人を対象とするものであるから）、法的正義は一般的な正義を意味するものであると考えるべきであるとしても、個人的事情を特に考慮すべき特殊な事情がある場合には一般的正義を修正する必要があるのである。民法の権利の濫用論であるとか信義誠実の原則、あるいは刑法の期待可能性の理論などは、その1つの表れととらえられないであろうか。要は形式的な法律要件だけでなく、物事を個人的事情も入れながら実質的に考えていこうというのである。ただ、そのような考え方に一面の真理があるとしても、あまりにも個人的事情（個別的正義）を考慮しすぎるのも考えものである。法にもバランスが必要である。事例1-4でも、Xには一般的正義の観点から法的責任が問われることになる。しかし、個別的正義の観点からも配慮がなされ、例えば刑事責任については減軽の可能性があるであろう。

ところで、事例1-1の時効の問題に再び戻ろう。正義の実現という点からA

は時効は悪しき制度だと考えたわけである。しかし、ここまでの正義の話からわかることは、その内容が簡単に定まらないということである。プロセス的正義の観点から、結論とそれにいたる過程における正当性を考えるにしても、正義の内容が一応受容されているという点では明確かもしれないが、それは常に私たちの側からの批判にさらされるものである。そうすると現実世界においては、正義の実現という理想とは異なるファクターが要求されるように思える。それは今在る秩序への配慮である。このことは**法的安定性**という言葉で表現されるのであるが、それは正しいことはどこまでも正しく、間違ったことは絶対に間違っているという純粋な精神をもつ 事例1-1 のAのような者には理解しがたいものなのかもしれない。しかし法的安定性が保たれないなら、社会は不安定になり、正義の実現どころではなくなってしまうかもしれない。例えば、悪法であっても民主主義的ルールによって制定されたものである以上、それを遵守するのが市民的義務であるが、そこには法的安定性の理念が息づいているのである。時効制度が悪法であるかどうかは別にして、すでに犯された犯罪が一定の期間を過ぎると起訴することができなくなるというのは、社会がその犯罪を取り込んだまま安定してしまったと仮定するからである（被害者にとって安定も何もないというのは十分理解できるところではあるが）。もちろん、相当期間の過ぎた犯罪捜査が証拠の散逸などの理由により冤罪を生みやすいという理由も同時に考えなければならない。しかし、基礎にある考え方は、法的安定性の要請であり、<u>法の目的には正義の実現と並んでこの法的安定性の要請があるということ</u>なのである。

> 事例1-5　Wの通う女子校では、奇妙な校則がたくさんあることで有名だ。服装についての細かな規則はいいとして、どうしてもWが納得できないものがある。校則にはこうある。「生徒は自宅自室の壁等にアイドル等のポスターを貼ってはならない。これに反する場合には停学処分とする。」Wはもちろんこの校則を守るつもりなどなく、堂々とポスターを貼っている。仮にこの事実が学校にバレたなら、Wは停学処分になるのだろうか。

法的安定性を盾にして、どのような**悪法も法である**（この理論的傾向を**法実証主義**という）から遵守しなければならないというのも行きすぎである。 事例1-5 のようなケースはその典型である。それはそうだとして、問題はその先にある。 事例1-5 は、女子校における校則という比較的狭い社会のなかでの正義の内容

の問題である。プロセス的正義が対話ということを媒介にするものであるなら、そのような狭い社会における正義の追求は比較的容易であろう。要するにみんなで話し合えばいいのである。しかし、その単位が広がり社会となり国家となった場合、つまり法律の世界の問題となった場合には、正義の内容を見極めるのはそう簡単ではない。ある程度の時間がかかるのである。それならまず民主的手続によって定められたルールであるなら、それを受容しておこうというのが筋である。法的安定性の要請はこのような観点からも説明されるであろう。そして、このような観点からは、一旦制定された法律はとりあえず守るということと同時に、その法律を簡単に変更するべきではないということになる。法律がもっともらしい合理的説明によって、その都度の社会的状況に合わせて変更されるなら、法秩序はかなり不安定になってしまう。誤謬をおそれず言うと、多少の誤り・不都合があっても、安定的な法秩序の方がマシであるという場合も多い。それが民主的手続によって制定されたものであるならなおさらである。ただ、ずっとそのままでいいのかというと、それも困る。そこで正義の登場というわけである。悪法はやがては正義によって駆逐されなければならない。しかし、それまではその法的ルールが本当に正しいのか正しくないのかを慎重に吟味する必要がある。その意味では法は、多少時代遅れの方がいい。もちろんそれも法分野ごとに考えなければならない問題である。例えば憲法は、コロコロと変えてはならないものであろう。しかし経済法の分野では、そんなに悠長なことを言ってはいられない事情があるだろう。このように、法的安定性の要請から法律が容易に変更されてはならないとはいっても、その法律が何を規制しているのかということとの関係で大きく異なるものでもある。旧優生保護法に基づく強制不妊手術の被害者に対する補償が可能かが問題となった事件において、最高裁は、不法行為によって発生した損害賠償請求権が改正前民法724条の除斥期間の経過により消滅したとすることが著しく正義・公平の理念に反し、到底認容することができない場合には、除斥期間の主張が信義則に反し又は権利濫用として許されないと判断することができるとして、上記被害者の損害賠償請求を認めている（最大判令和6年7月3日）。除斥期間は現在の社会的・経済的諸関係を前提としてその法的安定性を維持するためにも必要な制度といえるが、それを遵守することが正義の実現を妨げる場合には正義の実現のため

に修正される場合があることを示した裁判例といえる。もっとも、そのような差異を認めたとしても、まず法の目的として考慮されるのはやはり法的安定性であろう。このように言ったとしても、それは正義の実現の要請が後退し、法的安定性こそが重要であるということではない。それは言わば優先順位の問題であり、重要度の問題ではない。法の目的としての法的安定性と正義の実現は、理想と現実の狭間に生きる私たち人間にとって両方とも欠くことのできないものである。正しいことと正しくないことを世間的なしがらみとは無関係に純粋に見極める目をもつと同時に、多様な人間関係が渦巻く現実社会のなかで法がどのような役割を果たしているのかを、俗に言えば、大人の目で判断することが必要である。そのような意味で法学は大人の学問であると言われるのである。

# 第2章 法　源

> **事例2-1**
> A：　中国と日本の国家間で尖閣諸島（釣魚島）の領土権について、もめているけど、もし中国が軍隊で攻めてきたらどうしよう。
> B：　心配はいらないよ。中国よりも強力な軍隊をもっているアメリカが助けてくれるよ。アメリカと日本との間には、日米安全保障条約（1961年成立し現在も有効）があるから、その条約（第5条）にもとづいて日本はアメリカに護ってもらえるのだから。
> A：　でもさ。日本国憲法は第9条で戦争を放棄して、戦力をもたないといっているのに、アメリカの軍事力を使って戦争をするのと同じでは、憲法違反では？
> B：　条約で決めてれば、憲法でなんて書いていても問題ないでしょ？
> A：　そうかなぁ……。

　第二次世界大戦後、1951年9月8日に日本国と連合国との平和条約（サンフランシスコ講和条約）の締結と同日に署名されたのが、日本国とアメリカ合衆国との間の安全保障条約（旧日米安保条約）である。この条約は、日本における安全保障のため、アメリカ合衆国が関与し、アメリカ軍を日本国内に駐留させることなどを定めた二国間条約である。その後、1960年1月19日に岸内閣のもと日本国とアメリカ合衆国（アイゼンハワー大統領）との間の相互協力及び安全保障条約（新日米安保条約）が発効したことにともない、旧日米安保条約は失効し、現在は新日米安保条約が効力をもっている。この条約では、従前の旧日米安保条約と同じく、日米双方が日本及び極東の平和と安定に協力することを規定し、第5条では「日米各締約国は、日本国の施政の下にある領域における、いずれか一方に対する武力攻撃が自国の平和及び安全を危うくするものであることを認め、自国の憲法上の規定及び手続に従って共通の危険に対処するように行動することを宣言する。」として共同の軍事行動をとることを定めている。
　しかし、旧日米安保条約当時、アメリカが日本の主権下だと認めていた領土への外国の武力支配行為、すなわち竹島への韓国による占領（サンフランシスコ講和条約発効直前の1952年1月18日大韓民国大統領李承晩は李承晩ラインを一方的に設定して竹島を占領した）、ソ連による色丹島（シコタン）および歯舞諸島（ハボマイ）占領（1945年8月28

日から9月5日にかけてソ連軍が上陸し占領した）については、日米安全保障条約によるアメリカ軍の援助はまったくなかった。もっとも、尖閣諸島問題については、2012年9月20日に、オバマ政権下で、アメリカ国務省キャンベル次官補は、尖閣諸島の領有権に関する見解を示すのは控えたものの、日本が尖閣諸島を管理していることを「はっきり認める」とし、「よって、（米国の対日防衛義務を定めた）日米安保条約第5条の明確な適用対象となる」と述べている。

日本国憲法第9条は、1項で「……国権の発動たる戦争と、武力による威嚇又は武力の行使は、国際紛争を解決する手段としては、永久にこれを放棄する。」と定め、さらに2項で、「……陸海空軍その他戦力は、これを保持しない。国の交戦権はこれを認めない。」と規定している。この規定からすると、新日米安保条約にもとづきアメリカ軍が日本のために戦闘行為に出ること、アメリカ軍が日本国内に駐留し日本の軍隊と同様な機能を果たすことは、たとえ条約を締結しているからといっても憲法に違反するのではないかというA君の疑問が生じる。

もっともB君のいうように、条約で決めているのだから憲法上は問題とならない（条約は憲法に優越する）と考えれば、そもそも新日米安保条約は憲法9条に違反しないのかという問題さえ生じない。

法源（後出「**1**法源の意義と種類」参照）上は、憲法も条約も成文法である。**憲法**は国家の最高法規であり、**条約**とは文書による国家間の国際法上の合意である。どちらも重要な法規といえる。それでは、この2つの関係でどちらが優越するのか？

憲法上の手がかりとして、81条の違憲審査権（参照、98頁）の規定では、「一切の法律、命令、規則又は処分」を違憲判断の対象としており、条約が入っていない。さらに、98条1項の憲法の最高法規性において条約がその対象から外されている。98条2項では、「日本国が締結した条約及び確立された国際法規は、これを誠実に遵守することを必要とする。」と規定している。以上からすると条約を憲法よりも重視しているようにも受け取れる。

しかし、もし条約の効力が憲法に優越すると解すると、内容的に憲法に反する条約が締結された場合には、法律（憲法59条）より簡単な手続により成立する条約（憲法61条は衆議院の優越がある）によって憲法が改正されることになり、

憲法改正に厳格な手続（憲法96条では各議院の総議員の3分の2以上の賛成と国民の過半数以上の賛成が要件……硬性憲法）を定め、改正に慎重な手続を要求した憲法の趣旨を否定することになり妥当でない。それゆえに、憲法が条約よりも効力において優位すると理解すべきである（**憲法優位説**）。

とすると、条約は、違憲審査権（憲法81条）の対象になりうる。たしかに、条約は国際法であるが、少なくとも日本国内では国内法として通用するものであるから、国内法としての側面については憲法81条の違憲審査権の規定の「法律」に準ずるものとして理解できる。それゆえに、81条の規定に条約が存在しなくとも問題にならないといえる。

それでは条約のすべてにつき違憲審査権の対象となるのかについては、最高裁判所（最大判昭和34年12月16日刑集13巻13号3225頁〔砂川事件〕）は否定的である。すなわち、最高裁判所は「日米安全保障条約は、……主権国としてのわが国の存立の基礎に極めて重大な関係をもつ高度の政治性を有するものというべきであって、その内容が違憲なりや否やの判断は、その条約を締結した内閣およびこれを承認した国会の高度の政治的ないし自由裁量的判断と表裏をなす点が少なくない。……司法裁判所の審査には、原則としてなじまない性質のものであり、従って、一見極めて明白に違憲無効であると認められない限りは、裁判所の司法審査権の範囲外のものであって、それは第一次的には、右条約の締結権を有する内閣およびこれに対して承認権を有する国会の判断に従うべく、終局的には、主権を有する国民の政治的批判に委ねられるべきものである」（傍点は筆者）としている。結論的には、裁判所は**統治行為論**（✐）により、日米安全保障条約は違憲審査の対象とならないとした。

以上から分かるのは、<u>条約と憲法では憲法の効力が優位し、条約は憲法の違憲審査権の対象となる</u>。しかし、場合によっては、統治行為論により裁判所（司法）判断には適さない場合があり、日米安全保障条約のような高度な政治性がある場合は、まさしく統治行為として裁判所は判断を出さず、国民の判断に任せるということである。

> ✐ **統治行為論**　統治行為とは、直接国家統治の基本に関する高度に政治性のある国家行為である。このような統治行為については、法律上の争訟として裁判所による法律的判断が理論的には可能であっても、事柄の性質上、司法審査の対象から除外

されることになる。本来、憲法は「法の支配」を原則とし、裁判所に違憲審査権（憲法81条）を認めているが、裁判所は国民により直接的に選任されていないことから、政治的に無責任な機関である。それゆえに、高度の政治性ある行為の当否は、民主的機関である国会（内閣も含みうる）により判断すべきであると考え、裁判所の審査対象外とする（内在的制約説）。

## 1　法源の意義と種類

　そもそも法は、道徳などの規範と異なり強制力をもつのが一般的である。それゆえに、法がいかなる形式で定められているか、どのようなものが法であるかは気になるところである。そして、一体何が法であるのか。それを見定める根拠としてとりあげられるものが「法源」である。つまり、法の淵源のことであり、法の存在形式を意味する。

　本来、「法源」という厄介な言葉は、多様な意味をもち、君主、国家や国民などの法制定力を意味したり、立法者の意思や国民の法的確信などの法的妥当性の根拠を意味したりしてきた。しかし、法が強制力をもち、それが裁判を通して実行される現代社会では、裁判の基準となるべき法の存在形式こそが、「法源」の意味として最も適切なものといえる。それゆえに、法の存在形式としての法源は、法解釈ならびに法適用にあたって援用することができる法の表現形式のことである。

　法源は、法の表現形式から、大きく成文法と不文法に分けられる。**成文法**は、その内容が文書によって書き表され、一定の形式と手続とによって制定された法である。法源の中では、最も重要な意味をもち、国家の立法機関により制定されることから**制定法**とも言われる。成文法を中心とする法体系を採用する考え方は「成文法主義」と言われ、現代の大半の国々が、この成文法主義を採用している。成文法は、その成立形式から、憲法、法律、命令、条例、規則、条約などに分類される。

　そして、成文法以外の法を**不文法**という。不文法は、その成立形式から、慣習、判例、条理などがある。イギリスやアメリカなどの英米法系の判例主義の国々ではきわめて重要な役割を果たしている。

## 2 成文法の種類

　文字や文章の形式で表された法規範を**成文法**という。成文法は、国家がある程度発展した段階で採用される法形式である。社会が発展し、その機能が複雑拡大化するに応じて、人が遵守すべき法規範をあらかじめ明示して、法的生活の安定化を図り、同時に国家権力に対する国民の権利と自由を確保するためには、成文化は重要な意義をもつ。

　もっとも、成文法は、文字や文章で法規範を表現することから、非弾力的で固定化しやすいという欠点をもつ。同時に、内容に安定性を与えるという効果をもっている。成文法が、一般国民に向けての規範である場合、成文法を立法する機関は、国民の代表者により構成されることが必要である。成文法には、成文憲法、法律、命令（省令など）、規則（最高裁判所規則、人事院規則など。別に、地方法として地方自治体の首長が出す規則もある）、条例（地方自治体の自主法）、条約などの種類がある（規則、条例については、第Ⅱ部第3章統治機関の内閣、地方自治ならびに裁判所の節を参照）。

### (1) 成文憲法

　憲法とは、国家の根本となる最高法規であり、統治の主体、統治組織、統治作用などに関する基本事項を規定している。憲法にも成文憲法と不成文憲法とがあるが、国家の根本事項に関する規定であることから、大半の国では成文憲法主義を採用している。日本でも、1889年に大日本帝国憲法が制定され、さらに1946年には現在の日本国憲法が制定され成文憲法の形式となっている。日本国憲法では、国民が自らの意思で直接又は国民の代表により制定する民定憲法の形をとったが、大日本帝国憲法では、君主たる天皇がその意思で制定する欽定憲法の形式を採用した。

### (2) 法　　律

　法律とは、狭義では、国会で制定される国法の一形式である成文法をいう（憲法59条）。このような法律を、一般に「形式的意義の法律」という。この意味における法律は、国の唯一の立法機関である国会（憲法41条）で、両議院（衆

参議院）で過半数で可決したときに法律となるのが原則である（憲法59条1項）。そして、天皇の国事行為としての公布（成立した法律を国民一般に周知させるための公示行為）をする。国民の権利に影響を与え、義務を課す場合（「実質的意味の立法」）には、国会の議決にもとづく法律によらなければならない（参照、83頁）。

### (3) 命　　令

　命令とは、国会の議決を経ないで、内閣などの行政機関により制定された成文法である。政令、内閣府令、省令などで、命令は法律よりも形式的効力は劣る。政令は命令の中で最も強い効力をもつ。命令は、専門的・技術的な内容であり、社会の要求に迅速に対応するのに適した法規である。行政機関への立法の委任であり、現代社会への即応性に富んでいるが、反面、国会の唯一立法機関性を害し憲法の趣旨を損ないかねないことから、法律による命令への包括的な委任は許されない。

### (4) 条　　約

　条約は文書による国家間の国際法上の合意であり、これにより国家間の法関係が設定、変更、廃止される。憲法では、条約は内閣が、国会の承認にもとづき締結し、天皇が公布する。一般に、内閣が任命した全権委員が調印又は署名し、内閣が批准することで国際的には効力を生じる。条約は、国家間の合意であり、同時に、国内法としての効力をもつ場合が多い。それゆえに、憲法73条は、条約締結にあたり事前に（例外的場合には事後に）国会の承認を必要としている。条約は、国家間の国際的取り決めであり、条約の誠実な遵守を求めていること（憲法98条2項）、条約の締結に国会の承認が必要なこと（73条1項3号）などから、条約は法律よりも効力上勝ると考えられている。しかし、条約が憲法に効力上優越するかは疑問である。

## 3　不文法の種類

　文書で表されていない法（非制定法）のことを**不文法**という。慣習、判例、条理などがその典型である。成文法と異なり、現実の社会の変化を取り込み、社会に適合した法解釈を可能にできることから、成文法主義の現代においても、

成文法を補完する機能をもつものとして不文法は重要な法源となっている。

(1) 慣　習

　社会において、その多数の構成員により一定の行動様式が繰り返されるという事実、すなわち慣習が社会構成員の間で社会的行動の基準たる社会規範として意識されたものを慣習法という。このような慣習を裁判規範としての法源としてよいかは問題となる。刑法上は、罪刑法定主義の原則があることから、慣習刑法は排斥される。また、行政法上は、法律による行政の原理から、慣習行政はありえず、慣習法は認められないと以前は考えられていた（近年は、慣行水利権など行政機関の慣習から慣習法が認められている）。それゆえに、慣習法が重視されるのは、私法（民法、商法など）の領域である。

　慣習法の成立と効力については、一定社会で慣習が存在し規範としての内実が形成され、しかもその慣習が公の秩序と善良の風俗（**公序良俗**）に違反しないことで認められる（法の適用に関する通則法3条）。慣習が法令により認められた場合（民法の入会権（263条））や慣習が法令に規定のない事項に関する場合（温泉権など）には、慣習は「法律」と同一の効力をもつ。法として認められない単なる慣行を「事実たる慣習」といい、法律の当事者がこれに従う意思をもつものと認められれば、法律行為の当事者の意思解釈の基準として採用される。

(2) 判　例

　判例とは、裁判例のことで、裁判所の判決がある程度反復され集積されて、法規範と同一の社会的作用をなすものを判例法という。英米法系の国々では、判例は先例拘束主義により法的拘束力をもち、裁判基準として機能し、法制度上の法源となっている。これに対して、<u>ドイツや日本などの大陸法系の国々では、事実上の拘束力しかもたず慣行的に裁判基準として機能するのみで法制度上の法源としては機能していない</u>。

　しかし、大陸法系の国々でも、法的安定性への配慮や法令の解釈の統一性の必要性から、上級審裁判所の判決が下級審裁判所の判決への事実上の拘束力を生じる傾向がある。このため、判例は事実上の裁判基準たる法源になっている（裁判所法4条）。そして、異なる判例がある場合には、優先順位としては、上

級審の判例が優先され、同級審の判例の間では新しい判例が優先する。また、最高裁で「判例変更」の手続がとられて新しい判例ができた場合、「古い判例に対する違反」を上告理由とすることができなくなり、古い判例の「先例」としての価値が無くなるため、新しい判例の優越性が明確である。このように実際の運用面での拘束力はきわめて大である。

　もっとも、裁判官は憲法及び法律のみに拘束される（憲法76条3項）ことから、裁判所はいつでも判例変更できる。このため、法制度上は判例の法源性は認められない。また、判例を独立の法源として認めず、司法上の慣習法として理解する見解もある。

　実際に判例が、法源として機能するのは、判決理由（レイシオ・デシデンダイ：判決の結論を導くための意味ある理由づけ）の部分である。この部分が、後の別の事件で同様の法律問題が生じたとき、先例として裁判の拠りどころとなる。判決文中で判決理由と関係のない部分は傍論（オビタ・ディクタム）と呼ばれている。

　判例の事実上の法源性を認めたものとしては、民法177条の第三者の範囲（背信的悪意者）、内縁関係に対する法的保護、共謀共同正犯論などの社会実情を反映したものである。

### (3) 条　理

　条理とは、ものごとの道理、筋道などのことで、裁判では、社会通念などの言葉で表現される。条理はあらかじめ具体的内容を確定できるものではなく、個々の事案ごとに妥当な解決を図っていく裁判官の精神的指針のようなものである。それゆえに、条理裁判は客観性に欠けるという問題点が存在し、法的安定性の面からも問題がある。

　条理が法源性を認められ裁判基準として機能するのは、①法律又は契約の内容を決定する標準となる場合、②法律の存在しないときに、条理に従って裁判すべき場合、である。立法者が将来起こりうるすべての場合を想定して法を制定することは不可能であり、また法の不存在を理由として裁判を拒むことはできないことから、制定法がなく、慣習法が存在しない事項について、条理が法として裁判を行うことになる。条理は成文法や慣習法を補充する機能をもつが、この条理にもとづいた裁判が判例となり判例法を形成することもある。

# 第3章 法の解釈・適用

## 1 解釈の必要性

　どんな法律でもいいので、まず法律を読んでみよう。さて、一度で理解できたであろうか。もちろん、日本語で書いてあるのだから、読めることは読めるし、大体の内容だって分かるという人が多いであろう（法律のなかには何度読んでも理解できないような難解な規定もある）。しかし、よく読んでみるとこの用語はどんな意味だろうと考え込んでしまったり、文意が幾通りも考えられるような条文に出くわす。というのも、法律の規定というものは、必ずしも私たちのような一般市民が読むのに親切にできているわけではないのである。法律は普通、一般市民を対象にしており、その適用を受けるのも私たち一般市民なのであるから、私たちにとって親切にできていなければ本来おかしいと考えるのが当然である。ところがそうではないのである。それはなぜか。それはまさに<u>法律が適用される対象が私たち一般市民であり、特定個人に向けられたものではない</u>ことによる。特定個人ではなく一般市民に向けられたものであるなら、その規定はいろいろな個性や事情をもついろいろな人に適用されなければならないのであるから、一般的抽象的に規定するほかなく、そのため法律の意味が容易に理解できないことがある。さらに法律が適用される社会的状況は非常に多くの側面をもち、また変化もする。そのような社会を前提に法律を制定しようとするなら、ある程度法律の内容を柔軟に制定しておかなければ機能しないことになるから、一般的抽象的に規定せざるをえないという事情もある。法律の規定がそのようなものであるからといって、そのままでいいというわけではない。そこで、その規定にはつねに解釈の必要性が付いて回るというわけである。

## 2 法の適用

> **事例3-1** 裁判官Aは公判中居眠りを始めた。Aは被告人の緊張し怯えきった顔を眺め

> ながら、当事者から提出された証拠を「判決自動販売機」に入れ、手数料として1000円札を1枚料金口から挿入し5分間待った。すると、排出口から一枚の紙が吐き出されてきた。Aはそれを手に取り憂鬱な顔で被告人に向けてその紙に書かれていることを淡々と読み上げた。「被告人は有罪。量刑は死刑。」被告人はうなだれ法廷を後にした。そこでAは目が覚めた。

　モンテスキューは裁判官は法を語る口であると言った。つまり、裁判官は法を創造するものではなく、単にそこに存在する法を発見し事実にあてはめる仕事をするだけであるということである。イメージとしては事例3-1で裁判官Aが夢のなかで見た判決過程がそれである（少々極端ではあるが）。ただ、古くから法の適用にあたっては、法的三段論法が妥当すると言われてきている。三段論法というのはよく知られた推論の方法である。言い古された例をあげれば、大前提として「人間は動物である」があり、小前提として「私は人間である」とするなら、結論として「私は動物である」が成り立つということになる。これを法律の適用にあてはめるわけである。例えば、殺人罪を例にあげると、大前提として「人を殺した者は、死刑又は無期若しくは5年以上の拘禁刑に処する。」という法規範があり、小前提として「Xが人を殺した」という事実があるとすると、結論として「Xは殺人罪として死刑又は無期若しくは5年以上の拘禁刑を科せられる」ということになるのである。条文があり事実が認められれば、何も考えなくとも結論が導かれるというのである。ところがすでに示したように、<u>法律の規定は、つまり大前提が必ずしも明確に規定されているわけではない。裁判官はそこで解釈という作業を行わなければ、法の適用ができなくなるのである。</u>

　上述の例で、殺人罪はきわめて簡単で明確と思われる規定となっているので、この解釈がいらないのではないかと思うかもしれない。しかし、例えば「人」というのは明確なのかというと必ずしもそうではない。どこから始まり（始期）どこで終わるのか（終期）を考えてみよう。意外に簡単には答えられないことに気付くはずである。すべての条文には解釈が不可欠であり、裁判官はその意味では判決を自動で出すことができるわけではなく、結構頭を使わなければならないのである。

## 3 解釈の方法

> **事例3-2** Aはペットの犬「てつ」を連れてレストランに入ろうとした。ところが、その入り口にこういう立て札が立っていた。「このレストランには犬を連れて入らないでください。」ひとときも「てつ」と離れたくないAは、どうしたらこの看板の内容に反しないで、「てつ」とレストランに入ることができるか考え込んでしまった。

　とんちの一休さんは、「このはし渡るべからず」の立て札のある橋を、堂々と「はし（端）」ではなく「真ん中」を渡ることによって、窮地を切り抜けた。**事例3-2** にも似たような解決方法はないであろうか。犬好きのAのために考えてやってほしい。もちろん、一休さんのように、単に言葉遊びのようなものではなく、合理的で人を十分納得させるようなものであってほしい。法の解釈にはそれが必要である。

　**事例3-2** では、たしかに犬を連れてレストランに入ってはいけないと書いてある。だから、その文言のままそれを解釈すればAはレストランに犬と一緒に入ることをあきらめなければならない。立て札を厳格に読めばそうなる。いやむしろそのような解釈が本来の解釈でなければならない。普通に人が読んで普通に解釈することは大切である。法律の解釈はこれを基本としなければならない。そうでなければ、人によって法律解釈がバラバラになり、安定した法秩序が保てなくなる。このような解釈を**文理解釈**とか**文言解釈**というのである。しかし、今は、このような原則論はさておき、もっぱらAのためだけの解釈を考えてみよう。それは解釈の技法を学ぶことにもなる。それに、そもそもすでに述べたように「普通の人が読んで普通に解釈」しても、実は法の意味が明確にはならない場合が多いのであるから、実は文理解釈ないし文言解釈はそれ自体の重要性を十分認めなければならないとしても出発点にすぎないのである。

　まず、Aはペットの「てつ」を連れてレストランに入ろうとするなら、「犬」という意味を狭めて解釈すればよい。つまり「犬」といってもいろいろあるだろうということである。ペットの「てつ」はそこらへんの「犬」とは訳が違うと言えばよい。たしかにこのような解釈はAの自分勝手な解釈と受け取られ

がちである。しかし、十分合理的と思えるような場合もある。例えば、仮にその犬が盲導犬であったらどうであろう。それは困ると店主が入店を断るなら差別だと非難されるかもしれない。店主は「犬」の意味を狭めて解釈することに同意するかもしれない。このような解釈を**縮小解釈**という。それでも店主が入店を拒否したら、今度はなぜ犬を連れて入ってはいけないのかを聞いてみるといい。それがもし店主の先代が犬嫌いだったからという理由であるなら、あるいは昔犬を連れた客のしつけが悪く、犬が吠えたり駆け回ったりしたからだという理由なら、現在の店主の犬に対する好き嫌いを聞いたり、「てつ」がおとなしい犬で吠えたりしないということを説明し、立て札自体の有効性を争うことも可能である。前者の最初に立て札を書いた者の意向を解釈の指針にしようとするものを**立法者意思探究**といい、後者のように立て札の成立過程に注目するものを**歴史的解釈**という。戦前のように立法権が天皇にあり、法律が天皇の意思そのものであるとするなら、解釈は立法者意思探究以外にないと思えるし、ある意味では立法者意思は明確であるかもしれない。しかし、国民主権の下で立法権が究極的には国民にあるとするなら、立法者の意思を明確にするためには、その法律の制定された過程からその内容を考えることが要求され、そう簡単には立法者の意思を明らかにすることはできないであろう。一方、歴史的解釈において、立て札（法律）の成立過程をみるにしても、歴史の1コマを切り出してその解釈の基準にすることは、立て札が歴史の残骸ではなく、生き続けてきたものであるとするなら、その内容は成立過程だけで論じられるものではないであろう。

　今度は変化球を投げてみよう。つまり、犬がレストランに入ってはいけないというのであるなら猫ならいいのかと問い詰めるのである。あるいは、蛇はどうか、ライオンは、象は、イルカはと、立て続けに犬以外の動物をあげ、それらの動物だってだめだというなら、それを書いていないのだからこの立て札の効力はないと言い張るのである。このように犬は入店できないというルールがあるなら、犬以外の動物は入店できるはずだという解釈を**反対解釈**という。例えば、憲法31条はこう規定している。「何人も、法律の定める手続によらなければ、その生命若しくは自由を奪はれ、又はその他の刑罰を科せられない。」この規定を反対解釈すれば、法律の定める手続があれば、生命等を剥奪するこ

とが許されることになる。つまり死刑は合憲だという解釈になりそうである（もっとも反対解釈を許さないという解釈も可能である）。ただ、店主はこう反論するかもしれない。「犬は例えばの話で、動物はだめだということですよ。」つまり、犬という言葉を広げて動物の意味で解釈しろというのである。純粋な市民であるAはそれなら最初から「動物」と書いてほしいというかもしれないが、店主はそれぐらい常識だと思っているであろう。このように言葉の意味を本来の意味より広げて解釈することを**拡張解釈**という。しかし、店主の常識が必ずしも客との間で共有されない場合もある。拡張の幅があまりに大きい場合には、つまり言葉の意味を店主が自分勝手に広げてしまっている場合には、その言葉から予測のつかない意味で客はとまどってしまうであろう。このような拡張を超えた解釈を**類推解釈**というが、拡張と類推の違いを見極めるのはなかなか難しい。例えば、店主が「犬」の中には「猫」も含むと言っても、客はそれほど戸惑わないかもしれない。しかし、同じ動物であり、その意味で類似しているという理由で「犬」の中に「人間」を含めたら、客は混乱するであろう（もっともそれではレストランが何のためにあるのかわからなくなるが）。後者は拡張を超えた類推といえるが、それでは「犬」と「猫」は拡張の中に入るのかと問われれば、これも簡単にそうだとは答えられないのである。両解釈とも言葉の意味を広げていることはたしかであるが、その限界はあいまいなのである。ただ、刑法では被告人に不利な類推は禁じられているが、そのように禁止することによって解釈が恣意的に広げられることのないようにする効果は認められる。

> 事例3-3　Aはいくつかの解釈の技法を学んだのであるが、これらの解釈の方法をどう使えばいいのかわからず、混乱している。どんな場合に解釈を広げ、また狭めるのか。適当に自分勝手に解釈しても、相手を説得できそうもない。何か解釈の技法を一貫させる方法はないものか。しばらくレストランの前でしゃがみ込んでいたが、愛犬の「てつ」の頭をなでながら、Aは何かを思いついたように立ち上がった。

　事例3-3でAが思いついたのは第1章で述べた法の目的であった。そこで論じられたのは法の理念としての目的であったが、およそ個々の法にはそれぞれ固有の目的が必ずあるということも事実である。そこで、レストランの立て札にも固有の目的があり、その目的に従ってルールを広げることも狭めることもできるのではないかと考えたのである。実は、立法者意思探究にしても歴史的

解釈にしても、法の目的をどう考えるかという問題である。それが決まれば法律の内容を広げたり狭めたりするという作業（これは論理解釈とまとめられる）になるわけであり、それはいわば法解釈の指針の問題であった。ただ、Aがここで考えたのは、法が解釈適用される現在の社会状況から考えて、法の目的を客観的に考えることができれば、解釈がより説得的になるのではないかということなのである。難しく言うと、社会状況との関連から法の客観的目的を考え、目的論的に解釈してみようということになる（**目的論的解釈**）。

> **事例3-4** 刑法235条は「他人の財物を窃取した者」を窃盗罪として規定している。この規定中「財物」というのは、文言解釈をすればいわゆる「物」である。それでは試験中隣の人の答案用紙を盗み見し、そこに書かれた情報を自分の答案用紙に書くこと、つまりカンニングは窃盗になるのであろうか。

**事例3-4**は、刑法各論の問題であり、より詳しくはそこで学んでほしい。ここでは法律の客観的意味からの解釈をどのように行うかを試してみよう。そこでこの事例では、窃盗罪の規定の客観的目的とは何かを考えることになる。もちろん窃盗罪は他人の物をその同意なく自分の支配下に置くことをいうが、そのような意味であるとするなら、他人の管理下にあることが窃盗罪の成否にとって重要な要素になるはずである。そのような観点から、判例（大判明治36年5月21日刑録9号874頁）は古くから管理可能性のあるものであるなら窃盗罪の対象である「財物」と考えようとしてきた。情報は管理可能であろうから、窃盗罪の財物性について目的論的解釈をすればカンニングも窃盗罪になるということである。情報の社会的価値はますます高まっているのであるから、情報窃盗も認めるべきではないかと考えるのももっともなことである。しかし、情報の書かれた紙を窃盗するのであるならまだしも、情報そのものを盗むことを窃盗とすることに判例・学説の抵抗は大きい。情報そのものは目に見えないものであるから、それを奪い取るということを常識的に考えることが難しいからであろう。また、刑法は死刑まで規定されている法律であるから、その適用には慎重でなければならないが（**刑法の謙抑性**）、そのためには個人の価値観をあまり入れず、条文の規定どおりに、つまり文言解釈をできるだけ一貫させるように解釈されなければならないという、刑法自体の目的からの要請もある。そ

うすると一言で目的論的解釈といっても、つまり法律の客観的目的からの解釈といっても、そこには解釈する者のモノの考え方が強く作用することになる。事例3-3で、Aはたしかに一瞬ひらめいたかもしれないし、それは方向性としては正しいものであったかもしれないが、さらにその目的について考える必要が生じるのである。レストランの立て札の客観的目的が犬は吠えるからだめだというのであるなら、Aは自分の犬は吠えないということを証明すれば入店できるかもしれない。しかし清潔上の問題があるというのであるなら、1か月もお風呂に入っていない人間は入店を断られるかもしれない。オーケストラにはコンダクターが必要であり、同じオーケストラでもどのような指揮をするかによって曲のイメージが大きく異なるように、解釈基準としての目的論的解釈は必要ではあるが、どのような目的を設定するかにより解釈の方法が大きく異なることに注意が必要である。それを認識しつつ、最後に、解釈の問題を1つ考えてみよう。

> 事例3-5　ストーカー行為等の規制等に関する法律というのがある。これは要するにいわゆるストーカーによる犯罪行為が社会問題化したことに対処するために制定された法律であるが、その第1条はこの法律の目的として次のように規定されている。「この法律は、ストーカー行為を処罰する等ストーカー行為等について必要な規制を行うとともに、その相手方に対する援助の措置等を定めることにより、個人の身体、自由及び名誉に対する危害の発生を防止し、あわせて国民の生活の安全と平穏に資することを目的とする。」そして、そのストーカー行為の定義について「特定の者に対する恋愛感情その他の好意の感情又はそれが満たされなかったことに対する怨恨の感情を充足する目的で、当該特定の者又はその配偶者、直系若しくは同居の親族その他当該特定の者と社会生活において密接な関係を有する者に対し」行われるつきまとい等であると規定されている（第2条）。それでは、単純な怒りからストーカー行為を行った場合には、この法律の対象になるであろうか。

　このストーカー防止法の規定によれば、ストーカーには恋愛感情その他の好意の感情が必要であり、単純な怒りからストーカーに及んだ場合には適用されないと思える。しかし、一般の人は、どのような感情であれ、ほとんど同じ行為をしているのに、この法律が適用できないというのはおかしいと感じるかもしれない。実際、行為が同じであり、犯行の動機・目的が違うだけで処罰したりしなかったりするのでは、その動機・目的を処罰するのと同じではないかという人もいるかもしれない。そこで、他人に対する一定の感情があれば、それ

は「恋愛感情その他の好意の感情又はそれが満たされなかったことに対する怨恨の感情」と同視できると解釈しようとするかもしれない。これが拡張解釈か類推解釈かはともかく、条文の意味を広げていることは明確である。では、なぜそれが可能なのか。この法律の目的を、第1条にあるように、ストーカーからの「身体、自由及び名誉に対する危害の発生を防止し、あわせて国民の生活の安全と平穏に資すること」と広く考えるなら、条文の意味を広く解釈することは可能であろう。しかし、定義規定にあるように、つきまとい等には恋愛感情等の特定感情が必要であることの意味を考え、そのような感情がある場合には傷害などの重大犯罪を惹き起こしやすい（愛憎は木の葉の表裏のようなものであるし、可愛さ余って憎さ百倍という言葉もある）という犯罪学的実態を重視しようとするなら、単純な怒りからのつきまとい等には本法は適用できないということになろう。つまり、恋愛感情等に起因するストーカーは重大犯罪を起こしやすいので、その予防的措置を規定したのがこのストーカー防止法の目的であると考えるのである。その場合には、条文の意味を拡張してはならず、文理解釈を厳格に行うべきであるということになるであろう。

# 第4章　裁　判

## 1　裁判の意義

> **事例 4-1**　Aがいつものように朝目を覚ますと、そこに執行官が立っていた。彼は静かに威厳を込めて言った。「あなたは〇月〇日、Bを殺害した罪で死刑に処せられることになりました。今すぐ刑場に向かいますから、着替えてください。」Aは困惑し「何を言っているんですか。私は何もしてませんよ」とうわずった声で答えると、執行官は「あなたの言い分を聞く法律はありません」と言い渡した。Aは狼狽し、「そんなバカな。誰にだって自分の権利を主張する術はあるはずだ。裁判だ」と激昂して言うと、執行官は「とうの昔に裁判なんてなくなりましたよ。あなた、頭がおかしいんじゃないですか」とあきれ顔で話した。Aが振り返って見ると、そこには2050年5月のカレンダーが壁にかかっていた。「一体俺はどこにいるんだ。」

　社会あるところ法ありという言葉がある。この意味をどうとらえるにしても、人間が欲望をもって生きている限りは、人間どうしの紛争は回避できないものであり、法がその紛争を解決するために存在しているという一面をもつことについては異論はないと思われる。もし法がなければさまざまな意味で力の強い者が勝つという結論を受け入れなければならないであろう。それを私たちは正義が実現されていると感じないことは当然である。法は合理的で平等な基準を提示し紛争解決を万人が受け入れることのできるものにしようとしているのである。しかし、そのような観点から権利や義務が定められ、あるいはどのような行為が犯罪であるのかが定められていたとしても、それだけで紛争が解決されるであろうか。それだけでは言わば絵に描いた餅である。そこでそのような法の内容を具体化する法的制度が必要になる。当事者にとって中立で公正な第三者が、法律の内容を吟味し事実にあてはめ、最終的に紛争の解決を図る国家機関が裁判所であり、そのような機能を有するものを**裁判**と呼ぶのである。

　さて、**事例 4-1**では、Aは突然、執行官によって死刑の執行を告げられたわけであるが、裁判のない世界ではこのようなことは当然生じうるであろう。自分の言い分をロクに主張することもできず、権力の言うがままに屈従すること

が強制されてしまう。そんな世界に住むことになったら空恐ろしいであろう。相手が個人であろうと、国家権力であろうと、正々堂々と自分の意見や言い分を言える世界、そういう世界を民主主義というのであって、裁判というのは（それが公正に行われている限り）民主主義を支える重要な機能をもつものなのである。その意味では、国民が裁判にアクセスすることは非常に重要な意味をもち、自分の権利が侵害された場合に、裁判に容易に訴えることができるような制度設計を行う必要がある。近年の司法制度改革はこの観点から進められてきたものである。

## 2　裁判外の紛争解決

> 事例4-2　Aが2050年のカレンダーから目を再び執行官に向けようとしたが、そこには誰もいなかった。眠たい目をこすりながら、カレンダーの年数をよく見ると正常にもどっていた。Aは冷や汗をかきながら、「裁判のない世界なんて、砂糖のないコーヒーと同じだ。いや、コーヒーのない砂糖か」と訳のわからないことをつぶやきながら、さらにこう思った。「しかし裁判っていうのもうっとうしい。大体普通の人間なら関わりたくないよな。裁判自体が怖いって感じるのが普通じゃないか。そんなものに俺たちの運命が委ねられるっていうのもどうなんだろう。もっとカルチャー・スクールへ行くような感じでできないだろうか。」

たしかに、事例4-2のAが言うように、裁判というのは一般の人にとっては非常に敷居が高いものであろう。裁判になるくらいなら泣き寝入りしてもかまわないと考える人も多い。よく2割司法と言われ、本来の2割しか司法が機能していないというのであるが（その実態は不明であるが）、これなども裁判を敬遠しがちな一般市民の感情をとらえた言葉であろう。よく言われるように、それが日本人の権利意識の低さや裁判を敬遠しがちな国民性によるものなのか、それとも権利を主張する場や裁判にアクセスする機会がなかったことに起因するものなのかという、鶏が先か卵が先かの議論があるが、実態として裁判を敬遠していることは事実であり、それを何とかする（つまり正当な権利を主張できるようにする）国家的努力の必要はあるであろう。たしかに、権利と権利がぶつかるような事態は、ごく普通の市民にとっては怖いのは当たり前であるし、うっとうしいものであることも否定できない。しかし、まず自分の権利を主張

するためには、そのような心理的障壁を取り除くことが必要である。そのための制度として、裁判という強力な手段にいきなり頼るのではなく、裁判外の紛争解決を図る道が模索されている。

　社会的制度としての裁判外の紛争解決の前に、紛争が生じた場合、まず行うのは当事者同士の交渉であろう。当事者同士で話し合いをし、互いに妥協・譲歩しあって解決されれば、その後の人間関係を考えれば最良の道であるともいえる。しかし、当事者同士の話し合いによる場合には、力による解決がなされる可能性があるし、もともと利害の対立が激しく、感情的なもつれもあるような場合には、解決に至らない場合も多い。また、家賃の値上げについての紛争の場合に、当事者が紛争に関わること自体を回避しようとして、借家人が引っ越してしまうようなことも生じうる。このような当事者同士による解決というのは、紛争の根本的な解決とはいえず、かえって権利に関する意識を弱めてしまうのかもしれない。そうであるなら、当事者以外の第三者が公正・平等な立場で関わってくる何らかの制度が必要であろう。

> **事例4-3**　Xは隣に住む幼なじみのYの家の木の枝が自宅の庭まで伸びてきたので、これを切り落としてしまった。Yはこれに怒り、前から気になっていたXの家の木の根が自宅の庭まで伸びてきた部分を切ってしまった。Xは根っこを切ったら枯れるだろうとYに文句を言いに行ったが、Yは取り合わない。かつては仲が良かった2人だが、かえって感情的なもつれから犬猿の仲になってしまった。Xは2人の仲は修復不可能だとしても、自分のやったことが間違いだとは思えないと考え、白黒はっきりさせたいと考えている。それがはっきりすれば、昔から喧嘩しては仲直りしてきた仲だから、ひょっとしたらまた以前のように一緒に趣味の天体観測ができるようになるかもしれないと考えている。

　紛争がどのようなものであれ、まずはその紛争が法律上どのように考えられているかを知ることが大切である。つまり、自分の権利が正当なものと法律上考えられているのかを確かめなければ、正々堂々と権利を主張できないのは当たり前である。そこで法情報をどこかから得ることが必要となるのであるが、そのために各種の法律相談がある。実は以前は法律相談を含めて法情報にアクセスするのは法律の素人にとっては、なかなか簡単なことではなかった。しかし、2004（平成16）年に制定された総合法律支援法にもとづき、2006（平成18）年4月10日に日本司法支援センター（「法テラス」と呼ばれている）が設置され、

一般市民の紛争解決の最初の窓口を設けることによって、法的解決が容易になされるような体制が整うことになった。もっとも予算やスタッフの問題が指摘されており、満足のいく法的サービスを与えることができるかどうかはこれからの問題であるが、一般市民にとっては心強い制度であることはたしかであろう。このような制度を利用して、事例4-3のXは、自分が隣家の木の枝を勝手に切ってはいけないこと、またYにしても法的権利としては木の根を切ることが可能であるが、正当な理由もなく切ってしまった場合には権利の濫用とされる場合があることなどの法的情報を得ることができるであろう（詳細は第Ⅲ部第2章■(4) 127頁を参照)。

ところで、法律相談などで法的情報を得たとしても、紛争解決にいたらない場合も少なくない。そのような場合には最終的には裁判によるにしても、その前に、裁判とは別に第三者が紛争に介入して解決を図る方法が認められている。これをADR（Alternative Dispute Resolutions）というが、一般に和解や調停などが認められる。2004（平成16）年には、裁判外紛争解決手続の利用の促進に関する法律が制定され、ADRの認証制度が創設されることによって、民間紛争解決事業者が認証を受ければ、そのADRが時効中断などの法的効果をもつことになった。

## 3　裁判の種類

> 事例4-4　Aはパーティーのために必要だからという理由で、Bに自分の宝石を貸してあげたのであるが、いつまでたっても返してくれないので、早く返せと請求すると、Bはそれはもらったはずというのである。そこで、Aは自ら裁判を起こし、その結果、返還させることに成功した。ところが、Bが今度はその宝石を盗んだので、裁判所に出向き起訴したいと申し出たが、事務官に笑われてしまった。「あなたには起訴する権利はありませんよ」というのだ。Aは納得がいかない。被害を受けた者が事情を一番よくわかっているのだから直接起訴することができないのはおかしいというのだ。Aのこの考え方はおかしいのだろうか。

裁判といっても、事件の性質に応じていくつかの種類がある。すなわち、民事裁判、刑事裁判、行政裁判がその代表的なものである。**民事裁判**は個人間において生じる権利・義務に関する紛争を扱うものであり、**刑事裁判**は個人対国

家との関係において、犯罪と刑罰を扱うものである。**行政裁判**は、例えば行政事件訴訟法第7条が「行政事件訴訟に関し、この法律に定めがない事項については、民事訴訟の例による。」と規定しているように、民事裁判の一種として性格を考えるのが普通であるが、裁判所に職権証拠調べが認められていることなど、性格上の違いも存在する。**事例4-4**で、宝石の返還請求をした最初の裁判は、個人対個人の所有権を争う裁判であるから、もちろん民事裁判である。したがって、Aが自ら**原告**になって裁判を起こすことができる。もちろん、弁護士に訴訟代理人になってもらうことはできるが、簡易裁判所においてはむしろ本人訴訟が一般的である。これに対して、Aが行おうとした後者の裁判は刑事裁判であり、その起訴権限をもつのは検察官だけである（起訴独占主義）。刑事裁判は、**被告人**の処罰を求める裁判であるから、被害者に起訴権限を与えることはいくつかの理由から許されていない。被害者である私人は強力な捜査権限をもたないのであるから、あいまいな証拠で処罰を求めてくるかもしれないし、逆にそうであるなら、「疑わしきは被告人の利益に」の原則により本来有罪とされるべき被告人が無罪になる可能性もある。厳正な捜査をし、確固とした証拠をもって被告人に処罰を求めるのでなければ、人権保障という点からも不当といわざるをえない。国家があらかじめ処罰されるべき犯罪を定め、その犯罪に該当する行為を処罰するのである（その刑には死刑まで含まれている）。刑罰権は国家にある（被害者ではなく）と言われるのはこのためである。しかし、一般には、被害者が直接被告人と対峙して裁判を行うことが望ましいと考える者も多く、そのような考えを反映して、2004（平成16）年には、犯罪被害者等基本法が、2007（平成19）年には、犯罪被害者等の権利利益の保護を図るための刑事訴訟法等の一部を改正する法律が制定され、被害者が一定の犯罪について刑事裁判に参加する制度等を実現させている。

　なお、裁判が一般市民にとって近づきがたいものである理由の1つに、裁判はお金と時間がかかるというものがある。たしかにそれはそうではあるが、重大な刑事裁判や多額の賠償額等が予定されているものを短時間に裁判してしまうことの方がかえって問題があるともいえる。弁護士に代理人を依頼する場合にはお金もかかるであろう。自分の権利を守るためにはしかたのない面もある。しかし、少額の賠償額を争う民事裁判を行う場合にまでそれほど慎重な裁判も

必要とはいえないのではないか。そのような観点から、1998（平成10）年に民事訴訟法は少額訴訟制度を導入した。現在、訴額60万円以下であるなら原則として1日で審理を終えることとしている。

ところで、刑事裁判については、2009年から**裁判員制度**が導入されている。欧米の参審員や陪審員制度とも違う、国民の司法参加の一形態である。この制度の目的はいろいろあるが、例えば専門裁判官の常識を裁判に素人を参加させることでより民意に近づけようとすることもその1つである。しかし、現行制度の専門裁判官3名と選挙人名簿から無作為抽出された裁判員6名からなる合議体の構成では、専門裁判官の意見に説得されてしまうおそれはかなりある。さらに組織的に素人の裁判員を説得する技術を磨くことのできる検察側と、基本的に単独で裁判員を説得する弁護士との力の差は、従来よりもさらに広がるおそれもある。裁判員が感情に流れやすいかどうかはともかくも、英米の陪審制度のように事実認定だけを行うのではない裁判員が、各種の証拠法則を冷静に理解し適用できるかどうかも不明である。争点整理を行う公判前整理手続を充実させ集中審理によるわかりやすい裁判が行われることになるが、それ自体が従来の刑事司法における法律家の役割に大きな変化をもたらすことになる。主権者としての国民の司法参加は、建前としては十分理解できるものであるが、裁判員制度の制度設計には再度検討を要する問題があるであろう。

## 4　裁判を支える法律家

> **事例4-5**　Aは大学の講義で私語をしながら先生の話を聞いていたため、テスト前日になって自分がノートに書いたことが理解できないでいた。そのノートには「ホウソウサンシャ」と書かれてあるのだが、この不思議な文字の意味はもちろんわからない。そこで一緒に私語をしていたBに電話をかけ、「ホウソウサンシャって何？」と聞くと、Bは大手の放送局のことだろと答えた。もちろんAもBも単位は取れなかった。

「ホウソウサンシャ」はもちろん**法曹三者**であり、世間的常識でもある。AもBも法律知識というよりも、一般常識に難があったわけである。法曹三者というのは**裁判官、検察官、弁護士**を意味するが、裁判を支える法律家はこれだけではない。裁判所書記官、検察事務官、税理士、弁理士、司法書士なども現実の裁判を支えている。そのなかでも重要な役割を演じているのが法曹三者と

いうわけである。しかも、原則として法曹三者は司法試験に合格しなければならない。従来、この司法試験は合格率が数パーセントという超難関の試験であったが、国民の司法へのアクセスを容易にするために、法律家の数を増加させるべきであるということ、試験一辺倒の偏った法律家ではなく豊かな知識と人格をもつ法律家を育てようということなどの趣旨から、法科大学院を修了することを受験資格とした新司法試験が行われることになった。しかし、法科大学院の評価が結局は合格率に左右され、それに応じた教育が行われるのであるなら、旧司法試験の弊害が再生されるだけであり、また、法曹人口が単に増えるだけで、それに見合う市場が存在しなければ、弁護士の就職難という現象も生じてしまう。これらの問題に対処すべくどのような制度設計を行うのかが今後の課題といえる。

　法曹三者のうち裁判官の任務は裁判を行うことであるが、三権の1つである司法権を担う重要な役割を演ずるわけであるから、特に憲法が裁判官について規定し、身分保障も十分になされている。憲法76条は、「すべて裁判官は、その良心に従ひ独立してその職権を行ひ、この憲法及び法律にのみ拘束される。」と規定し、裁判官が他からの干渉を受けず独立して裁判を行うことを保障している。また、国会議員によって構成される弾劾裁判所によるほか、裁判官を罷免することができるのは国民審査による場合だけである（裁判官及び裁判所については詳しくは裁判所の節を参照）。

　次に検察官であるが、その任務は検察権を行使することにあり、具体的には、犯罪捜査、公訴の提起、さまざまな公判活動などをいう。これらの活動は司法権と深い関わりをもつものであるが、検察活動は行政権の一作用である。したがって、裁判官のような独立した職権の行使は認められておらず、検事総長を頂点として上司の指揮監督の下でその権限を行使することになる。しかし、一般の公務員とは異なり、検察官は一人一人が官庁として権限を有しており、その意味では検察官は独任性の官庁であると言われている。なお、検察活動が行政権の一作用であるなら、法務大臣が指揮監督権をもつことになるが、一方で法務大臣は内閣の一員として多数政党の政治的影響下にあるのであるから、具体的な事件について個々の検察官に直接的な影響を及ぼすことは不当であるといえる。そこで、法務大臣は検事総長に対してのみ個別具体的な指揮監督権を

有するとされたのである。したがって、検事総長は政治的圧力の防波堤の役割を演じることになることが期待されている。

　最後に弁護士であるが、裁判官や検察官とは異なり基本的には民間人であり、その仕事は自由業として性格づけられるが、弁護士法１条１項が「基本的人権を擁護し、社会正義を実現することを使命とする」と規定しているように、社会的使命を負った存在であり、公益への配慮が要請される。それは弁護士が司法権の行使に重大な役割を果たし、当事者の利益の保護にきわめて深い関わり合いをもつからである。弁護士の中心的な任務は民事でも刑事でも訴訟代理であるが、国民の法情報へのアクセスが正当な権利行使や義務の履行に重要な側面をもつのであるから、法律相談などの訴訟外の仕事も最近ますます重要になってきている。なお、弁護士から裁判官を任用する法曹一元制度が検討されており、実質的にそれをめざした制度も存在するが（判事補及び検事の弁護士職務経験に関する法律）、その拡充は今後の課題であろう。

# 第Ⅱ部

# 憲　法

# 第1章　憲法の基本原理

> **事例 1-1**
> A：　そもそも1945年8月14日にポツダム宣言を日本が受諾して以降、アメリカを中心とする連合軍に6年余り占領されていた期間中の1946年11月3日に日本国憲法は制定されている。そして、1946年2月1日に、占領軍最高司令官マッカーサーは、いわゆるマッカーサー3原則にもとづく民主的な憲法草案を作成するように日本政府に提示した。これにより、当初の日本政府の考え、すなわち、天皇が統治権を総攬する国家体制である「国体」を戦前どおり護持できるとの考えを改め、占領軍総司令部案にもとづいた日本国憲法を創案せざるをえなくなったんだ。
> B：　そうだとすれば、今の日本国憲法は、アメリカに押しつけられた憲法で、日本国民の自由意思にもとづいたものでなく、憲法の自律性の原則に反するものではないの？ 従前の大日本国憲法はアメリカに抹殺されたというところかな。

　アメリカが日本国の内政に干渉したとはいっても、その根拠は、連合国側が提示した一種の休戦条約であるポツダム宣言を、日本が受諾したことにもとづいている。干渉の原因は、日本がポツダム宣言の内容である国民主権主義や基本的人権の尊重を実行しなかったことにある。そして、条約は文書による国家間での国際法上の合意であるから、その約束した内容を果たしてくれと要求する権利は当然相手国であるアメリカにあるわけだから、条約上の権利として一定程度で憲法制定に関与することもやむをえないであろう。

　もっとも、自由な状態で両国間の合意にもとづき締結されるのが条約であるとすれば、敗戦国日本にそのような自由があったのか、また勝戦国の支配下で自主的な憲法が作成できたのかは疑問である。しかし、憲法9条については、核戦争への脅威から武器をもたないことが一番と考えた幣原喜重郎元首相によるマッカーサーへの具申の存在（平野三郎の憲法調査会の「報告書」）があること、象徴天皇の考え方は、鈴木安蔵らの憲法研究会による「憲法草案要綱」にすでに存在し、GHQが影響を受けたことは明らかであること、さらに、現行憲法25条にワイマール憲法の生存権規定を加えたのは、生存権思想をもたない当時のアメリカではなく衆議院議員森戸辰男の発案によること、これらから見て

も「押し付け」とは言い難いといえる。さらに、押しつけられたとされている内容すなわち、日本国民の自由意思を尊重した国民主権の原理、基本的人権の尊重の原理を見る限り、近代憲法の一般原理であり、これによって初めて国民の自主・自律性が維持できることを考えると、決して不当なものとはいえないだろう。

そして、この押しつけの内容が民主的内容であるということは、まさしく憲法を変える、変えないの自由をも日本国民に与えたということであり（憲法施行1年後2年以内に改正の要否を検討する機会が日本政府に極東委員会より与えられていたが、政府は改正の必要なしとした）、その後の日本国憲法の定着の状況と合わせてみても、たとえ「押しつけ」的に制定されたとしても自律性を奪ったものとは考えられないといえよう。

さらに、戦前の男尊女卑の社会で育った日本人（特に女性）が、男女平等の憲法を構想することは短期間では容易ではない。GHQに所属したベアテ・シロタ・ゴードン（当時22歳）のような民主的な思考をもった女性であって初めて、女性の権利を前提に男女平等の考え方にもとづく憲法24条（家族生活における個人の尊厳と両性の平等）草案を作成することが可能なのである。

その意味では、親が子を教育するように民主主義を育成してきた母親ともいえるアメリカに無知な子どもである日本が民主主義を押しつけられ教育されたといっても過言ではなかろう。その意味では「押しつけ」は、まさしくプラスの意見として存在しうる。

---

**事例1-2**

A： ところで、現在の日本国憲法は、大日本帝国憲法の改正手続を経て成立したんだ。すなわち、大日本帝国憲法第73条にもとづき天皇の勅命により1946年5月16日に召集された第90帝国議会において審議された「大日本帝国憲法改正草案」を衆議院、貴族院で圧倒的多数で可決し、天皇の裁可を経て11月3日に日本国憲法として公布され、1947年5月3日に施行された。つまり、日本国憲法は、大日本帝国憲法を改正しただけの憲法で、それまでの考え方を踏襲したものなのではないかな？

B： そうか、それで日本国憲法の最初の文章の上諭では、「朕は、日本国民の総意に基いて、新日本建設の礎が、定まるに至ったことを、深くよろこび、……帝国議会の議決を経た帝国憲法の改正を裁可し、ここにこれを公布せしめる。」で始まるし、第1章は「天皇」の中で、第1条は「国民は」で始まらず、まさしく「天皇は」で始まるわけか。しかし、憲法の前文では、国民が国民主権の原理にもとづいて制定した民定

> 憲法であると記述しているよね。なんか天皇主権と国民主権とが混在している形式でおかしな感じだよね。

　神勅により天皇に与えられた天皇主権の立場をとる大日本帝国憲法を、国民主権を認める日本国憲法に改正することは、主権者の交代であり、憲法の核心ともいえる部分の変更である。このような改正は、いわば憲法自体の自殺行為であり、改正としては認められない（憲法改正には一定の限界がある：**憲法改正限界説**）との考え方がある。主権の所在について改めることは、大日本帝国憲法改正の限界を超えるものと解され、日本国憲法は改正前の大日本帝国憲法によっては法的に正当化できないと理解された。そこで、憲法改正限界説の立場から、日本国憲法の成立過程をいかに法的に説明するかが問題となった。**8月革命説**では、敗戦国日本が、1945年8月のポツダム宣言受諾により、日本の最終的政治体制は日本国民の自由に表明された意思により決定されるという国民主権主義を受け入れ、日本政府は民主主義を推進しなければならない（ポツダム宣言第10条）ことで、主権の所在が天皇から国民に移行し、日本国憲法は新たに主権者となった国民が制定したと考える（宮沢俊義）。主権の所在の移行を、法的な意味での革命と解することから、「8月革命説」（革命という法的な擬制を用いて、日本国憲法の成立を説明した）といわれる。つまり、主権の移行に関する法的な説明をするための法理論であった。したがって、日本国憲法は新たに主権者となった国民が制定した憲法であり、旧憲法の改正手続を踏むことは、単に形式的な意味しかもたないことになる。要するに、ポツダム宣言の受諾により日本の主権の所在は国民に移行し、これを「8月革命」と擬制することで、その後制定された日本国憲法の国民主権原理は、ポツダム宣言受諾にともなう主権の所在の移行を宣言したものと理解するのである。

## 1　基本原理

　日本国憲法は、基本原理として①国民主権主義、②基本的人権の尊重、③平和主義の3つを宣言している。基本原理は、日本国憲法秩序の基礎を構成する原則であり、3つの基本原理は**憲法の三大原理**といわれ、相互に密接に関連し合っている。すなわち、国民が国政の最終決定権をもつという国民主権主義は、

日本国民すべてが人権の主体として尊重されることで初めて完成されるものであり、それは、国民が国政の最終決定権をもち、民主主義政治を可能なものにしていなければ、基本的人権の尊重などありえないことをも意味している。さらに、個々の国民の権利の尊重も、民主政治の確立もすべてが平和なくしては存在しえないものであることを認識すれば、平和主義の原理の貫徹を前提として国民主権主義、基本的人権の尊重が成り立ちうることが明確なものになる。

### (1) 国民主権

　国民主権とは、主権が国民にあることをいう。それでは**主権**とは何か。主権概念は、16世紀フランスのボーダンの「君主論」に見られるように、国家権力そのもの（統治権）を指したり、対外的な国家の最高独立の権力（最高独立性）と理解されたり、国政についての最高決定権（最高決定性）と理解されたりしている。そして、日本国憲法が、前文ならびに第1条で宣言している「主権」は、国政の最高決定権の意味であり、国政の最高決定権がまさしく国民にあることを宣言している。

　ところで、国民主権として主権が国民に存在するという場合の「国民」とはいかなる者をいうのか。この点については、「国民」とは、①有権者の総体つまり選挙人団をいうとする有権者主体説（ここでは主権の権力的契機が重要視されている）ならびに②天皇を除く全国民（選挙権の有無を問わない）の総体をいうとする全国民説（ここでは国家権力の正当性を基礎づける根拠が重要視されている）の2説がある。しかし、①の考え方では、選挙権の有無により全国民を主権を有する者とそうでない者に分け、主権のない国民を認めることになり民主主義の理念に反することになる。他方、②では、国民主権が主権の権力的契機と直接関係なくなり、権力的な意味合いをなくしてしまう点で妥当ではない。

　そもそも国民主権の原理には、国家の権力行使を正当化する究極的な権威は国民にあるという**正当性の契機**と国政のあり方を最終的に決定する権力は国民自身が行使するという**権力的契機**の2要素が存在するのである。それゆえに、国民主権は、天皇を除く全国民が国家権力の源泉であり、国家権力を民主的に基礎づけ正当化する根拠であると同時に、有権者としての国民が国家権力の究極的な行使者であることを、相互に不可分な形で結合させたものであると理解

されている。そして、本来 2 つの契機にもとづく考え方を融合する国民主権概念は、全国民と有権者とを同一視するものであり、最終的には国民と国家とを同一視するという**自同性の原則**（同一性の原則：統治者と被統治者とが同一であること）にいたるのである。

### (2) 基本的人権の尊重

基本的人権とは、日本国憲法では第11条と97条に使用されているが、本来、人権が基本的な権利であることを明らかにしたものであり、基本的人権と人権とを区別するものではない。基本的人権は、人間が人間であるがゆえに認められる権利（一定の利益を主張または享受することを認められた地位）である。すなわち、人間が社会を構成する自律的な個人として自由と生存を確保し、人間としての尊厳性を維持するために、必要な一定の権利が当然に人間に固有のものとして認められるのである。このような人権に共通する性質として、①固有性、②不可侵性、③普遍性がある。

①**固有性**　人権は人間であることにより当然に有する権利であり、天皇や他の人から恩恵として与えられたものではないだけでなく、憲法により初めて与えられたものでもない。つまり、人権は人間であることに固有するものであり、人間が生まれながらにして有するものである（人権が出生から始まる場合、胎児には民法等の例外（721条、886条、965条）を除き権利は認められない）。

そして、人権の固有性からすれば、人権は憲法に列挙され保障されたものに限定されず、社会の発展に応じて、単なる利益を人権として保障する場合も当然に生じてくる。憲法13条の包括的人権規定を根拠に「新しい人権」（プライバシー権など）を容認することもある。

②**不可侵性**　人権は、国家権力により侵されない（憲法11条後段、97条）。**立憲主義**（参照、81頁）の考え方といえる。歴史的に見れば、人権はもっぱら国家権力により侵害されてきた。しかし、今日の社会では、人権は国家権力以上に企業などの社会集団である社会的権力により侵害されている。それゆえに、社会的権力による人権侵害行為への新たな対応を憲法は迫られているといえる。

人権の不可侵性は、人権の絶対性を意味しない。人権は社会的なものである。

それゆえに、人権の社会性にもとづく限界も存在する。具体的には、人権と「公共の福祉」の問題が生じる。

　③**普遍性**　人権は、人間であれば、人種、性別、身分や社会的地位に関係なくだれでも享有することができる。憲法11条前段は、このことを規定しているが、「国民」という限定があるかのようにも見える。しかし、人権の趣旨からすれば日本人以外の者にも可能なかぎり保障すべきことは当然といえよう。

　日本国憲法第3章「国民の権利及び義務」では、さまざまな個別的人権を定めている。一般的には、自由権、参政権、社会権に分類されている。

　**自由権**とは、国家による権力的介入・干渉を排除して、個人の自由な意思決定や活動を保証する権利である。歴史的には、1689年のイギリスの権利章典やアメリカの独立宣言（1776年）にも規定されており、「国家からの自由」を保障した人権における中核的存在の権利である。具体的には、精神的自由（19条：思想及び良心の自由、20条：信仰の自由、21条：集会・結社及び表現の自由、23条：学問の自由）、経済的自由（22条：居住・移転・職業選択の自由、29条：財産権）、身体の自由（18条：奴隷的拘束及び苦役からの自由、31・39条：刑事裁判に関する基本原則、33〜38条：被疑者及び被告人の権利）からなる。

　**参政権**とは、国民が国政に参加する権利である。公務員の任免権を国民に留保することで人権の保障が実質的に裏づけられるのである。自由権を確保するのに重要な役割を果たす「国家への自由」としての権利である。具体的には、15条：公務員の選定・罷免権、96条：憲法改正に対する国民投票の権利、95条：地方特別法に対する住民投票の権利、93条：地方公共団体の長・議会の議員等を選挙する権利などがある。選挙権・被選挙権のみならず、憲法改正国民投票、最高裁判所裁判官の国民審査も含まれ、公務就任権（公務員になる資格）をも含めうる。

　**社会権**とは、19世紀からの資本主義の高度化により生じた失業や貧困などの社会的弊害に対して、社会的・経済的弱者保護の観点から、人間に値する生活を営むことができるように国家へ積極的配慮を求めることができる権利であり、「国家による自由」といわれ、1919年のワイマール憲法にも規定された「20世紀的人権」である。もっとも、憲法規定を根拠として権利の実現を直接に裁

判所へ要求できる具体的権利ではなく、憲法規定を具体化する法律の存在を待って初めて具体的な権利となり、裁判上の請求もできるのである（プログラム規定説）。具体的には、25条：生存権、26条：教育を受ける権利、27条：勤労の権利、28条：労働基本権から成り立っている。

　もっとも、これらの分類は決して絶対的なものではなく、社会の進展に応じて変化する相対的なものでしかない。すなわち、自由権と社会権との関係についても、従前、自由権は国家の干渉を排除する自由・消極国家観にもとづくもので、国家への不作為請求権と理解された。他方、社会権は国家の関与を広く認める社会・積極的国家観にもとづくもので、国家の積極的な作為請求権と考えられた。しかし、社会権においてもその自由権的側面が重視されている。28条の労働基本権（団結権、団体交渉権、団体行動権）もその1つである。また、21条の表現の自由における「知る権利」については、自由権的側面よりも、積極的に国家に情報の公開を請求するという国務請求権（情報公開請求権）としての性質が強調されている。それゆえに、権利の性質を固定化し厳格に分類し固執することは、権利の発展性を阻害するものである。

### (3) 平和主義

> **事例1-3**　1945年8月6日午前1時45分、B-29爆撃機機長ポール・ティベッツ陸軍大佐がB-29エノラ・ゲイ（彼の母親の名前）の搭乗員に原爆投下の出撃命令を伝え、テニアン島北飛行場を発進した。第33代アメリカ合衆国大統領トルーマンの「広島、小倉、長崎のいずれかの都市に8月3日以降の目視爆撃可能な天候の日に『特殊爆弾』を投下するべし」という7月25日付け大統領令を受けて、8月6日午前8時15分頃、広島市に原子爆弾リトルボーイが投下された。広島市内ほぼ中央に位置するT字形の相生橋が目標点とされ、投下された原爆は上空580メートルで炸裂した。当時、広島市内に約34万人いたが、死者、行方不明合わせて12万2338人、被爆後5年間に約20万人（2024年現在で34万4306人）が死亡している。さらに8月9日には長崎に原爆が投下されている（被爆後5年間に約14万人が死亡）。
> 　　　　＊　　　＊
> A：　B君。君がB-29の機長ポール・ティベッツの立場だったら原爆を落とすかい？ちなみに、彼はアメリカに帰ってから、100万人のアメリカ人（日本との本土決戦で予想された死亡者数）を救った人として英雄になるんだ。
> B：　たしかに原爆はよくないけど、自分が機長なら、命令に背けば軍法会議で刑罰を受けるだろうし、日本的だけど非国民という感じで差別を受けるだろうし……自分がア

> メリカ人なら、日本人に知り合いはいないから……。
> A：　やはり原爆を落としますか。
> B：　そういえば、2010年にアメリカ大統領オバマの指示でジョン・ルース駐日大使が広島の平和祈念式典に初めて参列したね。原爆投下国が平和祈念式典に参加すること自体意味があるよね。でも、ポール・ティベッツの息子ジーン・ティベッツは、父親の行為は当然正しいことをした、戦争終結を早め多くの人の命を救ったと発言しているね。
> A：　原爆の被害者の多くが非戦闘員で、国際人道法でも一般市民を戦闘に巻き込む行為や巻き込む可能性のある行為は禁じられているのだから、無差別爆撃は問題では？現在も原爆症で苦しんでいる多くの人たちがいる。これも戦争といえば、そうなのですが……。

　日本国憲法は、世界中の憲法でも類を見ない平和主義を採用している。すなわち、第9条は、①侵略戦争を含めた一切の戦争ならびに武力の行使及び武力による威嚇を放棄している。さらに、②戦争放棄を徹底するために戦力の不保持を表明し、③国の交戦権を否認している。

　このような徹底した平和主義の考え方は、アメリカ軍占領政策の一環というよりも、むしろ第二次世界大戦の敗戦国として、多数の日本人死者（兵員約230万人、そのうち台湾、朝鮮の兵員犠牲者5万人以上を含む。一般人約80万人）、さらに世界初の広島、長崎での被爆体験などの悲惨な体験ならびに加害行為（日本軍などによる強制連行・虐待、強制労働や戦争関連行為による中国、朝鮮などの他国人の死亡者数は1500万人を超える）への反省にもとづくものといえよう。

　憲法9条1項の**戦争放棄**は、侵略戦争のみならず自衛戦争や制裁戦争も放棄していると理解する学説が有力である。およそ侵略戦争と自衛戦争との区別は明確ではなく、侵略戦争も自衛の名において行われてきた歴史を見ると戦争行為自体を区別することに意味はないといえよう。しかも、すべての戦争は国際紛争を解決する手段として行われる。

　憲法9条2項は、陸海空軍その他の戦力は保持しないとしている。**軍隊**とは、外敵の攻撃に対して実力をもって対抗し、国土を防衛できるだけの実力を備えた実戦部隊である。その点、国内の治安維持を目的とし、人または財産に対する犯罪の防止を図り、その目的の程度の実力しか装備していない**警察**とは異なる。警察は国民を守ることを目的とし、軍隊は国家を守るものといえる。それゆえに、国家であれば当然に自衛権があるとしても（国連憲章51条）、自衛のた

めの防衛力が「戦力」といえるものであってはならない。その意味で、現在の自衛隊がその規模・装備（✐）からして自衛権の範疇に収まりきるかは疑問である。政府の見解は、現在の自衛隊については必要最小限度の実力であるとして「戦力」にはあたらないとしている。

> ✐ **自衛隊の規模・装備**　陸上自衛隊は、常備自衛官15万人と即応予備自衛官約8000人の合計15万8000人、戦車540両、野戦砲400門と他砲3900門がある。海上自衛隊は、通常動力型潜水艦21隻、護衛艦47隻（ヘリ空母4隻、その内の「いずも」をF35B戦闘機が発着できるように改修）、機雷艦艇22隻、その他艦艇47隻。航空機は、哨戒ヘリコプターなど177機。自衛官は4万5329名、予備自衛官は約1100名である。航空自衛隊の主要装備はF-15J戦闘機201機（アメリカに次いで第2位の保有数）、F-2戦闘機91機、F-4戦闘機26機、F35A戦闘機17機の合計335機。RF-4偵察機13機、E-2早期警戒機14機、早期警戒機13機、KC-767空中給油機4機、KC-130H2機など計36機余を保有し、55機のヘリコプター等を保有（2021年）している。また、6基地に12基のパトリオットを配備している。2024年予算は7兆9000億円を超える。岸田内閣のもとで閣議決定により反撃能力（敵地攻撃能力）保有や防衛予算を2029年にはGDP（国内総生産）の2％に倍増させ11兆円まで拡大させるなどの軍拡増税への大転換を決定した。

　**交戦権**とは、自衛戦争も含め全面的に戦争を放棄したと考えれば、国家が戦争をする権利と理解できる。これに対して、自衛戦争は放棄していないと理解すれば、交戦権は、交戦状態に入った場合に、交戦国に国際法上認められる権利（船舶の臨検・拿捕、軍事施設の破壊、占領地行政など）となる。

　なお、日米安全保障条約にもとづき日本に駐留している在日米軍について、9条の「戦力」に該当するとして争われたが、最高裁判所は、9条の「戦力」とは、わが国が指揮・管理する戦力であるとして訴えを退けている（最大判昭和34年12月16日刑集13巻13号3225頁、第Ⅰ部第2章参照）。沖縄では、在日米軍のあり方が大きな社会問題となっていることを忘れてはならない。

## 2　天　　皇

　日本国憲法は、国民主権主義の理念にもとづき制定された。それゆえに、一般国民と異なる地位をもつ天皇（現在は126代の徳仁）の存在を認めることは、その本質に反するものである。しかし、憲法は、第1条で国民主権を規定する

とともに「天皇は、日本国の象徴であり日本国民統合の象徴であって、この地位は主権の存する国民の総意に基く」として、歴史的存在である天皇ならびに天皇に関する国民感情を尊重して、天皇を**象徴**として存続させた（天皇には戦前の主権者たる地位までは認められていない）。そこでは、天皇の地位は、天照大神（アマテラスオオミカミ）の神勅にもとづく神聖不可侵のものではなく、主権者たる国民の総意にもとづくものとなったのである。そして、「象徴」となった天皇は、もはや統治権の総攬者ではなく、国政に関する権能はなく、国事行為を中心とする形式的・儀礼的行為が内閣の助言と承認のもとに行えるのみである（4条1項）。

### (1) 象徴天皇

平和の象徴が鳩であるように、「象徴」とは抽象的・無形的で非感覚的なものを具体的なものとして具象化することである。それゆえに、日本国ならびに日本国民を具象化、シンボル化したのが天皇ということになる。象徴自体は、代表と異なり象徴するものと象徴されるものとが異質なものである。象徴としての天皇の地位は、大日本帝国憲法下での天皇の地位とは異なり、統治権を行うという積極的・能動的地位ではなく、消極的・受動的地位であり、政治的には中立的な無色透明な存在である。天皇は、象徴として政治的権能をもたないことから、国外に向かって国家を代表する地位である元首ではない。

象徴たる天皇の地位の継承は世襲であり（2条）、皇室典範1条は女子の天皇を否定している（男系男子主義）。本来、世襲制や男系主義は民主主義の理念や平等原則に反するものであるが、憲法自体が天皇制を存置することを例外として認めている以上は、例外的制度として認められる。そして、法律である皇室典範を国会の議決により改正すれば、女帝も十分に可能である。

天皇の皇位の継承は、天皇の崩御（死亡）に皇室典範では限られている。平成28年8月8日に明仁天皇が高齢による職務継続の困難性から崩御前の退位（生前退位）を希望され、皇室典範の改正ではなく明仁天皇に限った特例法及び同法施行令により退位の日が決定された。

そして、平成31年4月30日に、第125代天皇明仁が退位し（天皇の退位等に関する皇室典範特例法）、令和元年5月1日に皇太子徳仁親王が直ちに第126代天皇に即位した。先帝の明仁は同日に上皇となった。

## (2) 天皇の権能

憲法4条1項は「天皇は、この憲法に定める国事に関する行為のみを行ひ、国政に関する権能を有しない」と規定しており、天皇が国政に関する権限をもっていないことは明確である。しかし、天皇は象徴として憲法4、6、7条に制限的に列挙された**国事行為**を内閣の助言と承認（助言が原則であるが、どちらか一方で足りる）のもとに行うことができる。これらの国事行為は、非権力的・非政治的で、形式的・儀礼的な行為である。そして、天皇のすべての国事行為について内閣の助言と承認が必要とされることから、その行為の結果については内閣がみずから責任を負う（3条）ことになる。そのため、天皇は政治的に責任を負わないことになる。また、天皇は、刑事責任を負わず（皇室典範が天皇の国事行為の代行者である摂政につき刑事無答責としていることから当然に天皇を無答責と理解している）、民事責任についても判例は、天皇が日本国の象徴という地位であることから、天皇には民事裁判権も及ばないとしている（学説は反対が多数）。

国事行為としては、内閣総理大臣の任命（6条1項）、最高裁判所長官の任命（6条2項）、憲法改正・法律・政令及び条約の公布（7条1号）、国会の召集（7条2号）、衆議院の解散（7条3号）、国会議員の総選挙施行の公示（7条4号）、国務大臣等官吏の任免等の認証（一定の行為が適法になされたことを証明すること）（7条5号）、恩赦の認証（7条6号）、栄典の授与（7条7号）、批准書等の外交文書の認証（7条8号）、外国大使・公使の接受（7条9号）、儀式（即位の礼、大喪の礼などの宗教的でも、私的なものでなく、国家的な性格のものでかつ天皇みずからが主宰し執行するもの）を行うこと（7条10号）である。

天皇は、以上のような国事行為を国家機関として行うが、同時に天皇は人であることから、さまざまな活動を行う。天皇が1人の人間として行った行為については、私人の行為として本来は国事行為ではないことから内閣の助言と承認は不要といえるが、実際には、私生活上の起居以外の行為については判断が難しい。それは、天皇という個人の属性が私人の行為か象徴の行為かの区別を困難にしているためである。それゆえに、天皇の行う国事行為以外の行為であっても、象徴としての**公的行為**（このような公的行為を認めず、国事行為か私的行為かのいずれかしか認めない学説（二行為説）もある）については、助言と承認を必要とする。特に、外国元首への接受や親電の交換、国内巡幸さらには国会開会式

での「おことば」などが問題となる。

(3) 皇室経費

　天皇ならびに皇族の公的性格を有する財産は国に属することになった（皇室が私有財産をもつことを禁止しているわけではない）ことから、天皇ならびに皇族の生活や活動に必要な皇室費用はすべて予算に計上して国会の議決を経なければならない（88条）。

　具体的な皇室経費としては、天皇や内廷にある皇族の日常の費用に使用される御手元金たる性格の諸費用で、宮内庁の管理する公金である**内廷費**、内廷費以外の宮廷諸費に充てるもので、宮内庁が管理する公金である**宮廷費**がある。さらに、皇族が初めて独立の生計を営む際や皇族の身分を離れる場合に皇族であった者の品位保持のために毎年の年額支出が認められる公金ではない**皇族費**の3種類の区分がある（皇室経済法3条）。

# 第2章 人　権

## 1 人権総論

### (1) 人権の概念

> **事例2-1** Aは大学図書館で憲法の教科書の人権の部分を読みながら、ふと思い、そしてつぶやき始めた。「人権って憲法に規定されていなければ、保障されないんだろうか。」「人間が人間であるというだけで保障されるのが人権だって、高校で習った記憶があるぞ。」「そうすると憲法なんていらないじゃないか。」「憲法があるためにかえって人権がそれに拘束されて人権が窮屈になりはしないか。」「その時代時代で要請される人権もあると思うし、そうだ、憲法否定論だ。よし、今度の試験はこれでいこう。俺ってなんて頭がいいんだろう。」
> 　その時、突然、Aは隣で勉強していたBに頭をノートでパシッとたたかれた。「静かに！勉強できないじゃないの。私の勉強する権利を侵害しないでよ。」
> 　Aはこう言いかえした。「そんな権利どこに書いてある。」

　人権というのは、Aが言うとおり、たしかに憲法によって与えられたものではない。人間が人間であるために享有する権利であることを自然権的な人権というのであるが、このような考え方は、ロック、モンテスキュー、ルソーなどの自然権思想において明確にされ、18世紀のアメリカ各州の憲法やフランス人権宣言によって表明された。もっとも、19世紀から20世紀前半においては、法による権利保障という考え方、つまり法実証主義が支配することになり、自然権思想は一時衰退する。ところが第二次世界大戦後、ファシズムの経験をふまえ再び自然権思想が復活することになったのである。日本国憲法も11条において、「国民は、すべての基本的人権の享有を妨げられない。この憲法が国民に保障する基本的人権は、侵すことのできない永久の権利として、現在及び将来の国民に与へられる。」と規定し、人間の尊厳を根拠とする自然権的人権の思想を宣言している。

　このように考えれば、Aが考えたように憲法はいらないのであろうか。たしかに、論理的には人権が自然権的にとらえられる以上、形式的な成文憲法はい

らないと考えることもできる。憲法なんてなくても人権は保障されるべきだという考え方ももっともなことである。しかし、人権を究極において根拠づけるのが憲法ではないとしても、何が人権として考えられるのかという点では市民のなかでもそれほど明確ではない。もちろん現行憲法が規定しているような人権が不明確であると言っているのではない。明確であるから憲法に規定されたということなのである。だからこそ、憲法に規定されているような人権は正々堂々と主張できるのである。このことは、Aが最後に言った「そんな権利どこに書いてある」という言葉に表れている。しかも、憲法は、Aの言葉にある憲法が人権を窮屈なものにするのではないかという心配にも応え、その13条において、その時代時代において要請される人権が憲法上も認められるように、包括的な人権規定を置いているのである。

　なお、20世紀以降において、資本主義が発達するとともに生じた社会の構造矛盾を背景として、社会的・経済的弱者を救済するために人権の内容にも変化が生じたことに注意が必要である。それは、それまで個人の自由への国家の不当な干渉を禁ずる「国家からの自由」が人権の中心的な意味であったのに対し、社会的・経済的弱者が人間に値する生活が送れるように、国家による積極的な配慮を求めるようになったことによる。これを「国家による自由」と言っている。社会権がその例である。

### (2) 人権の主体

> **事例2-2**　AはBに注意されたにもかかわらず、再びブツブツつぶやき始めた。「人間が人間であるために人権を享有するということなら、天皇にだって人権はあるはずじゃないか。現実はどうもそうじゃないようだが、おかしいんじゃないか。」「それに外国人だって人間だよな。当然、人権はあるはずだ。それを制約するのは憲法違反じゃないか。」そこまで考えて、ふと思った。「ということは人間じゃない法人には人権はないことになるじゃないか。講義で先生は法人の人権も認められるとか何とか言っていたけど、あれおかしいんじゃないか。」
> 　隣の席で、今度はBがつぶやき始めた。「この人は何言ってるのかしら。うるさいだけじゃなくて、言ってることも間違ってる。」「天皇に完全な人権を認めたら天皇じゃなくなるじゃない。天皇の地位そのものが平等じゃないんだから。」「それに外国人だって、主権者じゃないんだから完全な人権を認めるわけにはいかない。そうじゃなければ、ニューヨークにいるアメリカ人の生活保護を考えなければならなくなるじゃない。」「法人だって、そ

の社会的経済的重要性を考えれば、簡単に人権はないということはできないはず。」
　AはBがつぶやくのを聞き、Bに言った。「うるさいな。ちょっと静かにしてくれないか。」

　たしかに、事例2-2のBの言っていることは正しいように思える。天皇も人間であるから、人権が完全に否定されるものではないとはいえ、その地位の特殊性から一定の制限はやむをえないところである。参政権をはじめとして政治的権利が認められないのは、国民主権を考えれば当然であろうし、婚姻の自由なども認められていないのは、天皇が世襲制である以上、その地位を安定的に保つためには必要な制約といえるかもしれない。Bが言うように、人権の完全な享有を天皇に認めたら、天皇でなくなるというのはそれほど誇張した言い方ではないのである。しかし、外国人については、短期滞留者、つまり旅行のためにほんの数日間日本に滞在するような外国人については人権が制約される場面が多いとはいえ、一般的には、可能なかぎり人権を保障すべきであると思われる。自由権や平等権のみならず、社会権や参政権なども保障されるべきであろう。例えば生存権についてはまず自国の法によって保障されるべきであるという考え方もあるが、生存権は「今ここで」保障されなければ意味をなさない人権である。また、参政権についても、国民主権原理から一般的に否定されやすいことは事実としても、より生活に密着した地方自治レベルで参政権を認めることに合理的理由はあるはずである。異なる文化的背景をもつ者の異なる意見を排斥するのではなく、それを受容し政治に反映させ政治的反省のきっかけとすることの方が、正しい態度であるように思える。マクリーン事件（最大判昭和53年10月4日民集32巻7号1223頁）でも、マクリーンがその在留期間中に行った政治活動について、一定の場合を除き、基本的には外国人にもその保障がなされるべきであることを認めている。法人については、たしかにAの言うように、人間ではないのだから人権保障は及ばないと考えるのも一理ある。しかし、Bの言うように、その活動の重要性を考えれば、その性質上、人権を考えることができるものは積極的に容認することが望ましい。例えば報道の自由は、個人を超えて報道機関が享有すると考えることができる。最高裁も、八幡製鉄政治献金事件（最大判昭和45年6月24日民集24巻6号625頁）において、「会社は、自然人たる国民と同様、国や政党の特定の政策を支持、推進しまたは反

対するなどの政治的行為をなす自由を有する」として、法人も人権享有主体になりうることを認めている。しかし、それが個人の人権保障との衝突を起こす可能性を考えれば、法人の人権保障は限定的にとらえられなければならないであろう。

### (3) 人権の限界

> **事例2-3** 私はある宗教を信仰しています。それはとてもいいことを言っています。友だちにも信仰してほしいので、何度も友だちの家に行き、入信を勧めています。憲法は信仰の自由を保障しているので、こういう宗教活動も許されると思っていたのですが、友だちから、あなたのやっていることは私の信仰の自由を害していると言われてしまいました。私の人権はどう考えたらいいのでしょうか。

憲法11条は、基本的人権が自然権的なものであり、その普遍性を明確にしている。それでは私たちは人権を盾にして自分の権利を際限なく主張することができるのであろうか。これは容易に反論することができる。その理由は簡単である。人権はすべての人間が享有するものであるからである。例えば、ある人が表現の自由を根拠に他人を傷つける言動を行えば、それはその人の人権を侵害することになる。人権はもともと制約されるべきものを内部に有していると考えられる。そこで憲法は12条、13条などにおいて、「公共の福祉」による人権制約の規定をおいているのである。**事例2-3**では、たしかに信仰の自由には布教の自由も含まれると思われるが、それが過度に行われれば、他人の信仰の自由に対する侵害ととらえられることになるであろう。そのような意味で人権相互の関係を規律するものが「公共の福祉」なのである。

そうすると、「公共の福祉」というのは、国家の都合によって人権を制約する原理（これを外在的制約という）ではなく、人権内部にもともとある制約原理を一般的に表現したもの（これを<u>内在的制約</u>という）と言えそうである。

> **事例2-4** 次のケースを考えてみよう。
> ① Xは薬局を開設しようと考えたが、隣接の薬局との距離に制限を設ける法律があったので開設できなかった。
> ② Yは銭湯を開業しようとしたが、隣接の銭湯との距離に制限を設ける法律があったので開業できなかった。

③ Zは、住民運動のための集会に使用するため市民会館を利用しようとしたが、公共の福祉に反するとして利用を制限されてしまった。

　事例2-4のケースがそれぞれ性質が異なることに気付いたであろうか。①と②は営業の自由、つまり経済的自由に関わるものであり、③は集会の自由（みんなで集まって1つの意見をまとめようとする点では表現の自由と深く関わる）、つまり精神的自由に関わるものである。これらを同じような違憲基準で制限を認めようとするのは不当であると考えられている。つまり③のような精神的自由が問題となる場合には、違憲基準を厳しくしようとするのである。もちろん①及び②のような経済的自由に関わる人権が軽視されてよいものであるというわけではなく、人権にも序列があり、精神的自由のようなすべての人権の基礎になりうるものは特に慎重な違憲判断が必要だとするのである。これを二重の基準論といっている。そうすると、公共の福祉による人権の制限は人権相互間の調整（実質的公平の原理）にすぎず、国家の都合による制約を許さないという内在的制約の考え方は、精神的自由についてあてはまるもので、財産的自由についてはもう少し緩やかに考えられてもよい（外在的制約を許す）ことになるかもしれない。②のケースに類似した判例（最判平成元年1月20日刑集43巻1号1頁）では、公衆浴場の距離制限による経営安定は、国民の保健福祉を維持するために必要であるとして制限を合憲としたが（つまり公衆浴場が乱立することで衛生面等に支障が出るというのではなく、国民のための一種の厚生施設を国家が保護しようというもので、このような規制を積極規制という）、①のケースに類似した判例（最大判昭和50年4月30日民集29巻4号572頁）では、規制の根拠が、「薬局の乱立が、経営の不安定化を招き、結局不良医薬品が出回る危険が生じる」（こういう規制を消極規制と呼んでいる）というものであるなら、距離制限の根拠にはならないとした。つまり営業の自由に本来存在する規制根拠とは認められないとしたのであろう。では、②のケースのような積極規制が考えられるならどうなるであろう。もちろんその規制内容の必要性・相当性に関わる問題であるが、経済的自由に関する人権は外在的制約を受けやすい理由（経済的自由は社会的関連性の強いものであり公権力の規制の要請も強い）があることを考えれば合憲判断も可能であろう。なお、③のケースに類似した判例（最判平成7年3月7日民集49巻3

号687頁）は、集会のための市民会館の規制が許されるのは人の生命・安全や公共の危険等の明白かつ現在の危険がなければならないとして、厳格な違憲基準が必要であるとしている。

>  事例2-5  私は今刑務所にいます。実は、娑婆にいる恋人から手紙をもらったのですが、肝心なところが黒塗りされていて意味がわかりません。刑務官の人に何とかならないでしょうかと伺いを立てたら、「ここは刑務所だぞ。いろいろなことに制約があるのは当たり前だろう」と言われてしまいました。たしかに悪いことをして刑務所に入っているのですから、罪を償おうとは思いますが、私も人間です。人間としての扱いくらいはしてもらっていいのではないでしょうか。

事例2-5の在監者が言われたのが、刑務所というところには人権はないんだということであるなら（現実の刑務所はそうではないと信じるが）、それは不当というほかない。国家との特別な関係にある者は類型的に（つまり実質をあまり考えないで）人権が制約を受けるという考え方を**特別権力関係論**というが、そのような人権制約が一定の特別な社会において不可避であるという**部分社会論**（参照、94頁）と結合することによって、人権制約を無制限に許しかねない論理となる。このような考え方は、人権が不可侵であるという基本的態度をもつ日本国憲法の立場とは相容れない。事例2-5において、刑務所の収監目的から考えて合理性をもち、かつ必要である限度において人権が制約されることは当然であるが（在監者が好きなところに住みたいと言ってもそれは無理な話である）、収監目的を超えて人権制約を行うことは、違憲の疑いを生じかねない。刑務所に収監されているからといって形式的に人権制約を行うことができるわけではないのである。このことは、公務員と国家、国立病院における患者と医師、公立学校における生徒と教師との関係などにも同様に言えることである。

>  事例2-6  AはB社の就職面接において、B社の面接担当者から宗教の有無を聞かれた。AはC宗教を信仰していたが、B社の社長がC宗教を嫌っていることを知っていたので、無宗教であると答えた。その後、入社試験を経て、Aは採用されることになったのであるが、面接の際に嘘をいったことが知られ、採用は取消になった。Aは救済されるであろうか。

憲法20条には信仰の自由が規定されている。これには信仰告白の自由が認められるのであるから、信仰告白を強制されることはないし、したがって信仰

を告白しない自由も保障されることになる。そうだとするなら、Aは面接において自己の信仰について嘘をついたのであるが、この点で嘘をついたら採用しないというのであるなら、信仰告白をしろといっているのと同じである。これは一見すると採用取消は人権侵害であるかのように思える。ところが、憲法は本来、国家と個人との関係を規律するものである。すなわち、国家権力の暴走から国民を守るものとして憲法がある。そうすると、この事例ではB社が私企業であるとすると、私人対私人の関係が問題となったにすぎないから、憲法的保障は問題とならないことになる。しかしながら、憲法は国民の人権保障を実現することに究極の目的があるとするなら、何も人権を侵害するのは公権力に限ったことではない。純粋の私人対私人の場合は別としても、企業、労働組合、大学など社会的に強大な力をもつ組織から、弱者である国民の人権をどう守るのかは、資本主義が発達した現代社会に固有の問題であるといえる。そこで憲法は私人対私人という関係においても適用されるべきであるという見解が生じた。これには、大別すると人権規定が私人間に直接適用されるべきであるとする直接適用説と、人権規定を例えば民法90条のような一般条項を間に挟むことによって、憲法の趣旨が実現されるようにするという間接適用説とがある。憲法を直接適用することによって人権保障するという論理は単純明快で、その分国民ウケするかもしれないが、私的問題は公権力の干渉を受けないという私的自治の原則を緩めてしまうし、むしろ逆に人権保障の名目での国家の干渉を許す結果になりかねないことが批判されている。そこで通説・判例は間接適用説をとるのであるが、事例2-6と同種の事件である三菱樹脂事件（最大判昭和48年12月12日民集27巻11号1536頁——この事件では政治的活動についての嘘が問題となった）が間接適用説を採用した典型的判例であるといえる。もっとも、事例2-6において、企業側には採用の自由があるということを、憲法上の経済的自由の保障から直接導き出すとするなら、矛盾というほかない。三菱樹脂事件では最高裁はそのような論理を用いたように思えるが、そうであるなら批判は免れないであろう。なお、間接適用説に合理性があるとはいえ、民法90条のような一般条項の解釈にあえて憲法の人権規定を持ち出すまでもないという見解にも説得力がある。立憲主義を徹底すれば、間接的にも国民に憲法を守らせるという契機はない方がいいともいえよう。

## (4) 包括的人権

> **事例2-7** 小説家であるXは、小学生の時に自分をいじめたYをモデルにして、YだけでなくYの親、兄弟姉妹の私生活を暴露する小説を公表した。小説であるから、実名は使わず、場所も架空の地方都市を舞台にしたものであった。しかし、その小説のYの人物像に関する描写、登場する周りの人物との人間関係を読めば、容易にYとわかってしまうようなものであった。これに対してYはプライバシーの侵害であるとして、Xに対する慰謝料請求の裁判を提起した。

　人権は人間が固有にもつ権利であるとするなら、それが憲法に拘束されるものではないことはすでに述べた。つまり、このことは憲法に規定された人権だけが人権ではないことを意味する。もちろん、憲法に規定されているということにはそれなりの意味は認められるのではあるが、憲法自体も時代や社会の制約を受けていることを認識すべきであろう。新しい人権が認められるようになった場合、基本的には憲法改正でその承認を行うべきであるとしても、世界の多くの憲法がそうであるように、日本国憲法も硬性憲法である。つまり、憲法改正はきわめて難しいものである。そこで通説は、憲法13条の幸福追求権の規定を包括的人権規定として、新しい人権の根拠にしようとするのである。そのような人権を認めることによって、人権状況の空洞化、すなわち本来保障されるべき人権が、憲法規定によってかえって阻害されてしまう事態（憲法に規定されていないのだから保障できないという事態）を回避することが可能となる。憲法11条は基本的人権の自然権的意味を宣言しているのであるから、このような考え方はむしろ憲法解釈としては自然なものと思える。**事例2-7**においても、Yはプライバシーの権利侵害を主張しているが、憲法にプライバシーの文字はない。しかし、憲法13条による新しい人権としてそれを保障することは、憲法の本来もつ趣旨と矛盾するものとはいえないであろう。**事例2-7**と同種の判例（最判平成14年9月24日判時1802号60頁）も、プライバシー権等の侵害を認めている。なお、これまで新しい人権としては、プライバシー権のほか、環境権、自己決定権などが主張されている。もっとも、これらの新しい人権が無制限に認められることになると、今度は反対に、憲法で人権を規定することの意味がなくなるという心配もある。つまり、人権の価値が相対的に低下してしまうという人権のインフレ現象の問題である。結局、新しい人権の保障が必要不

可欠であることを慎重に吟味したうえで、この問題とのバランスをとることがめざされねばならないであろう。

### (5) 平等権

> **事例2-8** Aは講義で紹介された次のような趣旨の判例を読み、やりきれない気持ちでいっぱいになった。「Wは、14歳の時に実の父親に姦淫されて以来、29歳で犯行に及ぶまで、夫婦同様の生活を強制され、父親との間に子供まで生んだ。しかし、たまたま職場で知り合った男性に結婚を申し込まれると、人生に希望をもつようになり、父親にその男性との結婚を望んでいる旨を申し入れた。ところが、父親はかえって監禁・暴行等虐待を行ったため、精神的に追いつめられ父親を絞殺した。Wは刑法200条尊属殺人罪で起訴された。」
> 最高裁は、結果としては、刑法200条は違憲であるとしたのであるが、Aは、判決内容が手段違憲であったことに不満である。

**事例2-8**は有名な尊属殺違憲判決（最判昭和48年4月4日刑集27巻3号265頁）であるが、その判決の趣旨はこうである。刑法200条は尊属を殺害した場合には死刑と無期刑しか規定していない。これは卑属を含めて他の人を殺した場合には下限が懲役3年（現在は5年）であることと比較すると著しい差がある（それに加えて、尊属殺の場合、減軽事由があっても執行猶予が付かないという点も差を大きなものにしている）。これは法の下の平等を規定した憲法14条1項に反する。この最高裁の結果は正当であるとしても、**事例2-8**のAが不満に思っているのはそれが手段違憲によっていたということである。つまり、最高裁は生命自体の平等を考えたのではなく、親の生命を尊重するのは当たり前だとしても子の生命との価値の差が大きすぎるとしたのであるが、Aは価値の差を設けること自体が平等原則違反であると考えたのである。つまり刑法200条の目的自体が違憲（目的違憲）であるということである。すでに刑法200条は平成7年の改正で削除されており、その意味ではAの考え方が立法的に採用されたといえそうである。

> **事例2-9** Aは尊属殺違憲判決の適用条文を調べ、考えた。憲法14条1項にはこう書いてある。「すべて国民は、法の下に平等であって、人種、信条、性別、社会的身分又は門地により、政治的、経済的又は社会的関係において、差別されない。」Aは親子という文字がないのに気づき、考え込み、ため息をついた。最高裁の考え方が正しいのだろうか。

第2章 人　権

> また、人種等の規定はこれ以外は差別があっても憲法としては放置するということなのか。

　Aは、憲法14条1項に「親子」の文字がないので、親子間の差別を憲法が容認する余地があるのかと考えたのであるが、これは「門地」の解釈の問題と考えられている。出生によって生じる、自分ではどうしようもできない地位と定義されれば、親子関係もここに含めて考えることができる。しかし、より問題であるのは、Aが最後に考えた憲法14条1項の列挙事項の意味である。憲法が考える平等はもちろん実質的な考慮をまったくしない形式的平等ではないにしても、憲法が列挙している事項について差別があれば、違憲の推定を受けると解釈することはできる。つまり列挙事項は歴史的にひどい差別が認められるので、特に憲法が差別を強く否定するものとみられるのである。したがって、列挙事項以外による差別も憲法は禁止していると考えるのが自然であるが、ただ違憲基準が異なると考えるべきでなのである。例えばこれまでに、婚姻可能年齢の男女差（2018年民法改正によりともに18歳となった）、女性のみに適用される待婚期間（2022年民法改正により廃止）等の男女という性別に基づく法的取扱いの差異があったが、それぞれ法改正により改められている。他方で、夫婦別姓問題について、最高裁は、夫婦同姓を規定し夫婦別姓を認めていない民法750条並びに戸籍法の規定は憲法13条、14条に反しないとしている（最大判平成27年12月6日民集69巻8号2586頁、最大決令和3年6月23日集民266号1頁等）が、これらについても再考する必要がありそうである。

## ❷　自由権

### (1)　精神的自由

● 精神的自由の意義

　民主的な政治過程を大前提とし、人権思想にもとづき個人の尊厳を謳い上げる日本国憲法において、人間の内面における精神活動（内心の自由）ならびに外面的精神活動の自由の保障は、民主主義を擁護・育成するのに必要であるだけでなく、個人の人間性を発展させるのに不可欠なものである。それゆえに、憲法19条以下23条（22条を除く）までの精神的自由は、人権カタログの中の自由権（詳細は第Ⅱ部第1章❶(2)39頁を参照）の内でも中核的地位を占めてきた。

このように精神的自由は民主政治にとって重要な意味をもつことから、人権カタログの中でも経済的自由に比較して優越的地位にあるとして、精神的自由を規制する法律の違憲審査基準は、経済的自由を規制する法律に関して適用される「合理性」の基準を適用せず、より厳格な基準により判断されなければならないとする**二重の基準**（double standard）の理論が適用される。

精神的自由の具体的な種類としては、憲法は、思想・良心の自由（19条）、信教の自由（20条）、集会・結社その他表現の自由（21条）及び学問の自由（23条）を規定している。

**事例2-10** 衆議院議員選挙において、立候補したXは、日本放送協会の政見放送ならびに新聞紙上で他の候補者であるY（当時副知事）について「Y副知事は発電所の発電機の購入に関し800万円の周旋料をとっている」、「Y副知事が、この斡旋に奔走して800万円の袖の下をもらった事実は、打ち消すことができない」などと賄賂を受け取ったような発言・記述したことが、裁判で真実でなく虚偽でありYの名誉を傷つけたとして損害賠償ならびに謝罪・陳謝を内容とする謝罪広告（民法723条）を公表するように命じられた。

これに対して、Xは自分の行為は、真実にもとづくものでYの名誉を傷つける非行であるとは信ぜず、Yに対し陳謝する意思は毛頭もっていなかった。そこで、自分の良心に反して「謝罪」し「ここに陳謝の意を表します」と自分の名で新聞に掲載することを強制するのは、思想および良心の自由（19条）に反するものだとして訴えた。（最大判昭和31年7月4日民集10巻7号785頁〔謝罪広告強制事件〕）

\* \*

A： Xの主張は、身勝手すぎるのではないだろうか？裁判でXの主張が虚偽だと認定されたのに、それを認めずYに対して謝罪するのもいやだなんて。

B： そうかな、裁判で虚偽だと認められたとはいえ、やはりXは本当にそうだと信じているんだから、心にもない謝罪をさせ陳謝することを強制すべきではないと思うけど。たしかに、裁判で虚偽と認められたという事実を広告するのは当然としても。

A： それでは、Yにとっては虚偽だと認められた意味がないじゃない。

B： Yの社会的評価が下がったのは損害賠償で償えるのでは。Xにとっては、心にもない謝罪や陳謝を強制されるのは、価値観を強要されるもので、憲法19条に反するように思うがなあ。それに、裁判では少数意見だけど、藤田八郎裁判官が「Xに対し、国家が裁判という権力作用をもつて、自己の行為を非行なりとする倫理上の判断を公に表現することを命じ、さらにこれにつき『謝罪』『陳謝』という道義的意思の表示を公にすることを命ずるがごときことは、憲法19条にいわゆる『良心の自由』をおかすものといわなければならない。けだし、憲法19条にいう『良心の自由』とは単に事物に関する是非弁別の内心的自由のみならず、かかる是非弁別の判断に関する事項を外部に表現する自由並びに表現せざる自由をも包含する」と言っているよ。

A： 待ってよ、それは少数反対意見。多数意見は、逆に、時にはこれを強制することが

人格を無視し著しくその名誉を毀損し意思決定の自由ないし良心の自由を不当に制限することとなり、いわゆる強制執行に適さない場合に該当することもありうるけれど、単に事態の真相を告白し陳謝の意を表明するにとどまる程度のものは許されるとしているよ。そして、広告内容も、Xが公表した客観的事実につきXの名義を以てYに宛て「YについてのXの放送および記事は真相に相違しており、貴下の名誉を傷付け御迷惑をおかけいたしました。ここに陳謝の意を表します。」という内容で、結局Xに対して公表事実が虚偽で不当であったことを広報機関を通じて発表することを求めてるだけだから、この種の謝罪広告を新聞紙に掲載することは、Xに屈辱的若しくは苦役的労苦を科し、又はXの有する倫理的な意思、良心の自由を侵害することを要求するものとは解せられないとしているよ。

B: そもそも、憲法19条の「良心」というのは、謝罪の意思表示の基礎としての道徳的な反省とか誠実さというものを含まないと解するんだ。謝罪広告においては、法はもちろんそれに「道徳性」がともなうことを求めるが、しかし道徳と異なる法の性質から「合法性」すなわち行為が内心の状態を離れて外部的に法の命ずるところに適合することを以て一応満足するんだ。内心に立ちいってまで要求することは法の力を以てしても不可能だよ。

A: 田中耕太郎裁判官の考え方だね。でも、僕には道徳性をともなわない「謝罪」なんて意味をもたないし、一般の人たちも改心したからこそ謝罪していると考えるのではないかなあ。

C: 途中から議論に入ってなんなんですが。裁判の多数意見が「かような謝罪の意思表明は名誉毀損の確認に附加されたところの、本件当事者双方の名誉を尊重した紳士的な社交儀礼上の挨拶に過ぎず、そしてそれは心にもない口先だけのものであつても被害者や世人はいずれもその程度のものとして受けとる性質のものであるから、上告人Xも同様に受けとってよいものである。」というのはBさんの言うように私にもしっくりこないですね。だからこそ、藤田、垂水裁判官のように、「人の本心に反して、事の是非善悪の判断を外部に表現せしめ、心にもない陳謝の念の発露を判決をもつて命ずるがごときことは、まさに憲法19条の保障する良心の外的自由を侵犯するものである」ことになるのでしょうね。ただ、そうなると謝罪広告命令を出す根拠の民法723条自体が戦前からの時代錯誤の法制度ということになるのかな。

● 思想及び良心の自由（19条）

　民主主義にとって重要な役割を果たす精神的自由は、内面的精神活動の自由（内心の自由）と外面的精神活動の自由との2つに分けることができる。思想及び良心の自由は、内面的精神活動の自由の中心的規定であり、フランス人権宣言にも見られるが、諸外国の憲法では独立して保障する国は少ない。たしかに、内心の自由は表現の自由と密接に結びつくことから表現の自由を保護するので十分と考えられてきた。しかし、わが国では、第二次世界大戦中に特定の思想

が反国家的として弾圧された歴史（京都学連事件、滝川事件ならびに天皇機関説事件など）があり、内心の自由そのものを思想及び良心の自由として侵してはならない絶対的自由として保障することには十分な意義がある。

19条「思想及び良心の自由は、これを侵してはならない。」の規定において内心における考え方や見方である「思想」と倫理的性格をもつ考え方である「良心」とを区別しているが、両者は区別せず一体的なものとして保障すべきである。思想及び良心の自由の保障の範囲については、人の内心における考え方の自由を広く包括的に保障するものであり、世界観などの人格形成に役立つ内心活動に保障の範囲を限定することは不明確な基準を持ち込むものであり妥当とはいえない。このように広く内心を取り込む場合、謝罪広告も思想及び良心の自由に関わるものとして問題となろう。

思想及び良心の自由は、「侵してはならない」（19条）とされているのは、人がどのような世界観や人生観をもっても、それが内心にとどまるかぎりは絶対的な自由であることを意味する。それゆえに、特定の思想の強制はもちろん、干渉もすべきではない。また、思想にもとづく不利益な取り扱いは一切禁止される。そして、人は内心を言葉に表すことを強制されない（**沈黙の自由**）のである。企業の採用試験で、政治的信条や支持政党あるいは思想団体への所属関係の有無を尋ねるのも思想及び良心の自由への侵害となりうる（企業の場合、憲法規定の私人間適用の問題〔三菱樹脂事件〕がある）。もっとも、裁判で証人の知っている事実について証言義務を課しても（刑事訴訟法161条、民事訴訟法190条）、思想と関連しない単なる事実や知識の知不知であり、思想及び良心の自由の侵害にはならない。

**事例2-11** 学校行事において、国旗掲揚や国歌斉唱が校長の指示で行われるが、「日の丸」や「君が代」が戦前の天皇制と軍国主義の象徴であるとして、これらを否定する教師や生徒が国旗掲揚や国歌斉唱の校長の指示に従わなかった場合は、やはり教師や生徒は、懲戒や何らかの処分を受けるのかな。平成19年の最高裁判所の判決もそんな事件だったよね。（最判平成19年2月27日民集61巻1号291頁）

\* \*

A： 平成19年の最高裁判決の事件は、「君が代」のピアノ伴奏の職務命令への違反事件だよ。小学校の入学式で「君が代」のピアノ伴奏を教諭Xに校長Yが命じたけど、事前に弾けませんとXは断ったんだよね。そして、入学式の当日、国家斉唱の指示が出

たときもXはピアノの椅子に座ったままでピアノを弾かなかったから、Yは録音したテープを流して入学式を済ませたんだ。
B：　たしか1989年に学習指導要領（旧学校教育法施行規則にもとづく）が、入学式や卒業式では国旗を掲揚し、国歌を斉唱するように指導すると改定され、1999年には国旗・国歌法ができているから、Y校長が国歌である「君が代」のピアノ伴奏をXに命じた職務命令にXは明らかに反しているのだから、戒告処分を受けるのも仕方がないさ。大体、Xは公立小学校の先生だろ、国民の公僕として「全体の奉仕者」（憲法15条2項）なんだから、勝手な考え方は困るよね。
C：　しかし、「日の丸」や「君が代」が戦前の天皇制や軍国主義のシンボルであったことは歴史的事実だし、日本の近代の侵略の歴史において「日の丸」「君が代」が果たした役割等といった歴史認識から、それについての議論も反省もなく掲揚しろ、斉唱しろといわれても愛国心は湧かないね。国旗や国歌は、その国の人間というアイデンティティ（identity）だからね。やはり個人的には、職務命令までしてやらせることではないような気がするよ。
A：　そうだよね。平成天皇（明仁）も、国歌斉唱と国旗掲揚については、「やはり、強制になるということでないことが望ましいですね。」と発言（2004年の秋の園遊会の席で）しているぐらいだから。
C：　Xは、入学式当日になって突然ピアノ伴奏を拒否したわけではなく、また実力をもって式進行を阻止しようとしていたものでもなく、ただ、以前から繰り返し述べていた希望のとおりの「君が代」だけを演奏しなかっただけだった。だから、校長は事前に用意しておいたテープで伴奏して問題なく式は進行しているんだから、なにも戒告処分までするなんて。いかにも権威主義的で、俺の命令が聞けないのかって感じで、懲戒権の濫用だというのもわかるね。それこそ戦前の軍国主義だね。言いすぎかな。

• 信教の自由（20条）

　信教の自由は、中世ヨーロッパにおける宗教的弾圧の歴史のなかから誕生したもので、歴史上、宗教の自由を求める活動や要求は、自由主義の発展に寄与し、思想、学問ならびに言論出版などの精神的自由の推進において重要な歴史的役割を果たしてきた。それは、人権宣言にはじまり多くの国の憲法で保障されてきた歴史的意義をもつ自由権である。

　わが国では、戦前の大日本帝国憲法28条で、規定上は、法律の留保の規定もなく信教の自由が保障されていた。しかし、明治政府は「神道は宗教ではない」（神社非宗教論）として国教である神社神道を他の宗教の上にあるものとして優遇しても信教の自由に反しないと考え（参考、1932年の上智大学生靖国神社参拝拒否事件）、他の宗教を弾圧した。この神社神道は、現人神（あらひとがみ）である天皇の軍隊の精神的支柱として軍国主義を正当化した（軍人を祀る**靖国神社**（🖉）など）。

このような国家と宗教の結びつきが第二次世界大戦の悲劇に繋がっていったことから、日本国憲法では個人の信教の自由を十分に保護すると同時に国家と宗教との明確な分離を図り、政教分離として規定するにいたった（憲法20条1項後段）。

> **靖国神社**　明治に入り創建された神社で、日本の国内外の事変・戦争等で死亡した軍人、軍属等の戦没者を神である「英霊」と称して祀り（遺骨は存在しない）、その柱数（柱は神を数える単位）は200万柱を超える（その多くは男性である）。1978年に主要な戦争犯罪人であるA級戦犯を合祀したことから中国、韓国などから批判されており、中曽根康弘総理大臣が公式参拝して以降さらに問題（政教分離や国際関係など）が深刻化している。もっとも天皇は今日では靖国神社には参拝していない。

　信教とは、宗教のことであり、広く超自然・超人間的本質（神、仏、霊など）を確信し、畏敬崇拝する心情と行為をいう。信教の自由の内容としては、絶対的に侵すことのできない個人の内心における信仰の自由である。それは、内心において特定の信仰をもつ自由と信仰をもたない消極的信仰の自由からなる。これにより信仰を告白する自由と告白しない自由を有する。
　信教の自由には、宗教上の儀式や布教宣伝などを行う宗教的行為の自由や宗教的結社の自由などの表現の自由の側面がある。このような内心の信仰が外部的行為となって他人への影響が及ぶ場合には、一定の内在的制約を受けることになる。その際、注意を要するのは、宗教的行為については、内面的な信仰ないしは宗教的信念と深く関わることから、規制の目的や手段についても厳格な審査基準により、必要不可欠な規制目的を達成するための最小限度の手段であることが要求される。
　**政教分離**とは、国家がすべての宗教に対して中立的立場をとることで相互に干渉しないとするもので、国家の宗教的中立性をいう。国家と宗教とを厳格に分離することで、信教の自由保障を間接的に強化するだけでなく、国家と宗教との結合による双方の腐敗・堕落の防止を図り、民主主義を確立することを目的としている。具体的には、宗教団体のみを他の非宗教団体と区別して、あるいは特定の宗教団体のみを他の宗教団体と区別して、特別に優遇ないし劣位な

措置をとることが禁止される。もちろん、国教を定めたり、特定宗教を国が宣伝したり、排斥したりすることも禁じられている。しかし、国家と宗教を厳格に分離するとしても、すべての関わりを断つというものではない。宗教団体が運営する私立学校への国家からの補助金は、他の私立学校と同様に交付される。それは私立学校として平等に扱う必要性があるためであり、宗教についての優遇措置によるものではない。

このような政教分離の性格については、一般的に信教の自由の保障を強化するために政教分離を制度として保障したもの（**制度的保障**（✐））と理解されている。そのため、個人の権利または法律上の利益への侵害を訴訟の前提とする現行の訴訟制度では、原則的には政教分離違反行為自体は裁判で争えず、例外的に、国等が個人に宗教的行為を強制したりしたような場合に、人権侵害として裁判が可能になる。もっとも、個人の権利等を前提としない客観的訴訟の制度（住民訴訟：地方自治法242条の2参照）が設けられている場合には裁判も可能である。

> ✐ **制度的保障** 個々の人権を保障するのではなく、権利そのものと密接に関連している一定の制度そのものを客観的に保護することで人権保障をより充実させる考え方。憲法上保障された制度の核心部分を法律により否定できないものとして立法権に制限を課すものである。制度的保障は憲法規範の客観的な制度の保障であるから、政教分離原則違反は、すぐさま個人の権利である信教の自由を侵害することにはならない。それゆえに、憲法違反が明白でも客観訴訟の制度が設けられていない限り裁判で争うことはできない。日本国憲法では、政教分離のほかに平等権と貴族制度の禁止（14条1項・2項）、大学の自治（23条）、私有財産制度（29条）、婚姻・家族に関する法制（24条）、裁判制度（32条、第6章）及び地方自治（第8章）が制度的保障と考えられている。

国家と宗教との厳格な分離を行う場合、国家と宗教との関わり合いが政教分離に違反しているかを判断する基準は重要である。わが国の判例では、アメリカの判例理論であるレーモン・テスト（1971年に連邦最高裁判所がLemon v.s. Kurtzman事件で採用した基準）をもとにした**目的効果基準**を設定した。そこでは「当該行為の目的が宗教的意義を持ち、その効果が宗教に対する援助、助長、促進又は威圧、干渉等になるような行為」（最大判昭和52年7月13日〔津地鎮祭事件〕）は20条3項により禁止されるとしている。この目的と効果の判断にあたっ

ては、外形的側面だけでなく当該行為の行われる場所や目的など諸般の事情を考慮して社会通念に従って客観的に判断しなければならない。実際に判例ではこの基準を厳格に適用して判断している（最大判平成9年4月2日〔愛媛玉串料訴訟〕）。

- 表現の自由（21条）

　表現の自由とは、人の内心における精神的作用を外部に公表する精神活動の自由をいう。民主主義社会では、個人が自由な思想を形成し、人格を完成・発展させるために、自己の思想等を表明できると同時に、さまざまな人の考え方が自由に取捨選択できる状況（思想の自由市場）が維持されていなければならない。そして、自由な言論活動等の表現が保障されてこそ、国民が自由かつ主体的に政治的意思決定を行うことができる。それゆえに、表現の自由は民主政治に不可欠な自由である（ロンドンのハイド・パークにある「スピーカーズ・コーナー」は、主張・発言の自由がほぼ完全に保障された場所）。

　このように、表現の自由は、①国民が言論活動を通して自己の人格を実現するという自己実現の価値ならびに②言論活動により国民が国政に関する政治的意思決定に関与するという民主政治に直結する自己統治の価値の2つの民主主義にとって意義ある価値をもつ。それゆえに、表現の自由は他の自由、特に経済的自由に対しては優越的地位にある自由であるといえる。その一方で近時、SNS等による表現が他人に対する根拠のない誹謗・中傷となるという問題が生じているのであり、表現の自由を最大限尊重する一方でそうした表現行為によって損害を被った者の回復・支援等の在り方について考察することの重要性も認識されつつある。

　表現の自由は、思想や情報等の発表の情報提供の自由であることから「送り手」としての自由であるが、それは同時に「受け手」の存在を前提としており、発表の自由としての表現の自由は、同時に思想や情報の受け手の受領の自由をも保障するものとなる。特に、20世紀以降の情報化社会ではTVやインターネット等のマス・メディア（大量伝達手段）の発達により多くの情報が報道機関等により一方的に大量に送られてくることから、情報の受け手としての国民側からの表現の自由の意義が大幅に増したといえる。それゆえに、表現の自由を表現の受け手の自由として再構成し直し21条1項を根拠とする人権である「知

る権利」として捉えるようになった。

　知る権利は、表現活動への国家の干渉を排除するという従来の消極的権利としての自由権的側面だけでなく、参政権的機能としての国民が自ら必要とする情報を収集しようとする権利（情報収集権）でもあり、さらに公権力に対して情報の公開を求めていくことのできる権利（情報公開請求権）という社会権的側面をももつのである。もっとも、21条1項により情報公開請求権が保障されているとはいっても、個々の裁判で情報公開請求権を行使するには、情報公開の手続につき規定された具体的法律（1999年情報公開法など）が必要である（抽象的権利説）。

　**アクセス権**とは、情報の受け手である国民が、情報の送り手であるマス・メディアに対して自己の意見の発表の場の提供を要求する権利である。アクセス権の根拠は、「言論には言論」という21条の表現の自由にもとづくものである。表現による害悪に対しては、「対抗言論」すなわち、互いに言論を交わすことができる平等な立場であることを前提に、ただちに自ら反論することで対応するのが原則という考え方にもとづくものである。

　私企業であるマス・メディアに対して具体的なアクセス権を求めるには、具体的立法が必要となる。もっともアクセス権が大幅に認められる場合、報道機関が批判的記事を差し控えたり編集の自由が侵害されるという表現の自由への萎縮効果が生じる危険性もあることに注意をする必要がある。

　**報道の自由**は、新聞、TVなどの報道機関がさまざまな報道メディア（媒体）を通して国民に事実を伝達する自由である。報道機関による報道は、民主主義社会において国民が国政に関与するのに重要な判断資料を提供する点で、国民の「知る権利」に奉仕するものである（最大決昭和44年11月26日〔博多駅テレビフィルム提出命令事件〕）。それは、単に報道のために報道内容の編集等の知的な作業がなされ送り手の意見が表明されるというだけのものではない。それゆえに、報道の自由は表現の自由（21条）の保障のもとにある。

　もっとも、報道機関の報道が公正な内容をもつために不可欠な「取材の自由」については、最高裁（上掲博多駅判例）は、「憲法21条の精神に照らし、十分に尊重に値する」権利であるとしてはいるが、21条1項により直接保障されるものとは考えていない。そして、報道の目的で内々の信頼関係により取材した

取材源及び取材情報の開示を強要されない取材源秘匿権については、公正な裁判の実現の保障のためにはある程度の制約もやむをえないとしている。

**事例2-12**

A： 表現の自由とやらがあることはわかるけど、表現が自由だとしたらわいせつなポルノ本だって自由に発売してもいいんじゃないかな。

B： そうそう出版の自由は表現の自由の１つだぜ、規制はまずいでしょう！

C： いや！そもそもわいせつな性的表現は、憲法が保障する表現の自由に該当しないのさ。刑法175条でわいせつ文書の販売は処罰されるんだから。刑法の規定は、性的秩序を守り、最小限度の性道徳を維持してるんだ。要するに、憲法の「公共の福祉」ってやつだよ。

A： なんだ、伝家の宝刀「公共の福祉」の登場かよ。しかし、いきなり性表現のある本はすべて憲法の表現の自由がないなんてのはまずいだろう。「わいせつ」なんてのは時代や社会が変わればかなり違うしさ、裸体がいけないからといって、まさかウィリアム・ユージン・スミスの『ミナマタ *Tomoko Uemura in Her Bath*』(1971年)の母と子の写真がわいせつだなんて馬鹿げた発言はしないよね。

B： そういえばD. H. ロレンスの『チャタレイ夫人の恋人』の翻訳者と出版社の社長が刑法175条違反で起訴された事件で、最高裁判所（最大判昭和32年３月13日刑集11巻３号997頁）は、芸術性とわいせつ性は別異の次元に属し両立できるから芸術性があってもわいせつになるといってたけど、その後の判例ではわいせつ性は文章全体との関連で判断すべきだとしてる（全体的考察方法：最大判昭和44年10月15日刑集23巻10号1239頁〔「悪徳の栄え」事件〕）。つまり、文書の芸術性が性的刺激を緩和しているとか、性に関する露骨な描写が文章のどのぐらいの割合か、文章の構成や展開などいろいろな観点から見てその時代の社会通念からわいせつ性を判断しているんだ。つまり、スミスの写真が裸の女性を被写体としているからすぐにわいせつとはいえないということだな。

A： あたりまえだろ！胎児性水俣病に侵された娘への無限大の愛情に満ちた母親の入浴姿のどこがわいせつか！！

C： まあ、そう怒らずに。ところで青少年保護の観点から有害図書を認定して青少年への販売・配布・貸付等や自販機への収納を規制している都道府県の青少年保護育成条例があるけれど、あれは有害図書が青少年の性的な逸脱行動を容認する風潮を助長するから、ある程度の規制もしかたがないというとこかな。

A： しかし、知事が指定する「有害図書」って、著しく性的感情を刺激し、青少年の健全な育成を阻害するおそれがある図書やポルノ写真だろ。著しく性的感情を刺激するってわかりにくくない？かなりザックリした基準で決めてるんだね。

民主主義にとってきわめて重要な自由である表現の自由であっても内心の自由と異なり、表現行為により外部に表出されるものだけに無制約ではありえな

い。特に近年では、特定の個人や集団、団体などの人種、民族、宗教、性的指向、性別、障害などの自ら主体的に変えることが困難な事柄について差別的意図で攻撃、脅迫、侮辱する発言や言動である<u>ヘイトスピーチ</u>（hate speech）が問題となっている（参照、1965年人種差別撤廃条約）。しかし、すでに述べたように精神的自由は民主政治の政治過程にとって重要な権利である（民主的政治過程論）。それゆえに、表現の自由は経済的自由に比べて**優越的地位**にある。したがって、表現の自由を規制する場合には、経済的自由を規制する際に適用される「合理性」判断基準（原則として規制法令は合憲と推定し、緩やかな審査基準をとるべきとされる）は適用されず、より厳格な基準により規制立法は審査されることになる（**二重の基準の理論**）。そして、二重の基準の理論における厳格な基準としては、①事前抑制禁止の基準、②明確性の基準、③明白かつ現在の危険（clear and present danger）の基準、④より制限的でない他の選びうる手段の基準（LRA: Less Restrictive Alternatives）がある。

　①事前抑制禁止の基準とは、広い意味では、表現行為に先立ち公権力がなんらかの方法で表現行為を抑制することをいう。広い意味での事前抑制のうちで、検閲と狭義の事前抑制とを区別する。狭義の事前抑制は厳格な審査基準によるものの絶対的に禁止されるものではないが、**検閲**は表現行為に先立ち行政権がその内容を事前に審査し、不適当と認める場合にその表現行為を禁止することをいい、21条2項により検閲行為は絶対に禁止されるのである。

　②明確性の基準とは、精神的自由を規制する立法は明確でなくてはならないという理論である。特に、基本的人権の中で優越的地位である表現の自由については、漠然不明確な法律の規定により規制を加えることは、表現の自由に萎縮効果が生じることから法文上不明確な法律による規制は原則的に無効となるとする。法文上の不明確さにつき合理的な限定解釈を施した場合でも、法文の漠然性、不明確性が排除されないかぎり、原則として法規自体が違憲無効（文面上無効）となる（**漠然性のゆえに無効**）。また、法文自体は一応明確であっても、規制の範囲があまりにも広汎で違憲的に適用される可能性がある法令については、その存在自体が表現の自由に重大な脅威となることから法令自体が無効とされる（**過度の広汎性ゆえに無効**）。

　③明白かつ現在の危険の基準は、1919年のシェンク対アメリカ合衆国事件

の連邦最高裁判決において、ホームズ裁判官が定式化した基準である。この基準には3つの要件があり、(i)表現行為が近い将来において実質的な害悪を引き起こす蓋然性が明白であり、(ii)その害悪がきわめて重大であり、重大な害悪の発生が時間的に切迫しており、(iii)害悪の発生を避けるためにその規制手段が必要不可欠であること、の要件が充足された場合に初めて表現行為への規制が許されるとするものである。この厳格な基準は、すべての表現行為の規制に適用されるものではなく（判例は違法行為を扇動する言論活動への規制の場合）、表現内容を直接規制するような場合に限って適用される。

④より制限的でない他の選びうる手段の基準とは、表現行為を規制する法律の目的は表現内容に直接関わりのない正当なもの（十分に重要なもの）として許容できるが、規制の手段が広汎であることを問題視して、立法目的を達成するための規制の程度のより少ない手段（Less Restrictive Alternatives）が存在するかどうかを具体的・実質的に検討（表現の時、場所、方法等）して、存在した場合には表現行為への規制を違憲とするものである。

● 学問の自由（23条）

憲法23条は「学問の自由は、これを保障する」と規定して、個人の人権としての**学問の自由**を保障するとともに、特に高等教育機関である大学における学問の自由を保障するために制度的保障として大学における「大学の自治」をも保障している。

学問の自由は、その内容として①学問研究の自由、②研究発表の自由、③教授の自由の3つの自由がある。学問の自由は、19世紀のドイツで現れ、学問研究自体が国家や社会の発展と不可分の関係にあることから、政治による干渉を排除するために主張されてきた。わが国でも大日本帝国憲法下では、学問は国家のためのものという理念（旧大学令1条）で理解され、森戸事件（1920年）、滝川事件（1933年）や天皇機関説事件（1935年）などの学問への政治的弾圧が存在した。学問研究への国家の干渉は、民主主義の健全な発達を阻害するのみならず、人類の文化・社会的発展に悪影響を及ぼすものである。その一方で、原子力研究、人・クローン技術、遺伝子操作等の先端技術研究が、人体や環境への影響、危険予測の困難性、あるいは生命倫理等の観点から本来意図していなかった結果をもたらす危険性についても指摘されている。これらの先端技術

研究の自由も学問の自由に含まれるが、その法的規制の必要性の有無やその在り方等について検討していく必要がある。

　もっとも、近年の科学技術の発展にともない、学問研究が企業の経済活動と密接に結びつき、伝統的大学のみならず民間の研究所や企業での研究が活発化し、精神的自由としての側面以外の経済的自由の要素も含まれるようになってきている。そして、研究成果の保護としての著作権や知的所有権の意義が増している。さらに、大学進学率が18歳人口の50％以上となった現在では、大学の大衆化が進み、本来の大学の自治とは異なったものに変化しつつある。

　本来、内面的精神活動の自由である学問の自由は、真理の発見・探究を目的とする。そして、学問の自由には、学問研究の成果の発表（研究発表の自由）を含んでいる。さらに、学問の自由は、伝統的に大学の自由と理解され、大学等の高等学術研究教育機関における研究教育者の研究と教授の自由を保障する。それゆえに、大学でいかなる教材を用い、いかなる学説を講義するかは研究教育者の自由な判断に任されている（**教授の自由**）。

　もっとも、このような自由が初等中等教育機関の教師に認められるかについては、判例（最大判昭和51年5月21日刑集30巻5号615頁〔旭川学テ事件〕）は、教授の具体的内容及び方法につきある程度の自由が認められるとしても、完全な教授の自由は認められないとしている。普通教育における児童生徒は、一般に批判能力が低く、また教育の機会均等の要請からも全国的に一定水準を保つ必要性が高いことから、普通教育における教師に一定の範囲での教授の自由への制限があることも認められるといえる。

　教授の自由は、大学が学術の中心であることから、教授その他の研究者が専門の研究の成果を講義する自由を保障したもので、単に研究成果を発表する自由とは異なり、自らが正しいと信ずる見解を、自らが正しいとする方法で講義することにより、学問的見解の承継や交流を図り、学問の一層の発展を企図するものである。そして、大学の学生は、このような講義に対する一応の批判力を備えているといえる。この点で、児童生徒とは異なるのである。

　「**大学の自治**」については、憲法上の明文規定は存在しないが（参照、94頁・富山大学単位不認定事件）、学問の自由と大学の自治が密接不可分のものであることから23条により保障されているものと考えられている。学問研究の中心

である大学を国家権力からの干渉から保護するために大学の自治を制度的保障（参照、61頁）として認めたものである。

大学の自治の内容は、①教員の人事における自治、②施設の管理における自治、③学生の管理における自治、④研究教育の内容及び方法の自治、⑤予算管理における自治（財政自治）が挙げられる。

大学の自治の担い手は、教授その他の研究者である。教員以外の者、特に大学の学生については、大学の自治の主体ではなく大学の自治の効果を享受できる地位にあるにすぎず、ただ大学の不可欠の構成員として大学の自治の運営について要望、批判あるいは運営等に反対する権利をもつのである（最大判昭和38年5月22日〔東大ポポロ事件〕、東北大学事件など）。

### (2) 経済的自由

● 経済的自由の意義

近代市民革命後、フランス人権宣言（1789年）の17条「所有権は、不可侵で神聖な権利である」に現れているように、18世紀の近代憲法は個人の財産権を尊重することで資本主義発展の基礎を形成したのである。そこでは、所有権を神聖不可侵なものとすることで人々の生存が保障され、契約の自由、営業の自由などの経済的自由は絶対的に保障すべきものと考えられた。しかし、資本主義経済の高度化は、人々の間に著しい貧富の差を生じさせ、財産権を絶対不可侵の人権として保障することの不都合さが認識された。そして、経済的・社会的弱者の生存を確保する必要性から1919年のワイマール憲法にも見られるように、社会権を新たな人権として登場させ、国家は社会的公共の見地から法律により積極的に財産権等の経済的自由への規制を行いだした。

日本国憲法では、経済的自由として、居住・移転の自由（22条1項）、職業選択の自由（22条1項）、財産権（29条）を保障している。

● 居住・移転の自由および職業選択の自由（22条1項）

**居住・移転の自由**は、自己の住所又は居所を決定・変更する自由であり、旅行の自由も含まれる。この自由は、近代社会において人の自由な移動は資本主義経済の前提である労働力の確保を可能にしたという歴史的意義をもつ。のみならず、人は自由に労働の場所を選択でき、自由な移動を通じて自己の経済生

活を発展させることが可能である。それゆえに居住・移転の自由は経済的自由の1つである。さらに、居住・移転の自由は、身体的自由とも関連している。さらには、多くの人との接触は人格形成に不可欠であり、集会や集団行動の自由や表現の自由と密接な関連性をもち精神的自由の要素をも併せもつといえる。

居住・移転の自由は、22条1項「公共の福祉」によって制限できることが明示されている。それゆえに、上記の経済的自由の側面については職業選択の自由と同様な政策的配慮にもとづく積極的な規制を加えることができる。他方、民主政治に関わる側面をもつ場合には、精神的自由に近い基準で規制を制限できる。22条2項は、人が海外に住所を移す外国移住の自由を保障している。外国旅行のような一時的なものについても2項に含まれると一般的に理解されている。

**職業選択の自由**とは、自己の従事すべき職業を選択する自由をいう。本質的に経済的自由であるが、職業を通じて社会の発展に寄与する社会的機能をもつものであり、単に生計維持の手段であるのみならず人格的価値をも有している。職業選択の自由には、選択した職業を遂行する職業活動の自由としての**営業の自由**をも包含している。

職業選択の自由は、経済的自由であることから、精神的自由に比較してより広範な制限を受ける（二重の基準の理論）。22条1項が「公共の福祉に反しない限り」と規定しているのも、公共の安全と秩序の維持（**消極目的規制**）ならびに政策的な配慮による**積極目的規制**を認めたものといえる。

消極目的規制は、**警察的規制**とも呼ばれ、国民の生命や健康への侵害を防止し、社会生活における安全の確保や秩序維持を図ることを目的とするもので、警察比例の原則（規制は社会公共への障害の大きさに比例し、規制目的達成のための必要最小限度でなくてはならない）が適用される。飲食業や風俗業などの一定の職業についての営業の許可制度、医師や弁護士などの資格制度などの規制がある。積極目的規制は、社会経済の調和のとれた発展の確保、社会的・経済的弱者の保護のための規制であり、福祉国家観にもとづく社会経済政策によるものである。電気、ガス、水道事業の**特許**（✐）の付与などがある。

🖉 **特　許**　広義には、特定人の能力、資格、権利、法律関係などを設定する行政行為（設権行為）をいうが、狭義には、特許法の定める発明の独占的利用できる権利を設定する行政行為をいう。

　職業選択の自由への規制の合憲性判定基準は、**合理性の基準**が用いられている。「合理性の基準」とは、立法目的及び立法目的達成手段の両者について一般人を基準にして合理性が認められるか否かを判断するもので、立法府判断には合理性があるという**合理性推定の原則**が働く緩やかな判断基準である。合理性の判断基準は、前述の消極目的規制か積極目的規制かにより異なる。消極目的規制では、自由国家的公共の福祉にもとづく警察的規制であることから、人権尊重の観点から裁判所が規制の必要性・合理性及び目的達成の緩やかな規制手段の有無（LRA基準に同じ）を検討する「厳格な合理性」の基準が採用される。他方、積極目的規制では、立法府の判断に明白な誤りがなければ合理性があるという「明白の原則」が採用され、立法府の広汎な裁量を認める（最大判昭和47年11月22日刑集47巻11号22頁〔小売市場距離制限事件〕）。

● **財産権（29条）**

　29条1項は、「財産権は、これを侵してはならない」と規定して、近代憲法における財産権（債権、物権、著作権などの財産的価値を有する権利）を天賦不可侵の自然権とする考え方を打ち出し、個人の保有する具体的な財産上の権利を保障している。さらに、個人が財産権を享有できるとする**私有財産制度**を制度的に保障している。

　そして、29条2項では、財産権につき「財産権の内容は、公共の福祉に適合するように、法律でこれを定める」と規定して、その不可侵性につき公共の福祉による内在的制約（消極目的）を超えた積極的・政策的制約（積極目的）をも可能としている。それゆえに、規制立法の違憲判断基準とされる合理性についても、消極目的の場合は厳格な合理性の基準、積極目的の場合は明白性の原則により判断される。29条2項の「法律」には、地方公共団体の議会により民主的な手続により制定される条例も含み、条例により財産権を規制することも可能である。

　29条3項は、「私有財産は、正当な補償の下に、これを公共のために用いる

ことができる」として**損失補償**を定めている。損失補償とは、公共の利益のための公権力の行使による財産権への制限で生じた損失を個人の負担にするのではなく国民全体の負担として転嫁する制度で平等原則にもとづくものである。

29条3項の「公共のために用いる」とは、広く社会公共の利益のために私有財産の収用等を行う場合である。そして、3項により補償の対象となる場合は、特定の者に対して財産権に内在する社会的・自然的制約（一般犠牲）を超えて特別の犠牲を課す場合（**特別犠牲説**）である。特別犠牲にあたり補償を要する場合とは、侵害行為が財産権に内在する制約として受忍すべき限度内にあるか、それとも財産権の本質的内容を侵すほどに強度のものかで判断する。その際、2項にあたるような一般的な制限であっても、一般納税者の負担において正当な補償を支払うのが正義公平の原則に合致する場合には、3項の規定により補償される。

29条3項でいう「正当な補償」とは、原則として完全な補償を意味し、財産権に対する社会的評価が変化するような例外的場合には相当補償となる。完全な補償とは、補償対象となる財産が一般的に市場でもつ客観的な経済価格をいう。そして、損失補償は、法律に規定があるときはもちろん、法律に規定がない場合でも、憲法29条3項を直接の根拠として請求ができるのである。

## 3 社 会 権

### (1) 生 存 権

> **事例2-13** Aの従兄弟のBは、ここ1年ほど失業している。貯金も底をつき基本的な生活もできなくなるおそれが出てきたので、役所に相談に行き、生活保護の申請をすることになった。Aは、そのことを親戚から聞き、矛盾を感じている。「Bの生活が苦しいのは事実として間違いないとは思うのだが、自分だって苦しいことは一緒だ。Bはただやりたくない仕事をやらないだけで、努力が足りないんじゃないか。」

本章**1**(1) 47頁において述べたように、従来は、国家の不当な干渉を阻止し、国民の自由を保障する「国家からの自由」を論ずることが最重要の問題であるとされていた。しかし、資本主義の発達は、社会の構造矛盾を生じさせ、単に「国家からの自由」を論ずるだけでは、十分な人権保障がなされないことが理解されてきた。そこで、国家は資本主義の発展から必然的に生じた経済的社会

的弱者を救済しようと、積極的な介入をするよう要請されることになった(「国家による自由」)。このことは憲法による国家抑制を目的とする立憲主義の考え方からは矛盾することになるが、立憲主義の究極の目的が人権保障にあるとするなら、むしろこのような国家の積極的介入は、実質的には立憲主義を促進するものと考えられることになる。このようにして、いわゆる社会権（憲法25条から28条）が憲法に規定されることになった。

憲法25条に規定されている社会権としての生存権は、このような存在根拠をまず第一に認識しなければならない。現実に生活できなくなっている人間を、Aのように努力が足りないとか自己責任というような理由で生存権保障の対象から排除するのは、生存権保障の目的からは説明できない。たしかに、生活保護は怠け者を増やすための給付であるわけではない。しかし、個人的事情を超えた社会の構造矛盾というのは見えにくい側面もあることを認識すべきであろう。

事例2-14　Aは、Bから事情を聞くと、就職努力をしてはいるものの、肉体労働は長年の腰の痛みから無理であるらしいし、年齢的制限から十分生活できるだけの収入を得るような職が見つからないでいるということがわかった。そこで生活保護の申請もやむをえないかと思うようになったのだが、国はどの程度の生活をどのように保障しなければならないのか、憲法の規定はどうなっているのか考えている。

生存権保障は、憲法25条1項が「すべて国民は、健康で文化的な最低限度の生活を営む権利を有する。」と規定し、同2項で「国は、すべての生活部面について、社会福祉、社会保障及び公衆衛生の向上及び増進に努めなければならない。」としている。つまり、1項において国民の最低限度の生活の権利を宣言し、2項でその権利の実現のための国の責務を規定している。これが素直な読み方である。そして、そのように読むなら、1項が最低限度の生活の保障と言ってはいるが、国がやらなければならないことはそれにとどまるものではない。2項がそのような生活を少しでも「向上」「増進」させる責務を国が負っていると規定しているからである。そうだとするなら、反対に1項が保障する最低限度の生活は国の義務であり、そのための諸制度の充実が求められているということができる。したがって、このことはよく聞かれる立法裁量の問題、つまりやるかやらないかは国の勝手だということではないのである。常識的にも人間としての「最低限度の生活」が問題となっているのであるから、国の保

障をやってもやらなくてもよいなどとすましているわけにはいかないはずである。主権者である国民が困窮しているときに、国がやってもやらなくてもよいなどということはいえないのである（もちろん人間としての最低限度の生活が問題である以上、主権者でなくても保障されるのが原則ではあるが）。

> **事例2-15** Aは、生活保護を受けることになったBが次のような発言をすることに驚き絶句した。「人間としての最低限度の生活というのは本当に最低限ということだから、それ以上のことを要求できないわけではない。昔、朝日訴訟というのを学校で習ったことがあるが、最低限度の生活というのはひどいものだった記憶がある。そんな基準を立てられたんじゃあたまらない。最低基準はあったとしても国はできるだけそれよりも上をめざすべきなんだ。」Aは、それが生活保護を受けている人の言葉かとBと喧嘩になってしまった。

　憲法25条１項が生存権という権利を宣言し、２項がそのための国の義務を課したものであるとするなら、より良い生活を求めるBの主張はおかしなものともいえない。たとえば、国が動物的な生存を保障すれば十分であるという者はいないであろう。だからこそ２項には「向上」「増進」という文言が含まれているのである。もっと簡単に言えば、国には最低限度の生活の基準を押し上げる各種の諸制度の整備が義務づけられていると解することが可能であろう。Aは生活保護受給者はあまり文句を言ってはいけないかのようなことを言っているが、生存権は人権であり、正々堂々と主張すべき権利である。上述したような国がやってもやらなくてもよいような恩恵ではないことを認識すべきであろう。そういう意味からすれば、25条２項は積極的防貧施策であり、その施策により最低限度の生活が維持できない者を事後的個別的に１項で救済する（救貧施策）という解釈を示した堀木訴訟控訴審判決（大阪高判昭和50年11月10日判時795号３頁）にいう１項２項分離論は不当とも考えられる。これによれば、２項では国の事前の防貧施策であるから、どの程度やればいいかというのはそれほど明確ではなく、その基準はあいまいである。そのような考え方では、あいまいな基準で行われる（ということはつまりどの程度やればいいかは裁量によることになる）防貧施策で救済されなかった者を、個別的に救済すれば国の義務は免れるということになってしまう。このような結論を生じる分離論はやはりとるべきではない。

> 事例2-16 生活保護の内容をもっと良いものにすべきだというBの意見が、何も自分が楽をしたいためであるのではないことを知ったAは、Bが言っていた朝日訴訟のことを思い出していた。「あの判決ではたしかに『最低限度の生活』がかなり低いものであっても裁量によると言っていたような気がする。そうだとすると、生存権なんてものは単なる絵に描いた餅じゃないか。権利とはとても呼べない。ああ、そういえば大学の講義でプログラム規定とか何とか言っていたような気がする。」「そうすると、Bの言うことは単に国にこうしてほしいという希望以上のものではなくなってしまうじゃないか。」Aはこう考えて、憲法の本で生存権を勉強し始めた。

事例2-16 で問題となるのは、生存権の法的性格の問題である。その前に朝日訴訟を復習してみよう。原告の朝日氏は、昭和17年から結核で国立療養所に入所していたのであるが、月600円の生活扶助と医療費無料の生活保護を受けていた。昭和31年からは実兄の仕送り月1500円を受けることになったので、生活扶助を打ち切り、1500円から生活扶助相当額を引いた900円を医療費として自己負担させられることになった。この生活扶助相当額つまり生活費が600円という基準があまりにも低く、最低限度の生活を維持できる額なのかが問題とされたのである。今の時代で月600円がどの程度のものなのかわかりづらいと思うが、たとえばコーヒー50円の時代であるといえば、その基準の低さが理解できるであろうか。最高裁（最大判昭和42年5月24日民集21巻5号1043頁）は、原告死亡のため、「念のために」として、憲法25条1項が具体的権利を付与したものではないこと、健康で文化的な最低限度の生活という概念は抽象的概念であり、厚生大臣の裁量に委ねられており、ただ裁量権が限界を超えた場合にのみ司法審査の対象となるにすぎないと判示した。現実社会のなかで具体的にとても生活できないと訴える者がいるなかで、最高裁は最低限度の概念があいまいだからと、それこそ抽象論を振りまわしたのである。事例2-15 のBが言っているように、これではたしかに最低限度の生活はひどいものである。それではそのようにしか判断できなかった最高裁の背景にある論理は一体何なのか。それは生存権そのものが理想にすぎないという考え方である。憲法学上これをプログラム規定説という。もちろん、最高裁の論理は裁量権を逸脱したら司法審査の対象になると言っているのであるから、単なるプログラム規定説ではないという言い方もできる。しかし、裁量権の範囲が大きなものであるなら（そし

てそれは常に可能である）プログラム規定説と大差はないといえる。この朝日訴訟の論理は、その後、堀木訴訟（最大判昭和57年7月7日民集36巻7号1235頁）にも受け継がれ、現在でも憲法25条解釈の基本となっている。

　しかし、これでは憲法が社会権としての生存権を保障した意味はほとんどないといっても過言ではない。そこで学説では生存権をもう少し具体的な権利として認めようとする見解が主張されている。まず、憲法25条は単なるプログラム規定ではなく法的な意味をもっているが、ただそれを具体化した立法がなされることによって、25条は一体として理解され、権利が具体的なものになり、生存権侵害に対して裁判所に訴えることができるという説がある。この説では憲法25条そのものは具体的な権利とはいえず、ただ抽象的な権利性をもつだけである（**抽象的権利説**）。つまり、法律がなければ25条は実践的な意味をもたない。そこで、憲法25条に具体的な権利性をもたせようとしたのが**具体的権利説**である。この説によれば、生存権は具体的な権利であり、仮にそれを実現する法律がなかった場合でも、25条を根拠にして、法律を作らなかったこと（これを立法不作為という）の違憲性を確認する訴訟を提起できることになる。具体的権利説というと、何か25条によって直接給付を求めるようなことができる説と思われがちであるが、「具体的権利」の内容は、生活保護等の生存権保障を行う法律を作るように求めることなのである。しかし、法律が作られれば、結局、生活保護等の給付等がなされるのであるから、生存権が具体化するのではあるが、ここには立法不作為をどのように裁判所に訴えるのかという訴訟法的問題だけでなく、裁判所が立法不作為の違憲判決を出したとしても、立法権をもつ国会が立法を義務づけられると考えるのは、国会が立法権を一部否定されることになるのではないか等の問題がある。それでは、25条を根拠にして文字どおりの「具体的権利」を直接行使することができないのか。つまり生活が苦しいので憲法25条によって給付等をしてくれないか、という訴えを裁判所に提起できないものかという見解も生じた。一般の人が素直に考えれば、憲法が直接貧困を救済してくれるのが当たり前じゃないかと考えるであろう。そうでなければ最高法規としての意味はないとも思うであろう。そういう考えはもっともなことであるが、憲法の意味は、国家権力を抑制するところにあるということであり、国民の具体的な権利行使のためにあるのではないという考え

方も強い。しかし一方では、生存権保障、つまり最低限度の生活の保障くらいは特別ではないかという考え方もあると思われる。

ところで、生存権については、環境権をこの中に含めて考える見解がある。つまり、人間が生存するためには良好な環境が必要であり、それが侵害されるならこれを環境権侵害として訴えることができるとするのである。公害問題がこの権利性を私たちに認識させることになった。環境権は憲法には直接規定のない人権であるから、すでに述べたように、まず13条の幸福追求権を根拠にして、新しい人権として主張されるであろうが、環境権の権利実現のためには国家の積極的な施策が必要となるのであるから、社会権としての生存権の中で主張される必要がある。

### (2) 教育を受ける権利

> **事例2-17** 金持ちのXは貧乏人のYにこう言った。「大体教育なんてものは各家庭で家庭教師でも雇ってやればいいんだ。教育は子どもの養育・監護の一部なんだから、学校なんかへ行く必要はないね。そうすればいじめだってなくなるよ。」これに対してYは、「家庭教師を雇えればいいけれど、雇うことができない人はどうするんだ。それに学校がないと社会性だってなくなるし」と反論した。Xは少し興奮して、「それは親の責任だろ。社会性だって家庭で教えようと思えば教えられるじゃないか」と答えた。Yは冷静に、「君の住む社会は君主制か貴族制のようだね。今は民主制だよ。主権者は特定のエリートであるわけじゃなく、ごく普通の国民だよ。それが主権者としてちゃんと教育されていないと、国家だって困るよ」と言うと、Xはいじわるそうな顔つきで、「じゃあ、君は国家の望むような教育がいいというわけなんだな」と言いかえした。Yは「たしかに国家はそういう教育をやりたがるけれど、民主主義教育とか、主権者教育というのはそういうものじゃないと思う」と断固として反対した。

憲法26条1項は「すべて国民は、法律の定めるところにより、その能力に応じて、ひとしく教育を受ける権利を有する。」と規定している。「能力に応じて」という条件が付けられているのであるから、何でもかんでも平等な教育を受けることができるというのではない。時々、この条文の意味を能力のない者を差別しようとするものだと誤解する者がいるが、もちろん憲法が差別を容認・助長するものでないことは当然である。能力に差のあることはやむをえないのであるから、その水準に合わせて、教育の機会が平等に与えられるようにしよ

うという規定であり、それを実現するための国家のさまざまな施策が求められているものなのである。そういう意味において教育を受ける権利は社会権としての意味をもっている。**事例2-17**において、Xが言っている家庭教育は、たしかに国家や社会が未発達の時代においては重要な役割を演じたであろうし、もともと子どもの教育というものは家庭に始まるのであるから、教育の原初的形態としては正しい側面があったといえる。しかし、国家や社会が大きく広がり、複雑化し、教育の量や質が家庭教育では不十分なものになった近代社会においては、教育を私的な問題として家庭に閉じ込めておくのは不適切であると考えられるようになった。国民が各家庭や地域の常識にとらわれ、偏見や差別を生むような教育がなされるなら、民主主義の根幹にある議論さえまともには行われない。ある程度の知識の共通認識がなければ、相互理解やそれを基礎にした社会の発展も期待できないのである。公教育の必要性は、そのような背景をもって生じたといえるが、しかし、国民がすべて同じ価値観をもつようにすることが教育の目的ととらえられるべきではない。現代社会において公教育の必要性は、民主主義的教育の必要性と同義のものとして把握されるべきであろう。この点に関連して、教育権、教育内容を決める権限を一体誰がもつのかについての議論がある。1つは国家に教育権があるとする見解（**国家教育権説**）がある。有名な家永教科書裁判のいわゆる高津判決（東京地判昭和49年7月16日判時751号47頁）がこの立場をとった。国は福祉国家として国民の教育の機会均等のみならず、その教育内容の一定水準の維持について責務を負っているのであり、未成熟な子どもの教育に完全な自由を認めることはかえって子どもの正常な発達を阻害する面を有するので、国が適切な内容を定めておく必要が認められ、その限度で制約を受ける。国家教育権説はおそらくこのような理解をするのであろう。他方、国民に教育権があるとする見解（**国民教育権説**）もある。家永教科書裁判のいわゆる杉本判決（東京地判昭和45年7月12日行集21巻7号別冊1）がこの立場をとった。憲法26条は子どもの自由な人格形成を促進するために、国が公教育の機会を提供する責務を負うことを規定するものであり、その教育内容（教科書検定も含めて）に介入してはならないのであって、基本的に教育権は国民（親・教師）にあるという考え方である。

> **事例2-18** **事例2-17**のXとYの会話はまだ続いている。「国が教育内容に口出しをしてきたら、1つの価値観しか教えられないじゃないか。個性を重んじた多様な人格形成が民主主義には必要だと思う。そのためには親とか教師に任せるべきだと思う」とYは息巻いた。「しかしだよ、子どもは批判的能力が十分じゃない。つまり素直なんだから、あまり突飛なことを教えられてもかえって子どもの人格形成上問題があるよ。そこを国が補うという考えは間違っていないと思う。」Xは確信に満ちた表情で言い放った。Yはさらに反論する。「でもね。国が補うと言ったって、本当に補うだけかは信用できないね。権力をもつものは常に暴走するんだから、それを抑止するような制度をあらかじめ考えておくべきだと思う。やっぱり親や教師の教育権を中心にして、突飛な教育については自浄作用に任せるべきだよ。」
> この話を聞いていたXとYの子どもは、退屈そうに欠伸をした。

　教育内容を決めるのは一体誰なのかという問題についての2つの答えは、もちろんそれぞれの主張についての理由はあるであろうが、よく考えてみると教育を受けるのは子どもであり、子どもから見たら大人が喧嘩しているだけではないかという感じもしないではない。国であろうと親・教師であろうと、子どもから見ると権力を振るう者にすぎない。問題は、子どもの教育を受ける権利である。少し長くなるが、旭川学力テスト事件の最高裁判決（最大判昭和51年5月21日刑集30巻5号615頁）を引用しておこう。憲法26条には「国民各自が、一個の人間として、また一市民として、成長、発達し、自分の人格を完成、実現するために必要な学習をする固有の権利を有すること、特に、みずから学習することのできない子どもは、その学習要求を充足するための教育を自己に施すことを大人一般に対して要求する権利を有するとの観念が存在していると考えられる。換言すれば、子どもの教育は、教育を施す者の支配的権能ではなく、何よりもまず、子どもの学習をする権利に対応し、その充足をはかりうる立場にある者の責務に属するものとしてとらえられているのである。」要するに、子どもの学習権というのが最初にあって、その行使を補助するのに最適な立場にいる者に教育する義務が生じるというイメージであろうか。つまり教育権など二の次で、子どもの学習権をどう実現するのかが重要なのである。もっとも、この最高裁判決でも結局は国の「必要かつ合理的な」範囲での介入を容認するので、これでは国家教育権説とあまり変わりないという批判も可能である。**子どもの学習権**が主であるなら、教育する側は**補助的役割**をもつだけである。そして

この子どもの学習権を実現する一環として、義務教育の無償が規定されている（26条2項後段）。ここにいう「無償」は授業料不徴収を意味し（最大判昭和39年2月26日民集18巻2号343頁）、教科書代や給食費を無償とするかは、国や地方自治体の判断に委ねられている。なお、現在、義務教育段階における教科書代は、義務教育諸学校の教科用図書の無償措置に関する法律（昭和8年法律182号）により無償とされている。また給食費については一部の地方自治体が無償としている。

### (3) 労働に関する諸権利

> **事例2-19** 就活中のWは現在30連敗である。ほとほと困り果て、ゼミの先生のところに相談に行った。「先生、憲法27条には勤労の権利と義務が規定してありますよね。わたしの就職が決まらないのはわたしの権利が侵害されているんですか。権利の侵害だったら訴えることができますか。このままだと義務違反にもなってしまうから、わたしは処罰されちゃうんでしょうか。」先生は穏やかに言った。「勤労の権利も義務も理解の仕方が違うようだね。それにしても30連敗とはね。困ったものだ。あと1敗すれば僕の就活連敗記録に並んでしまうじゃないか。」

経済が停滞するといつの世でも失業が深刻な問題となるが、**事例2-19**のWも先生も大変な苦労をしている（した）ようである。Wが言うように、たしかに憲法は勤労の権利（憲法27条）を保障している。しかし、資本主義社会においては、経済活動の自由が認められ、雇用についても国家が完全に支配しているわけではない。したがって、就職が決まらないからといって国に具体的に就職を決めろと請求することができるわけではない。「権利」と言っているのは、結局、経済活動の自由があるとはいえ、国民の労働の機会の提供が不十分であることを国家によって是正させるために、国に就業の機会を保障するようなさまざまな施策を行うことを義務づけようとしたのであり、そのことを権利と表現しているのである。そして、その国の施策によっても労働機会が得られない場合に、一定の保護を求めることができるというのである（これを職業安定法、雇用保険法、雇用対策法などが具体化することになる）。

義務についても、国家が国民に強制労働をさせようとしているわけではないから、義務に反しても制裁が加えられるものではないのである。勤労の義務はその意味では一種の訓示規定とみることができる。つまり自らの生活は自ら支

えるのが筋だということを一般的に宣言しただけである。もっとも、生活保護法や雇用保険法などにおいて、一定の勤労の義務をとり入れた規定をもつものもあり、単なる訓示規定とはいえない側面もないことはない。

> **事例2-20** AはBに相談した。「最近、おやじ、給料が安いだとか、待遇が悪いだとか、ぼやいてばっかりいるんだけど、仕事辞められたら困るし、どうしたらいいんだろうか。」Bは得意げに答えた。「争議だよ、争議。ストライキでもやったらどうだ。憲法でも保障されているぞ。ここは一発強行手段に出たらと発破をかけてやったらどうだ。そんなに労働条件が悪いなら、賛同する人だって多いはずだ。」Aは弾んだ声で言った。「そうなんだ。同じ意見の者も多いとおやじも言っていた。」「そうだろ。さっそく言ってやれよ。」「わかった。」「ところでおまえのおやじの職業は何だっけ。」「警察官だけど、それが何か？」

　憲法28条は労働基本権を保障している。労働基本権というのは、団結権、団体交渉権、団体行動権の労働三権を意味する。これらの権利は、生産手段をもたない労働者が、経済的強者としての使用者と対等に話し合い、場合によってはストライキなど強行手段によって、労働者の生存条件としての労働条件を維持・向上させようとするものであり、これを国家が制約してはならないという自由権的側面に加えて、国家が労働基本権を保障するさまざまな施策を行うよう要求する社会権的側面もある。使用者が提示した劣悪な労働条件が嫌なら辞めればいい、辞めたくなければ黙って仕事をしろというのでは、労働者の生存そのものが侵害されていると考えてもおかしくはない。国はそのような状況を作り出さないようにすべきだというのが28条の趣旨である。ところが、国民の労働基本権は、同じ国民であるにもかかわらず公務員にはかなりの制限がある。**事例2-20**のAの父親のように警察官とか消防官などには公務の性質上、三権すべてが認められない。一般の公務員においても団体行動権はすべて否定されている。公務員が全体の奉仕者であるとか（最大判昭和28年4月8日刑集7巻4号775頁）、公共の福祉の観点からの制約をいうとしてもあまりにも抽象的すぎる感がある。判例は、全逓東京中郵事件（最大判昭和41年10月26日刑集20巻8号901頁）や東京都教組事件（最大判昭和44年4月2日刑集23巻5号305頁）において、公務員の労働基本権の保障の方向性を示していたが、全農林警職法事件（最大判昭和52年5月4日刑集31巻3号182頁）において、再び制限を容認する方向へと逆行してしまった。

# 第3章　統治機関

## ❶　国　会

　日本国憲法の基本原理である民主主義では、国民主権主義を大前提に人権保障を支える統治機構として国会、内閣そして裁判所の3機関を置いている。そこでは相互の機関の関連性を**三権分立主義**にもとづき運営している。

　しかし、民主政治を貫徹するかぎり、相互に抑制・均衡関係にあるべき三権分立主義も一応の修正を受けざるをえない。そこでは国民の代表により構成されている国会こそが「国権の最高機関」（41条）であり、社会・経済の発展に対応して飛躍的に役割が増大化した行政の中心である内閣については、国会に連帯して責任を負うことを原則とする**議院内閣制**（後述）を採用している。さらに、裁判所には違憲審査権を認め**「法の支配」**（✐）にもとづき国会、内閣の活動へのチェックがなされている。

> ✐ **法の支配**　13世紀のヘンリー・ブラクトンの「王は人の下にあってはならない。しかし、国王といえども神と法の下にある」法諺が有名。「法の優位」（Supremacy of Law）の思想は、中世イギリスで、国王さえ服従すべき法（「基本法」：Fundamental Law）があるとし、国王による「人の支配」を排除し統治権を法により拘束することで国民の権利・自由を擁護することを目的とする立憲主義的考え方。戦前のドイツの法治主義は単に議会が制定したという形式的要件を重視し、民主主義と結合するものではない点において異なる。

### (1)　国会の地位
● 代表民主制

　近代国家においては、国民主権を大前提に代表民主制を採用し民主主義を支えてきた。日本国憲法は、その前文1項2段で「その権力は国民の代表者がこれを行使」すると規定し、日本国民は正当に選挙された国会における代表者を通じて行動すると規定している（前文1項1段）。それゆえに、日本国憲法は、議会である国会を中心として政治を行う**議会制民主主義（代表民主制）**を採用し

ている。

　議会制民主主義において国会（議会）が中心的役割を果たすのは、国民の意思を国政に反映する（間接民主制）からであるが、このような民意の反映はあくまでも間接的であり、国民の意見をより直接的に反映した直接民主制を採用することが妥当であるようにも思われる。しかしながら、国民のすべてが国政に参加し審議・決定を行うことは物理的にも困難であるのみならず、すべてを国民投票等に依存するかたちにすると、メディア等により大衆操作された国民の拍手喝采によりすべてが決まり最終的には独裁の危険（ナポレオン3世やヒトラーの台頭にみられる）が存在する（プレビシットの危険）ことから妥当ではない。
● 国民の代表機関（43条）

　国会は衆議院と参議院とで構成される**両院制**の議会である（42条）。そして、両院ともに全国民を代表する選挙された議員で構成されている（43条）。「全国民の代表」というのは、国民の代表機関である国会の表明する意思が法律的に国民の意思とみなされる（法的代表）のではなく、国民は代表機関を通じて行動し、代表機関は国民意思を反映するものとみなされる（政治的代表）ことを意味すると理解されている。政治的代表から、議員は自分を選んだ特定選挙区の選挙人のためでなく全国民のために活動する道義的義務を負う。また議員は特定の人々の具体的・個別的指示に拘束されず、良心に従って自由に表決する権利を有する（表決の自由）。さらに、近年の経済の発展による社会構造の複雑化にともなう国民の価値観の多様化の状況から、議員の地位の国民意思による正当化が強調され、国民意思と代表者意思との事実上の類似を重視して政治的代表に加えて社会学的代表でもあるという考え方もある。

　今日のように国民と議会を媒介する組織としての**政党**（共通の政治的目的をもつ者によって組織される団体であり、政権獲得を目的とする点で一部の利益代表的集団である圧力団体と異なる）が著しく発達し、政党が国家意思の形成に主導的な役割を果たすようになった状態（政党国家）では、政党への議員の隷属性が問題となる。政党が党としての方針をもち一定の拘束性（党議拘束など）を有することはあるとしても、国民の代表としての議員に対して選出者である国民の意思を無視しかねないかたちでの拘束力（党を選択する比例代表制で選出された議員への党の除名処分による議員の地位の問題など）が議員の地位にまで影響を及ぼす

ことは、議会制民主主義の根幹に関わる問題を生じさせることから妥当ではない。もっとも、政党の最終目的は一部の者の利益を擁護することで国民全体の利益の向上に奉仕することであるから、政党への従属性自体は憲法43条に違反しない。

(2) 最高機関性、唯一立法機関性（41条）

国会は、国権の最高機関である（41条）。「国権」とは、国家権力であり統治権といえる。三権分立主義を採用している憲法において、国会が国権の最高機関であることは、特別な法的意味をもつものではなく、国会が主権者である国民によって直接に選任された国民を政治的に代表するという意味において国政の中心的存在であることからくる**政治的美称**である。

国会が「国の唯一の立法機関」であるとの41条の規定は、国会が立法権を独占していることを意味している。それは、日本国の立法はすべて国会を通し、国会を中心に行われるという**国会中心立法主義**の現れであり、法律は両議院の可決でのみ成立し、他の機関の関与を許さないという**国会単独立法主義**の意味でもある。ここでの「立法」とは実質的意味の立法（参照、14頁）であるが、それは一般的・抽象的な法規範のすべてを指す。

国会の唯一立法機関性における国会中心立法主義については、憲法が定めた両議院の規則制定権（58条2項）、最高裁判所の規則制定権（77条）、そして条例制定権（94条）の例外がある。また、国会単独立法主義の例外としては地方自治特別立法（95条）がある。

(3) 国会の組織と活動

国会は、衆議院と参議院の**二院制**を採用している。二院制は、議会の専制の防止、衆議院の軽率な行為や過誤の回避、民意の忠実な反映のための制度である。今日の多党化した政治状況では、政権獲得にも政党間での連合が必要になり、衆議院での与党が必ずしも参議院での与党とは言えないこと（ねじれ国会）から、二院制のもつ政治的意義は大きい。そこでは、第二院たる参議院の衆議院への抑制機能が十分に活用できる状況にある。

もっとも、両院の議決の効力には優劣の差がある。憲法上、衆議院のみに認

められる権能としては、内閣に対する信任・不信任決議権（69条）、予算の先議権（60条1項）があり、参議院のみに認められる権能としては、緊急集会における暫定決議がある（54条3項）。

さらに、衆議院が参議院よりも議決上で優位するもの（**衆議院の優越**）としては、法律案（制定改廃）の議決（59条）、予算の議決（60条）、条約の承認（61条）、内閣総理大臣の指名（67条）がある。また、国会法では、国会の臨時会、特別会の会期の決定・延長について衆議院が優位するとしている。

- **国会議員の権能**

国会議員は、国民の代表者として国会活動を行うことから、その活動を保障し国民の意思を十分に反映させるために歳費特権（49条）、不逮捕特権（50条）と免責特権（51条）の議員特権が憲法上与えられている。

歳費とは日本の国会議員に対して支払われる給費であり、国会法等により年額は約2200万円（秘書雇用手当を除く諸手当を含むと約4200万円）になり、アメリカ（約1400万円）、ドイツ（約950万円）やイギリス（約970万円）の議員より高く、世界最高水準である。

**不逮捕特権**（50条）とは、議員が国民の代表としての責務を最大限発揮できるように議員の身体の自由を保障したものである。政府の権力により議員の職務の遂行が妨げられないようにすることを目的とし、同時に議院の審議権も保障するもので、議会制度の歴史のなかで確立されてきたものである。

不逮捕特権は、あくまで議員の活動の自由と各議院の自律性を保障するためのもので、議員の刑事責任までも免除するものではない。そのため、国会議員を会期中に起訴することはできる。50条は「法律の定める場合を除いては」国会会期中は逮捕されないと規定していることから、国会法により、(i)院外における現行犯の場合、(ii)議員の所属する院の許諾がある場合、については逮捕が可能である。院内における現行犯については、不逮捕特権が及ぶことから院の自律性を重んじ、議長の命令がなければ逮捕できない。令状逮捕については、会期中は院の許諾がなければ逮捕できず、会期外は院の許諾なく逮捕できる。ただし、国務大臣たる議員については、75条の**不訴追特権**が及んでくる。

**免責特権**（51条）とは、議員（国務大臣は含まない）が国会における言論活動を最大限に発揮できるよう保障するために、院内での議員の行為や発言につき

議員が院外で民事ならびに刑事の責任を問われないものである。議院における議員の自由な発言・表決を保障し、院としての審議体としての機能を確保することを目的とする。議員が院内で院内の秩序を乱すような行為や発言をした場合、議院の自律権（58条2項）ならびに国会法にもとづき懲罰の対象にはなる。免責特権は、議員の職務執行の自由を保障するものであるから、演説や討論又は表決に限定されず、職務行為に付随して一体不可分に行われた行為をも含む。国会議事堂外であっても議員が議院の活動をする場合には保障が及ぶ。もっとも、免責特権は、民事・刑事の法的責任を免除し、公務員や弁護士などの身分関係における懲戒処分についても保障は及ぶ。しかし、政党員たる議員が党議に反した場合における政治的・道義的責任追及についてまでは保障は及ばない。

- **国会の活動**

国会が活動する期間のことを「会期」という。国会召集の当日から起算して、その会期が終了すれば当然に閉会となる。憲法は、会期制度を採用し、毎年定例として1月に召集（天皇の国事行為、参照、44頁）される150日の**常会**（52条）、臨時の必要により開かれる**臨時会**（53条）、衆議院解散後の衆議院議員の総選挙が行われた後に開かれる**特別会**(54条)の3種類を規定している。このほかに、衆議院が解散されて総選挙が施行され特別会が召集されるまでの間に、国会を開会しなくてはならないような緊急の事態が生じた場合に、国会の権能を代行する参議院の緊急集会（憲54条2項）を内閣は召集できる。緊急集会は、衆議院不在の緊急な臨時措置であり国会ではないため、後日、次の国会開会後10日以内に衆議院の同意がない場合には、その効力を失う。各会期は独立して活動するので、会期中に議決されなかった案件は、後会に継続されない会期不継続が原則である。

両議院が議事を開き議決するためには、必要最小限の出席者数たる「定足数」の総議員の3分の1を必要とする。また、**表決**については、憲法で特別の規定のある場合以外は、出席議員の過半数、可否同数のときは議長が決するところにより決定する（56条2項）。もちろん両議院の会議は、公開を原則とする。ただし、出席議員の3分の2以上の多数で議決したときには秘密会を開くことができる。

表決について、憲法で特別の規定のある場合とは、以下の場合である。

①議員の資格争訟の裁判により議員の議席を失わせる場合（55条）は、定足数は総議員の3分の1以上、議決は出席議員の3分の2以上の多数。②秘密会（57条）、懲罰として議員を除名する場合（58条）、衆議院にて法律案を再議決する場合（59条）は、定足数は総議員の3分の1以上、議決は出席議員の3分の2以上の多数。③憲法改正案を議決する場合（96条）は、定足数は各議院ごとに総議員の3分の1以上、議決は各議院の総議員の3分の2以上の多数。

- 議院の権能

議院の権能としては、議院規則制定権（58条2項）、国政調査権（62条）、歳月の資格争訟の裁判権（55条）、議員の懲罰権（58条2項）などがある。各議院は、内閣や裁判所などの他の国家機関ならびに他の議院から干渉を受けることはなく、議院内の運営等については自主性をもっている。

**議院規則制定権**（憲58条2項）とは、議院が自らの議事手続や内部規律について自主的に決定できる権能である。このように議院規則は、議院の自律性にもとづくものであり、それだけに各議院の内部規律として最大限の尊重を要する。しかし、現実には国会法により両議院の相互関係のみならず、議院内部の事項についてまで規定されている。一般には、法律である国会法については、両議院の議決が必要であるのに対して、議院規則は一方の院の議決だけで足りることから法律が議院規則に優越すると考えられているが、極力各議院の自律性は尊重すべきである。

**議院の懲罰権**（憲58条2項）は、議院がその組織体としての秩序を維持し、円滑な運営ができるように院内の秩序を乱す議員に対して、議院の自律性にもとづき制裁を科しうる権能である。国会法は、公開議場における戒告、公開議場における陳謝、一定期間の登院停止、除名の4種類を規定している。院内の秩序を乱すとは、議事堂内に限られず、議場外であっても会議の運営に関係し、議員としての行為であれば懲罰の対象となる。議員の身分にともなう制裁であることから、一般国民の場合と異なり、憲法31条の適正手続の対象には必ずしもならない。除名については、出席議員の3分の2以上の多数が必要であるが、除名された議員が再度当選すれば議員となりうる。議員の懲罰については、議院の自律性ならびに権力分立主義から司法審査の対象とならない。もっとも、

地方議会の議員の除名については司法審査の対象となる。

　国政調査権（憲62条）は、議院の権能を実効的に行使させるために議院に対して与えられた補助的権能である。国政調査権は議院の補助的権能であることから、調査の対象についても議院の機能である立法、選挙、行政監督などの範囲に限られる。司法権も国政に含まれる限りで、国政調査権の対象となるが、司法権の独立（81条）を侵害するような調査は許されない。司法制度一般に関する事項を立法の対象として、また司法行政事務についての予算面から国政調査の対象となりうるが、現に裁判が進行中の事件について裁判官の訴訟指揮につき調査したり、裁判内容の当否について調査することは許されない。ロッキード事件（1976年）における政治家（内閣総理大臣）の政治責任の追及のための並行調査のような、裁判と別の目的でする国政調査は許される。

## 2　内　閣

### (1)　行政権

　高度に発達した現代資本主義社会においては、自由国家から福祉国家へと移行するのに対応して行政の活躍の場が飛躍的に拡大してきている。行政権とは、すべての国家作用の内で、立法作用と司法作用を差し引いた残りの全部の国家作用である。65条は、行政権は、内閣に属すると規定しているが、すべての行政権が内閣に帰属するわけではなく、内閣が行政権の主体であることを示す趣旨である。そして、憲法は、内閣総理大臣に行政権の首長としての地位を与え、内閣と国会との関係について内閣の存続を国会の信頼に依存させた議院内閣制として規定している。

　**行政委員会**は、19世紀以降アメリカで発達した制度で、数人の構成員からなる合議制の行政機関であり、各行政分野で準立法的機能、準司法的機能をもっており、一般の行政組織系列からある程度独立した中立的地位にある。その独立性のゆえに、内閣が行政権の最高責任機関であることを規定した憲法65条に違反しないかが問題となる。行政委員会は、人事院、国家公安委員会、公正取引委員会などのように行政作用の中立性や非政治性のために、ある程度内閣からの独立性を要求される性質をもっており、少なくとも内閣に行政委員会についての予算作成権や委員任命権があり、行政委員会が国会に対して責任を取

りうる地位にある場合には、国会の民主的統制が及ぶことから合憲といえる。

行政委員会の中でも人事委員会は、人事委員会規則の制定権という準立法的権限ならびに不利益処分の審査等という準司法的権限をもつ。準司法的権限については、公正取引委員会、中央労働委員会、公害等調整委員会などもその権限をもっている。

(2) **内閣の権能**

行政権は内閣に属し、その結果内閣は一般行政事務の担当者としての地位をもっている。内閣は、首長である内閣総理大臣及びその他の国務大臣で構成される合議体である。内閣の構成員は、**文民**（本来、現在・過去において軍人・自衛官でない者）でなくてはならず、また国務大臣の過半数は、国会議員でなくてはならない。

内閣の首長である**内閣総理大臣**は、国会議員の中から国会の議決により指名され、天皇により任命される。内閣総理大臣は、国務大臣の任免権ならびに国務大臣の訴追同意権をもち、内閣を代表して議案を国会に提出し一般国務及び外交関係について国会に報告し、閣議にもとづいて行政各部を指揮監督する (72条)。

行政権は内閣に属することから、広範な行政事務を担当する。憲法73条は、その内の主要なものを例示列挙したものである。具体的には、法律の誠実な執行、外交関係の処理、条約の締結、官吏に関する事務の掌理、予算の作成、政令の制定、恩赦の決定があげられている。もっとも、このほかにも天皇の国事行為に対する助言と承認、最高裁判所の長官の指名及びその他裁判官の任命、国会の臨時会の召集、予備費の支出、決算審査及び財政状況の報告などがある。そして、内閣が行う行政事務全般については、国会に対して連帯して政治責任を負うのである。

(3) **議院内閣制**

憲法は、権力分立主義を採用し、国家権力の分散・抑制の形態を原則的にとっている。しかし、憲法は同時に**議院内閣制**を採用することで、権力の分立をある程度犠牲にして立法府と行政府とを密接に連携させることで行政府を立法府

の監視下に置き、より民主的なコントロールを及ぼそうとしている。
　議院内閣制は、18～19世紀のイギリスにおいて形成されてきた政治形態であり、その本質的要素としては、立法府と行政府とが一応分立していること、行政府が立法府に対して政治責任を負うこと、さらに立法府と行政府との間に抑制と均衡の手段が設けられており、議会の内閣に対する不信任決議に対して内閣は議会を解散して国民の意思を問うことができる制度をもっていることにある。
　議院内閣制の憲法の具体的規定としては、内閣総理大臣を国会が指名すること（67条1項）、内閣総理大臣及びその他の国務大臣の過半数は、国会議員であること（67、68条）、内閣は国会に対して連帯して責任を負うこと（66条3項）、内閣は衆議院の信任を必要とすること（69、70、71条）などがある。

### (4) 衆議院の解散

　衆議院の解散とは、衆議院議員のすべてに対して任期満了前に議員の資格を失わせる行為であり、議院内閣制を前提とした内閣の国会に対する責任のあり方を憲法69条で規定したものである。憲法は、衆議院の解散について天皇の国事行為として内閣の助言と承認のもとに天皇が行うものとしている（7条3号）。もっとも、天皇は形式的に解散行為を行うにすぎず、解散の実質的決定権は内閣にある。
　憲法は、衆議院を解散できる場合として、憲法69条の内閣に対する不信任の場合しか規定していないが、今日では憲法7条によって内閣に実質的解散権があることから、解散事由は限定されていないことになっている。
　解散行為は、国民に信を問うものであることから確固たる理由が必要なことは当然である。しかし、現実には解散権行使をいわば切り札として内閣が国会に対しての政治的駆け引きとして使っているのが実状である。衆議院自身による解散決議にもとづく自律解散権は認められない。69条にもとづき衆議院に不信任とされた内閣が10日以内に衆議院を解散しない場合には、内閣総理大臣及び国務大臣の全部がその職を辞するという意思表示である**総辞職**をすることになる。

## 3 地方自治

### (1) 地方自治の意義

　第二次世界大戦前の大日本帝国憲法下では、中央集権化が図られていたため地方自治そのものは、あまり意味をもたなかった。しかし、民主主義の考え方を徹底する時には、地方自治はまさしく「民主政治の最良の学校」(J. ブライス)といえ重要な意義をもつ。さらには、最も国民に近い政治主体であるのみならず、権力を地方に分散させて中央集権化を防ぐという地方分権の意味においても重要である。地方自治とは、国の干渉を極力排除し、一定の地域社会における行政を国から独立した地方公共団体に委ね、地方の権限と責任において実施させることで、地方住民の意思にもとづいて行うことをいうものであり、中央政府の権力を抑制してその濫用から個人を守るという自由主義的な意義をももつ。地方自治権の本質は、国家の承認により認められるもの（伝来説）である。しかし、憲法92条は民主制維持のために地方自治を制度的に保障したものであり、その制度の本質的内容を法律により奪うことはできないのである。

### (2) 地方自治の本旨

　地方自治の本旨として、住民自治ならびに団体自治の2つがある。**住民自治**とは、地方住民（概念としては住民は国民のような国籍も不要な点でより広く外国人をも含む。参考、「人権の主体」）の意思にもとづいて地方の政治・行政がなされることである。具体的には、地方公共団体（都道府県及び市町村などの普通地方公共団体——地方自治法1条の3を意味し、特別区、地方開発事業団などの特別地方公共団体は含まない）の長、議会の議員を住民が直接に選挙すること（93条2項）、特定の地方公共団体にのみ適用される特別立法については、住民の投票においてその過半数の同意を得なければならないこと（95条）がある。また、地方自治法100条1項には、都道府県、市町村の事務に関する調査権（補助的権限）を地方議会が設置した委員会（百条委員会）に与えている。百条委員会の発動にあたり、証言や資料提出を拒否した場合には、拘禁刑も科すことができ議院の国政調査権（憲法62条、参照、87頁）に相当する。他方、**団体自治**とは、一定地域を基礎とする独立した地域団体が、団体自らの意思と責任で、その地域の公

共事務を処理することである。具体的には、地方公共団体は、その議事機関として議会を設置すること（93条1項）、地方公共団体は、その財産を管理し、事務を処理し及び行政を執行する権能を有し、法律の範囲内で条例を制定すること（94条）である。それゆえに、都道府県及び市町村を一切廃止したり、地方公共団体の存在しない地域を作ったり、地方公共団体の長の公選を廃止したり、地方公共団体の徴税権や地方税財源をすべて奪う行為などは、地方自治の本旨に反し許されない。他方、地方自治体独自の行政として、公害対策行政、タバコ等のポイ捨て条例やまちづくり行政など地域住民の意見を反映した民主的な行政を十分に可能なものとしてきている。

(3) 条　　例

条例とは、地方公共団体又はその機関が、地方公共団体の自治権にもとづいて制定する自主法である。形式的には、地方議会が地方自治法2条2項の事務および法律に特別の委任ある事項について定める法規である。

条例制定権は、憲法が直接に地方公共団体に法律の範囲内で保障する自主立法権である。それゆえに、条例制定権のない地方公共団体の設置は、たとえ自治権そのものが国家から伝来するものと理解しても許されない。

条例は地方法であることから、国家法である法律及び政令に違反できないことから、これらに対して形式的効力の点で劣ったものである（地方自治法14条1項）。それゆえに、憲法29条2項の財産権の内容の規制のように法律による規制（法律の留保）を明言している場合につき、条例による規制が可能かという問題が生ずる。(i)条例制定権は憲法が認めた憲法41条の例外であること、(ii)条例は地方議会が制定するきわめて民主的な法であって法律と実質的に差異がないこと、(iii)公共の福祉による制限が精神的自由よりも緩やかな財産権について条例での規制を許しても均衡を失するものではないことから、条例による財産権の制限は可能である。判例も、条例による財産権規制は財産権の行使の内在的制約であるとして承認している（最大判昭和38年6月26日刑集17巻5号521頁〔奈良県溜め池条例事件〕）。

さらに、条例により刑罰が科せられるかが問題となる。憲法31条は、法律の定める手続によらなければ刑罰を科せられないと規定している。たしかに形

式的には、条例は法律のみならずそれ自体は政令（命令）にも反することができないが、地方議会の議決を経て制定される民主的な自治立法であることから、行政府の制定する命令等とは性質を異にし、むしろ国会の議決を経て制定される法律に類似するものである。それゆえに、条例により刑罰を定める場合には、法律による授権が相当程度に具体的で限定されていれば承認される。地方自治法14条3項も刑罰権を一定の範囲内（条例違反には2年以下の拘禁刑、100万円以下の罰金、拘留、科料もしくは没収の刑又は5万円以下の過料を科せる）で承認している。

ところで、条例が法律に違反してはならないのは当然の限界である。しかし、現実には法律よりも厳しい基準を定めた公害防止条例など（いわゆる「上乗せ条例」「横出し条例」）が各地に存在する。これについては、法律と条例とが目的を異にしている場合は、矛盾・抵触しない。また、法律と条例とが同一の目的であった場合については、条例が地方の実情に対応したもので、法律の趣旨が、より厳しい規制を条例で規定することを特に排除していなければ、法律と矛盾・抵触するものではないと考えられている。このことは、大気汚染防止法（4条、32条）や水質汚濁防止法（3条3項、29条）などの法規でも明文で認めている。

もっとも、淫行条例（青少年保護育成条例）のように青少年へのわいせつ行為の処罰範囲を刑法規定よりも拡張化するかたちで、各自治体が独自に規定することは、国家レベルで扱うべき犯罪を各自治体別に拡張して処罰するもので、罪刑法定主義（憲法31条）上も問題であるし、青少年の自由へのパターナリスティック（父権主義）な過干渉にもなりかねず問題がある。

## 4 裁判所

### (1) 司法権

**事例3-1** ①Aは憲法9条の解釈について自衛権を認める立場をとっている。ところがBは憲法9条は憲法前文と合わせて解釈すると自衛権も認められるべきではないという立場である。また、Aは、正当防衛の権利は人間に本来的に備わっているものであり、国家についてもそれは同じだと言い、Bは国家と個人とは違うと反論する。収拾がつかなくなったので、脇で見ていたCが冗談半分に「裁判所で判断してもらったら」と言った。
②ある宗教団の教祖Zは、ロウソクに火を灯すのにいつも左手を使っていた。信者のXはそれには宗教上きわめて重要な意味をもつと解釈していた。ところが信者Yは教祖が左

利きだからにすぎないと反論した。議論が喧嘩になりそうだったので、脇で見ていた信者甲が冗談半分に「裁判所で判断してもらったら」と言った。

　憲法76条1項は、「すべて司法権は、最高裁判所及び法律の定めるところにより設置する下級裁判所に属する」と規定している。明治憲法下では、司法裁判所は刑事事件と民事事件だけを取扱い、行政裁判は行政裁判所が行っていた。このように言っても、どこが違うのかと疑問に思うかもしれない。三権分立というのは誰でも知っている制度であるが、これは立法・司法・行政の三権に権力を分断し、それぞれがそれぞれを牽制しあうことによって、権力が暴走しないようにする制度であり、立憲主義の要となる制度である（もっとも現代の三権分立は立憲主義の建前からするとかなり変貌を遂げているが）。ということは、司法権が司法部にあるということが当然ではないかということになるが、明治憲法下では行政裁判は行政裁判所という行政権に属する特別裁判所が行っていた。これでは三権分立は不十分な機能しかないことになる。現行憲法は行政事件も司法権の中に入れて、憲法上、三権分立を徹底しようとしたのである。このような考え方がアメリカ憲法思想の影響を受けたことはよく知られた事実である。

　そこで司法権とは何かである。司法権とは、具体的な訴訟事件について、法を適用、宣言することによって、これを解決する国家作用であると定義されている。また裁判所法3条1項も「裁判所は、日本国憲法に特別の定がある場合を除いて一切の法律上の争訟を裁判し、その他法律において特に定める権限を有する」と規定しているが、司法権の本質には、具体的事件性の要件が含まれているということが重要である。つまり、裁判所が口を出すことができるような具体的な争いがなければ司法権は発動されないのであり、事例3-1の①も②もそれぞれ大論争になったとしても、その本質は抽象的なものであり、裁判所で解決されるべき問題とはいえない。①は単なる学説上の争いであり、②についても宗教論争を最終的に裁判所で決着をつけることは不当である。例えば、①については、警察予備隊違憲訴訟（最大判昭和27年10月8日民集6巻9号783頁）が、「司法権が発動するためには具体的な争訟事件が提起されることを必要とする。我が裁判所は具体的な争訟事件が提起されないのに将来を予想して憲法

及びその他の法律命令等の解釈に対し存在する疑義論争に関し抽象的な判断を下すごとき権限を行い得るものではない」としているし、②についても、ある宗教団体のご本尊である「板まんだら」が偽物であるかどうかが争点になったいわゆる「板まんだら事件」において最高裁（最判昭和56年4月7日民集35巻3号443頁）は、「当事者間の具体的な権利義務ないし法律関係の存否に関する紛争であって、かつ、それが法令の適用により終局的に解決すること」を司法権行使の要件にしているのである。

> 事例3-2　今日成績票をもらったんですが、法学の単位がBになっているんです。わたしは、いつも予習復習を怠らず、それなりに関心をもってやってきました。テストだって解答用紙の表裏にびっしり書きましたし、ピントの外れた答案じゃなかったと思います。友人の適当男は大して勉強もしていないし、答案だってあんまり書いてなかったみたいなのにAなんです。先生に評価の説明をしてもらいましたが、納得いきません。

司法権が行使できる場合であっても、司法権には限界が認められている。例えば憲法上、国会議員の資格に関する争訟（55条）や裁判官の弾劾裁判（64条）がそれにあたる。また、国際法上も、外交官に対する治外法権や条約による制限などもある。また、裁判所がよく使う言葉に立法裁量とか行政裁量の問題であるから司法審査になじまないというものもあるが、これも司法権の限界を表明するものである。さらに高度の政治性を有するため司法審査できないという裁判所の言い方も同様の意味をもっている。もっとも、これらの立法・行政裁量論を大幅に認めることや統治行為論に対しては、司法審査の機能を根本的に侵害するものであるという疑問があることに注意が必要である。このほか、自律的団体、例えば地方議会、大学、政党、弁護士会、宗教団体などとの関係で、法律上の争訟であっても団体自治を尊重して司法権が制約される場合がある。事例3-2の場合には、大学の単位認定が問題となっているが、これについては、富山大学単位不認定事件の最高裁判決（最判昭和52年3月15日民集31巻2号234頁）が判断を示している。つまり、「大学は、国公立であると私立であるとを問わず、学生の教育と学術の研究とを目的とする教育研究施設であつて、その設置目的を達成するために必要な諸事項については、法令に格別の規定がない場合でも、学則等によりこれを規定し、実施することのできる自律的、包括的な権能を有し、一般市民社会とは異なる特殊な<u>部分社会</u>（参照、51頁の部分社会

論）を形成しているのであるから、このような特殊な部分社会である大学における法律上の係争のすべてが当然に裁判所の司法審査の対象になるものではなく、一般市民法秩序と直接の関係を有しない内部的な問題は右司法審査の対象から除かれるべきものである」と判示したのである。もっとも、大学が自律的団体であることを認めるにしても、それを類型的に部分社会としてとらえ、一般市民法秩序とは異なる秩序が存在している（これは特別権力関係論と大差ない）と考えていることには異論がある。教育の専門性からその判断を裁量とみなすことができるとしても、類型的に司法審査から免れる部分社会と考えることは、裁量について重大な逸脱がある場合でも司法審査ができないという事態を招きかねない。やはり、教育上の専門的判断であることを個別的に検討したうえで、裁量権の範囲内に属するという判断を具体的な事案について行っていく方向が望ましいといえる。

(2) 司法権の独立

> 事例3-3 「えっ、裁判官って公務員じゃないの？」とAはつぶやいた。レポートのテーマが「司法権の独立」で、いま、Aは教科書を読みながら裁判官の職権の独立の部分を書いている。「公務員なら上命下服じゃないか。上の者のいうことは聞かなきゃならないんじゃないか？それなのにこんなに独立を言っていいのか？裁判官は組織とは無関係なのか？」

事例3-3の問題を軽く考えないでほしい。司法権が独立しているためには、裁判官の職権も独立していなければ意味がないというのは、ほとんど常識だと考える人が多いであろう。しかし、問題はそれほど簡単ではない。裁判が公正に行われるためには、政治的に中立性を保持していることが必要である。その意味で、司法部が立法部・行政部から独立している必要があるのは当然である。有名な大津事件（明治24年）では、ロシア皇太子を傷害した津田三蔵巡査を、法を曲げて皇室に対する罪で死刑にしようと働きかけた政府に対して、当時の大審院長である児島惟謙がそれに抵抗して無期徒刑としたのであるが、司法権の独立についての認識は明治憲法下においても存在していたのである。ところが、司法権の立法・司法に対する対外的独立が守られても、裁判官の職権の独立が守られなければ、結局、司法権の独立は守られていないのと同じである。

実際、大津事件では児島は担当裁判官を説得しているが、これは司法権の対内的独立を侵害しているともいえるのである。事例3-3の疑問はまさに現実的な問題である。たしかに憲法は、その76条3項において「すべて裁判官は、その良心に従ひ独立してその職務を行ひ、この憲法及び法律にのみ拘束される」と規定している。さらに、憲法78条は「裁判官は、裁判により、心身の故障のために職務を執ることができないと決定された場合を除いては、公の弾劾によらなければ罷免されない。裁判官の懲戒処分は、行政機関がこれを行ふことはできない」として、裁判官の身分保障までしっかりとしている（その他の保障として、憲法79条6項、裁判所法48条などを参照）。一見すると、裁判官の職権の独立は守られているようにみえるが、しかし憲法をよく読んでみると、あることに気付くはずである。憲法6条2項は「天皇は、内閣の指名に基いて、最高裁判所の長たる裁判官を任命する」と規定する。つまり最高裁長官は内閣によって決められるということである。また、憲法79条1項後段は「その長たる裁判官以外の裁判官は、内閣でこれを任命する」としているが、こうなると最高裁裁判官の人事権はすべて内閣が握っているということになる。それでもその他の裁判官は違うだろうと思っていると、憲法80条1項が「下級裁判所の裁判官は、最高裁判所の指名した者の名簿によつて、内閣でこれを任命する」と規定していて、最高裁の名簿によるものの任命するのは内閣である。ここでも内閣が登場する。しかも、同条同項は「その裁判官は任期を十年とし、再任されることができる」というオマケまで付いている。つまり10年でクビを切ることができるのである。せめてこの再任を身分自体は自動的に継続するが、罷免理由がないかどうかを審査するだけのものと理解してもらえばいいのであるが、最高裁は10年経過とともに当然退官し、再任も自由裁量だという見解のようである。このような憲法上の人事権のあり方をみて、裁判官はその職権の独立を本当に守ることができるであろうかと心配になるのは著者だけであろうか。実際、平賀書簡事件（昭和44年）では、長沼事件に関連して、自衛隊違憲判決を下そうとした担当裁判官に、地裁所長が私信で判決についての示唆を行ったのである。なお、最高裁は、平成16年、裁判官の人事評価に関する規則を制定し、人事評価の明確化透明化を図った。この規則により、裁判官人事が適正に行われることを期待するのではあるが、この手続に乗って、不当な人

事が公然と行われることのないように監視することが必要である。

> **事例3-4** Aは憲法76条3項を読んで感心している。「たしかに制度上、裁判官の職権の独立はかなり危うい側面をもっているとはいえ、この規定では裁判官は『良心』に従って憲法と法律に拘束されるのみだと書いてあるではないか。自己の良心に従うのであるから、キリスト教徒だったらキリスト教の良心、特定の政治的信条を持っていたならその良心に従って裁判していいことになるではないか。こんな自由な憲法はない。日本は本当に自由な国だ！」Aはがんじがらめの裁判官人事のことを忘れ、しばらく感慨にふけっていたが、その時、母親の怒鳴る声が聞こえた。「お風呂の時間は9時から9時半までと言ったでしょ。早く入りなさい！」

　たしかに、憲法76条3項には、裁判官は「良心」に従うと書いてある。しかし、それはどういう良心であろうか。こういうと良心にいくつもあるのかと言われそうである。答えはイエスである。それは個人的な主観的良心と裁判官という職業にもとづく客観的良心である。しかし、人間としての人格は1つであるから、このように良心を2つに分けたとしても、その使い分けは意外に難しい。個人的な良心が裁判官としての良心に影響を及ぼすことはありうる。しかし、それが憲法や法律と矛盾する場合には、裁判官は厳しく自己を律し、裁判官としての良心に徹底しなければならない。そのような意味で裁判官という職業は聖職である。一方、裁判官は客観的な良心しかもたない職業人間あるいは機械人間にならなければならないのかというと、それも困る。そんな人間が場合によっては人間の生き死にに関わる判断を行うのかと思うと背筋が寒くなる。そもそも裁判官としての良心は、個人的で主観的な良心を前提としなければ理解することができないのではないだろうか。個人的な良心はこうだと言えてこそ、その比較としての裁判官の良心が認識できるといえるのである。もう少しスマートに言えば、裁判官は法の世界だけでなく現実世界に目を向け、広い視野から価値観の多様性を理解し、政治的関心を含めたさまざまな事柄への関心をもつことによって豊かな教養をもつ人間であることが求められている。そのような人間でなければ、自分の立場が裁判官として中立公正なものであるのかどうか判断できないであろう。これに関連して、通信傍受法制定についての反対集会に参加・発言したことが戒告処分となった寺西判事補事件において、最高裁（最大決平成10年12月1日民集52巻9号1761頁）は、「職務を離れた私人と

しての行為であっても、裁判官が政治的な勢力にくみする行動に及ぶときは、当該裁判官に中立・公正な裁判を期待することはできないと国民から見られるのは、避けられないところである。身分を保障され政治的責任を負わない裁判官が政治の方向に影響を与えるような行動に及ぶことは、右のような意味において裁判の存立する基礎を崩し、裁判官の中立・公正に対する国民の信頼を揺るがすばかりでなく、立法権や行政権に対する不当な干渉、侵害にもつながることになるということができる。」としているが、本来、裁判の中立・公正さは、裁判のなかで検証されるべき事柄である。この論理によると、裁判官が宗教を信仰しているなら、特定宗教に対して偏向裁判をしがちであるから宗教をもってはいけないことになるし、極論すれば、プラモ作りの好きな裁判官は、プラモ作りの好きな被告人に有利な判決を下しがちであるからプラモ作りは止めるべきであるということになる。こうなると裁判官は人間ではなくなってしまう。再度繰り返すが、裁判官は良い意味で人間であるべきなのである。

さて、事例3-4のAの考えであるが、憲法76条3項の「良心」を主観的良心と理解してしまったために、裁判官が自分の個人的信条等により自由に裁判ができると考えてしまったのである。もちろんそれほど裁判官は自由ではない。もっとも、お風呂に入る時間まで決められているAほど不自由ではないが。

### (3) 法令審査権

> 事例3-5 Aはいま憤慨している。Aが衆議院議員選挙で1票を入れた議員が関わった法案が成立し、たった1票だけれど主権者である国民の1人として法案成立に影響を及ぼしたことを誇らしく感じていた。ところが、今日の新聞を読むと、その法律を最高裁が違憲無効と判断したとあるではないか。単なる公務員である裁判官が、国民主権の下で選んだ議員が作った法律を無効にできるものなのか。裁判官は主権者よりも立場が上だとでもいうのだろうか。そこで、Aは埃のかぶった六法を開き、憲法81条を読んで愕然とした。「最高裁判所は、一切の法律、命令、規則又は処分が憲法に適合するかしないかを決定する権限を有する終審裁判所である。」Aは叫んだ。「憲法、おまえもか!」

憲法に反する法令を違憲とし無効を宣言する裁判所の権限を違憲立法審査権あるいは法令審査権という。憲法81条の主体は最高裁であるが、終審裁判所であるということはそれ以前の裁判所にも同様の権限があることが前提とされ

るので、裁判所はすべて法令審査権を有することになる。その意味で、裁判所は憲法の番人であるという言い方もされている。しかし、このような裁判所の法令審査権は三権分立とか国民主権の観点から問題はないのであろうか。憲法41条は「国会は、国権の最高機関であつて、国の唯一の立法機関である。」と規定している（参照、83頁）。立法というのは、法律を制定することだけをいうのではなく、その改廃を含むものと考えるのは当然である。そうでなければ制定されても、別の機関によって改廃されれば、制定権がないのと同じである。そういう意味での立法権が国会にあるというのが憲法の規定である。そうすると、裁判所が法令審査権をもつというのは背理であることになる。もちろん、現在の三権分立というのは古典的な型からみればかなり変貌している。立法部と行政部とが強固に結びついており（参照、88頁）、その緊張関係は薄れている。そこで司法部つまり裁判所が少なくとも憲法に反する法律をチェックしようとしたとみることは、あながち間違いとはいえない。しかし、事例3-5でAが嘆いている点については、一応説明が必要であろう。日本の裁判所はすでに述べたように、アメリカ憲法思想の影響下で成立している。したがって、法令審査権の考え方も同様であるといえる。つまり、アメリカ型の法令審査は、通常裁判所が具体的事件を解決する際（事件性）に、必要に応じて違憲判断を行うのである。具体的な事件に付随して違憲判断を行うのであるから、このことを<u>付随的審査制</u>と呼んでいる。この付随的審査制では、具体的事件の解決のための制度と考えられているのであるから、その違憲の効力も具体的事件に限定されるものとなる。違憲の効力が個々の事件に限定されるので、これを<u>個別的効力説</u>と呼んでいる。この付随的審査制と個別的効力説から、仮に裁判所が違憲判決を下しても、その効力はその事件に限定されたものになる、つまり法律自体を一般的に無効とするものではないということになる。そうなると裁判所がいくら法令審査権をもつとしても、国会の立法権を侵害するものではないということになるのである。つまり、違憲判決にもかかわらず、法律自体は生きたままなのである。その法律自体を無効にするためには国会がその法律を削除する必要がある。こう考えると、事例3-5のAの嘆きも和らぐはずである（参照、11頁の「違憲審査権の対象」）。

> **事例3-6** 付随的審査制と個別効力説を勉強したAは、一安心したものの、再び悩み始める。「しかし、そうすると今度は裁判所の判決が何かその場限りのものに思えてくる。裁判所の権威はそんなものか。」Aは先日プロポーズしOKの返事をもらった勉強仲間のWのところに電話し、このことについて聞いてみた。Wは少し迷惑そうに答えた。「そのことは教科書にちゃんと書いてあると思うから読んでみて。ところで、A君、君のこの前のプロポーズの返事なんだけど、それも付随的審査制と個別効力説の考え方で理解してくれない？」Aは慌てて聞き返した。「それってどういうこと？」

　AはWに結局はふられたわけであるが、Aの裁判所の権威うんぬんの件はたしかに考えてみる必要がある。その事件だけの違憲判断というのはひどく中途半端なようにみえる。しかし、最高裁が最終的に違憲判断を下したのであるなら、先例拘束性の理論により、その違憲の法律は裁判所では使用されなくなるであろう。法律自体は残っていても、裁判所が再び判例変更をしないかぎり使われることはないのである。さらにわが国では、違憲判決はその要旨が官報に載るし、内閣や国会にも裁判書正本が送付され、一定の配慮を促しているので、単なる個別効力ではない側面も有している。この点では、ヨーロッパ大陸型の違憲審査制、つまり具体的事件を要件にしない独立した憲法裁判所で、抽象的に法律の憲法判断を行い、違憲とされた場合には法律自体の効力が一般的に否定される制度と大きく異なるものではない。もっとも、最終的に違憲の法律を改正・廃止するのは国会であることは確かであり、裁判所の判決に拘束されるものでもないわけであるから、違憲の法律がそのまま残される可能性はつねにある。現に、昭和48年に尊属殺違憲判決（参照、54頁）が下されたにもかかわらず、刑法200条等が削除されたのは平成7年であった。

### (4) 裁判の民主的統制

　司法権の独立と並んで、司法を適正なものにするためには、主権者である国民による裁判の民主的コントロールが効いていることが必要である。そのためには、まず裁判が公開されている必要がある。裁判は法が解釈・適用される重要な場面である。法はそのように具体化されて初めて実効性を有することになるのであるから、裁判が秘密裡に行われるなら、国民はいわば生きた法の姿を知らないことになる。また、国民が裁判を直接見聞きすることにより、公正・

公平な裁判を行うよう裁判所に働きかけることができるのである。したがって、一定の制限はあるものの、国民は自由に裁判を傍聴できる自由が認められ、また報道の自由も容認されることになる。

　次に、最高裁判所裁判官の国民審査も、裁判の民主的コントロールにとって重要である。憲法79条2項は「最高裁判所の裁判官の任命は、その任命後初めて行はれる衆議院議員総選挙の際国民の審査に付し、その後十年を経過した後初めて行はれる衆議院議員総選挙の際更に審査に付し、その後も同様とする。」とし、同条3項は、「前項の場合において、投票者の多数が裁判官の罷免を可とするときは、その裁判官は、罷免される。」とする。この制度そのものはいいのだが、問題はその運用にある。現在は罷免を可とする者に×をつけるようになっているが、×をつけなければ信任したことになってしまう。つまり、信任する意思のない者も信任したことになる制度なのである。この国民審査は本来リコール制であるという立場をとれば、つまり辞めさせる制度だというのであれば、積極的に×をつけられた者だけが辞めさせられるのであるから、それなりに筋は通っている。しかし、×をつけるという積極的行動を起こすのは意識の高い国民だけであるという現実や、裁判の民主的コントロールという観点からすれば、任命を確定させる行為であるという考え方にも十分耳を傾ける必要がある。

　このほか、陪審制や参審制、及び日本で行われている裁判員制は、直接民主主義の理念から、裁判の民主的コントロールを行うものである。その理念は十分理解できるものであるが、問題もある。裁判員制（参照、30頁）の問題点については第Ⅰ部第4章「裁判」で述べた。

# 第III部
# 民法

# 第1章　総　則

## 1　民法の基本原則

### (1)　民法の意義

　民法は、一般的な私的生活関係を規律する法規のことをいい、明治31年から施行された民法典を中心とする。物を買ったり、地下鉄に乗ったり、結婚したりする行為のような社会における私的生活に関する法律関係については、原則として民法が適用となる。この意味で、民法は私的生活関係に関する一般法であるといえる。民法の実質的機能は、大きく2つの面すなわち財産法と家族法の2面に分けることができる。**財産法**とは、私的生活関係において特に衣食住の生活関係を規律する法で、所有権と契約を中心概念としている。これに対して、**家族法**は、人の身分に関する生活を規律する法で夫婦・親子を中心とする家族関係を取り扱っている。

　このような民法の指導原理としては、所有権絶対の原則、契約自由の原則、過失責任の原則がある。これらの原則は、近代市民社会において成立した私有財産制度における私的自治の原則にもとづいている。

　**所有権絶対の原則**とは、物を全面的に支配する権利である所有権は、他人はもとより国家でも侵害することは許されないとする原則で、これにより自己の支配する物を最大限利用することが可能となり、資本主義の発展の前提となったものである。しかし、このような権利を絶対的なものとして最大限の主張を認めると、他の人々の権利との関係で衝突、侵害が生じ弱肉強食の世界となりかねない。それゆえに、民法は「私権は、公共の福祉に適合しなければならない。」（1条1項）として調整を図っている。

　**契約自由の原則**とは、自己の生活関係を自分の自由な意思により形成することができるという**私的自治の原則**にもとづくものである。契約（法律行為）は締結について自由であるだけでなく、その内容、方式等についても自由であることを原則とした。しかし、資本主義の高度化は、著しい貧富の差を生じさせ、シェ

イクスピアの「ベニスの商人」のような不合理な内容の契約まで強要されるようになってきた。このため民法は第90条で「公の秩序又は善良の風俗に反する（公序良俗違反）法律行為は、無効とする。」と規定し、不合理な内容（売春契約など）の契約を無効（法的効力なし）としている。また、労働法や借地借家法のような特別法による実質的な人間の平等化が図られるようになった。また、経済の発達により、大量の取引が反復して集団的に行われるようになった。このため電気、ガス、水道の供給契約のような一方的、定型的な**付合契約**が現れ、契約の自由は大きく制約されるようになった。それゆえに、このような契約の自由への大幅な制約内容をチェックすべく国家が積極的に介入する結果となっている。このため、私的自治の原則への制約が生じている。

　**過失責任**の原則とは、少なくとも過失（故意は当然として）がなければ、他人に損害を与えても責任（損害賠償）を負わされないという原則である。自らが非難されるような状態で行為を行った場合にのみ責任を追求できるとするものである。しかし、この原則についても資本主義の高度化によって修正を受けている。すなわち、本来危険な行為であるにもかかわらず、過失なくして他人に損害を与え、他方で莫大な利益を得ているような場合には、過失なしとして責任の免除はできない（むしろ利益あるところ責任あり）との考え方から無過失責任論が発生し、民法717条の工作物責任や自動車損害賠償保障法、製造物責任法（PL法）などが無過失責任を規定して過失責任の原則を修正している。

### (2) 民法総則の概要

　民法総則は、まず権利を誰がもつのか、そして権利がどこに生じるのか、さらに権利がいかなる原因で生じるのか、時の流れの区分が権利に問題を生じさせるのか、最後に時の経過により権利の得喪が生じるのか、について各章を対応させて人、法人、物、法律行為、期間、時効の6章から成り立っている。本来総則は、民法全体にわたる通則として定められるものであるが、実際には、民法総則は財産法たる物権及び債権に対する総則としての意味しかもたず、家族法たる親族・相続に関しては通則性をもっていないのである。それゆえに、身分行為には別個の原理が適用されている。

　民法を解釈するについては、「個人の尊厳と両性の本質的平等を旨として、

解釈しなければならない。」(2条) として、すべての個人は人間としてその自由な意思を尊重され、男女の本質的な差異にもとづく合理的な差別以外は認めないとの指針に立って解釈すべきであるとしている。さらに、解釈にあたっては、上述の民法の基本原理にもとづいて制定された民法1条の「私権は、公共の福祉に適合しなければならない。」(1項)、「権利の行使及び義務の履行は、信義に従い誠実に行わなければならない。」(2項)、「権利の濫用は、これを許さない。」(3項) の原則によって私法上の権利たる私権の公共性、社会性そのものが明確となっている。

## 2 人

### (1) 権利能力

人とは、いわゆる人間である**自然人**と自然人以外のもので権利・義務の主体となることができる法人格が認められた**法人**とからなる。そして「人」であれば、まず私法上の法律関係において権利・義務の主体となりうる地位すなわち権利能力が認められる。すなわち、自然人は、その出生により権利能力を取得し、公益法人は、主務官庁の設立許可があったとき (登記ではない) に発生し権利能力を取得する。

自然人は出生により権利能力を取得することから、出生 (通説では、胎児が母体から全部露出した場合である) していない**胎児**については権利能力は原則的に存在しない。しかし、この原則を厳格に貫くと、出生以前に父親が死亡した場合には胎児は権利の主体となれないこととなり、父親の遺産は相続できなくなるという不都合が生じることから、民法は不公平・不都合を回避するため、例外的に次の3つの場合には胎児を生まれたものとみなして権利能力を認めている。すなわち不法行為による損害賠償 (721条)、相続 (886条)、遺贈 (遺贈とは遺言による財産処分である。965条) である。もっとも、このような例外規定は、胎児が死産ではなく、生きて生まれた場合にのみ適用される (法定停止条件説：生きて生まれることを条件に法律効果が発生するとする説)。

自然人の権利能力の始期が出生であり、終期は死亡である (法人の終期は清算の終了である〈一般社団法人及び一般財団法人に関する法律 (平成18年法律48号)〉)。死亡により権利能力は消滅する。

(2) **意思能力、行為能力**

　売買などの取引行為により権利を取得し、義務を負担するのは、各個人の自由な意思にもとづく「私的自治の原則（**契約自由の原則**）」によるものであり、そこでは、各個人が正常な意思活動により判断を下していることが前提となっている。それゆえに、権利義務関係の発生を適正に判断できるだけの精神能力、すなわち自己の行為の結果を弁識するに足りる精神能力たる意思能力を欠いた法律行為は無効となる（3条の2）。ところで、意思能力の有無は、個々の行為ごとに当人の精神状態を判断することになり、その証明及び判断はきわめて厄介なものである。また、その証明・判断を安易に行えば取引の相手方に不測の損害を生じさせる。

　それゆえに、意思能力よりも幾分高度な取引上の利害打算能力を前提として法律行為の効果を確定的に自己に帰属させる精神能力たる行為能力を設定し、さらに年齢、精神障害の程度を基準として画一的に制限能力者制度として定型化し平成11年に民法を改正した。これにより、**制限能力者**とされた<u>未成年者</u>、<u>成年被後見人</u>、<u>被保佐人</u>、<u>被補助人</u>（4～21条）は、財産管理権を制限されるとともに法定代理人（親権者など）、成年後見人、保佐人、補助人の保護機関により財産管理を代理又は補充され、本人が単独で行った取引等の法律行為は原則として常に取消すことができるのである。そして、制限能力者が画一的に定型化され規定されたことで、取引の相手方にとっても明白なものとなり安全に取引ができるようになったのである。

　なお、制限行為能力者が代理人（112頁以下）としてした行為は、行為能力の制限によって取消すことはできない（102条）。

## 3　法　　人

　法人とは、自然人以外のもので法律上の権利義務の主体として権利能力が認められたものである。一定の目的のもとに集合した人の団体である社団法人と一定の目的のために提供された財産を運営する組織である財団法人とについて法人格が与えられる。すなわち、民法上、法人は権利能力の主体として、財産を所有することも処分することもできる。しかし、法人には手足がないので、理事という代表者が法律行為を行い、その効果が法人に帰属する。2008年の

法人改革を受けて制定された「一般財団法人及び一般社団法人に関する法律」（一般法人法）、及び「公益財団法人及び公益財団法人の認定等に関する法律」（公益法人認定法）により、法人は民法の規定に従い、一般法人法によって設立されることとされ（33条）、並びに公益法人認定法により公益法人と認定された法人に対しては公益法人としての取り扱いを受けることとされた。これらの法律においては、①民法法人の許可主義を改め、一般社団法人及び一般財団法人につき準拠主義を採用する（許可がなくても設立できる）、②一般社団法人及び一般財団法人について税制上の優遇は与えない、そして③従来の税制上の優遇は「公益社団法人及び公益財団法人」のみに残し、「公益性の有無」を既存の民法法人を含め審査の対象とする等とされている。

## 4 法律行為

### (1) 法律行為の意義

**法律行為**とは、権利・義務の変動（法律効果）を生じさせようとする行為のことで、パンを買ったり（売買契約）、地下鉄に乗ったり（運送契約）、結婚したり（婚姻）という社会生活において重要な行為である契約行為を典型としている。それは、権利の取得、喪失、変更に関係するもので、民法総則における中心的規定である。自由な意思にもとづき権利の得喪を可能にする社会生活を営ませる私的自治の原則が機能するのが法律行為である。それゆえに、法律行為は法律効果の発生を目的とする行為で、その核心は法律効果の発生を意欲する意思の表示である「意思表示」にある。

**意思表示**とは、法律行為の中核であり、当事者が法律効果の発生を意欲し、これを表明することで、権利の得喪を生じさせる行為である。そこでは、一定の法律効果をめざす意思である**効果意思**（例えば、パンを買おうと思うこと）と具体的に意思を表示する行為である**表示行為**（例えば、「そのパンを売って下さい」と店員に言う行為）とが一致することで有効な法律行為となる。しかし、現実の社会では、契約書に1000円と書くつもりで10000円と書いてしまったりするという効果意思と表示行為とが食い違うことは決して珍しいことではなく、このような場合に法律効果を生じさせるべきかどうかが問題となる。民法は、このような効果意思と表示行為とが食い違う場合につき、原則的には、効果意思

重視する**意思主義**を採用しつつも、社会における取引の安全性に配慮して、表示行為を信頼した者への保護を考えている。そして、表示行為に見合った効果意思がない場合を「**意思の欠缺**」として心裡留保（93条）、虚偽表示（94条）、錯誤（95条）を規定し、また意思の形成に欠陥がある場合を「**瑕疵ある意思表示**」として詐欺、強迫（96条）を規定している。

(2) 意思の欠缺
● **心裡留保**（93条）
　表意者が真意でないことを自ら知りながら意思表示をする場合で、表意者自らが効果意思と表示行為とが食い違っていることを知っていることから、表示行為のままの効果を与えても表意者が特別に害されることはないため、原則として表示行為のままの効果を与え、その法律行為は有効としている。もっとも、93条但書では例外的に、意思表示の相手方が表意者の真意を知り（悪意）又は知り得べき（過失）場合については、相手方を保護すべき必要がないことから意思表示を無効としている。さらに、93条2項には「前項ただし書の規定による意思表示の無効は、善意の第三者に対抗することができない。」と規定されており、心裡留保により無効とされる行為を前提として、新たに法律上の利害関係をもつにいたった者を保護している。

● **虚偽表示**（94条）
　相手方と通謀してなした虚偽の意思表示で、表意者・相手方ともに効果意思と表示行為とが食い違っていることを知っている（悪意）場合であることから、当事者間では当然に法律効果は無効となる。しかし、虚偽表示であることを知らない**善意の第三者**（善意とは特定の事実を知らないこと⇔悪意は知っていること）がいるときには、取引の安全を図る必要性があることから、当事者間での無効をもって善意の第三者には対抗（主張）できないとしている（94条2項）。
　ここでいう「第三者」とは、取引の安全を図る目的から保護される者であるため、およそすべての第三者ではなく、売買の買主から目的物を譲り受けた者などのように、取引があるかのごとく作成された外観を信頼して、虚偽表示の目的物について法律上の利害関係を有するようになった者に限定されている。そして、この94条2項の善意者保護制度は、取引の安全を図る目的で、積極

的に判例により類推適用されている。例えば、不動産の取引において、真実ではない登記を信頼した善意の第三者を保護するためにも類推適用されている。

● 錯誤（95条）

　錯誤とは、表示行為と効果意思とが食い違っていることを表意者自らが知らない場合をいう。この場合、表意者（勘違いをした者）とともに相手方の保護を考える必要がある。そこで民法は、表意者に取消権を与える前提として以下の要件を定める。すなわち、「その錯誤が、法律行為の目的及び取引上の社会通念に照らして重要なものであること」である（これは逆に、重要でない部分の錯誤を理由とする取消は認めないという意味でもある）。その上で民法では、錯誤のパターンを「表示錯誤」と「動機錯誤」の２つに分けている。「表示錯誤」は、意思表示に対応する意思を欠く錯誤をいう。すなわち、例えば1000円と書くところを書き間違えて10000円と書いてしまった場合のように、内心（何をいくらで買うかの判断等）と実際にした意思表示とが食い違う場合である。「動機錯誤」は、例えば、有名陶芸家の作品であると勝手に思い込んで購入したが、実際はそうしたものではなかった場合のように、表意者が法律行為の基礎とした事情（有名陶芸家の作であると信じたこと＝動機）についてその認識が真実に反する錯誤をいう。動機錯誤は、表示錯誤のように「何をいくらで買うか」について食い違いはないので表意者に取消権を付与する要件が厳格になる。すなわち、動機錯誤の場合、その事情が法律行為の基礎とされていることが表示されていたときに限り、表意者が取消権を行使できる（95条2項）。「その事情が…表示されていた」とは、それが意思表示の内容になっていることを意味する。例えば真実は有名陶芸家の作品はないにもかかわらず、売手も買手も有名陶芸家の作品であると信じており、売買の際に有名陶芸家の作品であるはずだということが表示されている場合、それは重要な錯誤と評価され、買主は錯誤によりその意思表示を取消すことができる。他方、買主がもともと持っていた時計をなくしてしまったと勘違いして新しい時計を買おうとしたが、時計の売主が、買主が時計をなくしたという事情を知らない（買主がその旨を表示していない）場合、その事情は意思表示の内容となっていないので、買主は取消しをすることはできない。

　以上から、「Yは、Aとの売買に際し、錯誤による意思表示をした」場合に、

どのような取扱いになるのか。Yによる錯誤が、Aとの売買（契約＝法律行為）の目的及び取引上の社会通念に照らし重要なものであるときは、その錯誤が表示錯誤及び動機錯誤である場合、Yは取消すことができる。但し、動機錯誤の場合は、Yによる動機の錯誤を生じさせた事情がAに表示されているときに限り、取消すことができる。また、このYによる錯誤に「重大な過失」がある場合、過失のあるYよりも過失のないAが保護されるべきであるから、Yはその意思表示を取消すことはできない。但し、①AがYの錯誤を知っていたとき、②Aが重大な過失によってYの錯誤を知らなかったとき、あるいは③Aも同じ錯誤に陥っていたとき、Yは錯誤による取消しをすることができる。他方、Aが①悪意のとき、②重大な過失の（双方重過失）とき、あるいは③AがYと同一の錯誤に陥っているとき（共通錯誤）、Yは錯誤による取消しをすることができる。いずれの場合も、AはYの過失をとがめることができる地位にあるとはいえず、Aを保護する必要がないといえるからである（95条3項）。そしてこの錯誤による意思表示の取消しは、善意かつ無過失の第三者に対抗できないとして第三者を保護している（95条4項）。

(3) 瑕疵ある意思表示
● 詐欺（96条）

　詐欺とは、他人を騙して錯誤に陥れる行為である。欺罔(ぎもう)手段を使用する点で錯誤とは異なる。詐欺は、刑法上の詐欺罪（刑246条）に該当し、民法上の不法行為（709条）を構成することがある。瑕疵ある意思表示である詐欺では、効果意思の形成に欠陥があるとはいえ、一応、形式上は効果意思と表示行為とは一致しており、また資本主義経済社会では、ある程度の誇大な詐欺的表現行為が許容されていることから、法律効果を一律に無効とするのではなく、表意者の意思に法律効果を依存させる<u>取消し</u>の効果とした。その結果、法律行為は取消されるまでは有効であり、取消されて初めて最初に遡ってその効力をなくすのである。ところで、詐欺の事実を知らない（善意）で詐欺による意思表示によって生じた法律関係にもとづき新たなる利害関係を取得した第三者（法律行為を取消す前の第三者）に対しては、詐欺による意思表示の取消しを対抗できないとされている（96条3項）。もっとも、第三者の方から取消しの効果を主張

することは構わないし、善意の第三者に取消しを主張できない場合でも、当事者間では取消しの効果は生ずることから不当利得返還請求権が発生する。

- 強迫（96条）

強迫とは、相手方に不法に害意を示して、恐怖の念を生じさせ、これにもとづいて意思表示をさせるもので、強迫による意思表示は取消すことができる。強迫は違法性が強いことから詐欺の場合とは異なり、善意の第三者が存在しても取消の効果を対抗することができる。

## 5 代　理

### (1) 代理の意義

代理とは、代理人が本人のためにすることを示して相手方に意思表示をすることによって、その法律効果を本人に帰属させる制度である。社会生活関係が複雑多岐化した現代社会では、個人ではさまざまな取引関係すべてを一人で処理することはできないことから、他人の協力を必要とし、今日では、代理制度は日常的に機能している。代理人は、代理をなしうる地位たる代理資格を本人から授権されることによって有効な代理行為をすることができ、法律効果を本人に帰属させることが可能となる。それゆえに、代理権なき代理行為は、無権代理となり本人と相手方との間には何らの法律効果も生じないのが原則である。代理権には、未成年者の親権者や成年被後見人の成年後見人、遺言による指定後見人や遺言執行者などのように、法律の規定により代理権が生ずる**法定代理人**ならびに本人と他人との間の代理権授与行為によって生ずる**任意代理人**の2種類がある。代理行為が有効になされるには、代理人が意思表示をする際に、本人のためにすることを示すことが必要である（**顕名主義**）。顕名がされないと相手方には代理行為であることがわからないことから、代理人と相手方との間の法律行為となる。民法は、代理権が消滅する原因として、本人の死亡、代理人の死亡・破産の法定代理と任意代理に共通の消滅原因とそれぞれに特有の消滅原因を規定している（25、26、834、835、846条；111条）。

### (2) 無権代理

無権代理とは、代理権がないのにもかかわらず、代理人と称して代理行為を

行うことである。無権代理行為は、本来代理権がないことから本人に対して効果を生じないのみならず、代理意思にもとづいてなされた行為であることから、代理人に対しても効果の生じない無効な行為である。しかし、それでは代理権がないことを知らないで取引した相手方が不利益を被ることになる。それゆえに、無権代理については、その効果を当然には無効とせず、本人と無権代理人との間に特殊な関係があり、本人に代理行為の責任を負わせることが相手方保護の観点から妥当と思われる場合には有効な代理行為があったのと同様の効果を生じさせる表見代理が認められる。また、表見代理が認められない場合でも、本人の追認によって代理の効果を生じさせ、追認がない場合に初めて無効な代理行為とし、無権代理人に特別の責任を追求できるとした狭義の無権代理の制度があり、取引の安全が図られている。

● 表見代理（109、110、112条）

表見代理は、本人と無権代理人との間の関係が、外観的に見て相手方に代理権ありと信じさせるに十分なだけの特別な事情がある場合に、有効な代理行為があったのと同様の効果を生じさせるものである。民法は、具体的に代理権授与表示による表見代理（109条）、代理権限の超越による表見代理（110条）、代理権限の消滅後の表見代理（112条）の３つを規定している。

代理権授与表示による表見代理（109条）　他人に代理権を与えた旨を本人が相手方に表示したが、実際には代理権を与えていなかった場合である。無権代理人が、本人が与えたという代理権の範囲の行為をした以上は、相手方が代理行為をなした者に代理権がなく代理行為したことを過失なくして知らない（善意無過失）場合にのみ、本人がその責めを負うことになる。

権限外の行為の表見代理（110条）　本人が代理人Yに、別荘地Aにある別荘の購入を依頼した場合、その代理権限を「基本代理権」というが、この基本代理権の存在を前提に、代理人Yがそれを超えて、代理権限のない別荘地Bにある別荘を購入した場合のように、何らかの基本代理権がある者が、その権限外の行為をする場合である。取引の相手方は、代理権の範囲内の行為であると信じ、しかも信じることにつき善意無過失であることが保護されることの要件である。

> **事例1-1** 代理人Yは本人AのためにA所有の土地の売買契約を相手方Bと締結した。しかしYは、Bから土地の代金を受取ったら直ちに海外に逃亡するつもりであった。このときAは、土地をBに引き渡さなければならないのか。

　基本代理権を有する代理人が、自己又は第三者の利益を図る目的で、代理権の範囲内の行為をした場合を、代理権の濫用という。民法107条は、この場合において、相手方がその目的を知り、又は知ることができたときは、その行為は、代理権を有しない者がした行為とみなす旨を規定している。よって、相手方Bが、代理人Yの目的を知り又は知ることができたとき（悪意又は有過失）は、代理人Yのした売買は無権代理となり、相手方Bは保護されず、本人Aに追認権又は追認拒絶権が生じる。そして、相手方Bが代理人Yの目的を知らず、且つ知ることができなかった場合（善意無過失）、無権代理人Yの代理行為の効力がAに帰属し、Aはその土地を手放さなければならない。なお、相手方Bが善意無過失である場合、代理権の濫用は有権代理の一種であることから、その効果は本人に帰属する（99条）。

　**代理権限の消滅後の表見代理**（112条）　かつて実際に代理権をもっていた者が、代理権消滅後も代理人として行為した場合である。相手方が、代理権消滅について善意無過失であることが必要である。

- **狭義の無権代理**（113～118条）

　代理権なき者の代理行為のうち表見代理を除いた無権代理行為が狭義の無権代理である。無権代理人がなした代理行為は原則的には無効であるとすると相手方に多大な損害を与えるとともに代理制度の信用性をも失わせ、取引の安全を害することになる。それゆえに、民法は、無権代理行為を本人の追認が可能な**不確定的無効**であるとし、追認によって確定的に有効な代理行為になるとした。もっとも、本人に追認のみしかできないとすると本人の不利益となる場合もあることから、本人には**追認権**とともに**追認拒絶権**もあるとしている。また、追認を認めたことから、相手方にも追認を本人に促し取引関係を迅速に確定させることができるよう**催告権**と**取消権**が保障されている。さらに、無権代理行為が無効と確定したときには、無権代理人は相手方の選択に応じて、当該代理行為としての取引の履行もしくは損害賠償の責任を負うことになる。

## 6 条件及び期限、期間

### (1) 条件及び期限

**条件**とは、法律行為の効力の発生又は消滅を将来の不確定な事実の成否によらしめる法律行為への制限である。法律行為の効力発生に関する条件である**停止条件**と法律行為の効力の消滅に関する条件である**解除条件**の2種類が代表的条件である。

**期限**とは、法律行為の発生・消滅又は債務の履行を将来到来することの確実な事実の発生によらしめた法律行為の制限である。期限が到来しないことによって当事者が受ける利益のことを**期限の利益**といい、原則としてこの利益は債務者が受ける。

### (2) 期　　間

期間とは、一定の時点から一定の時点に至るまでの時の長さをいう。時間を単位としたときは即時に起算し、日・週・月又は年を以て期間を定めたときには、期間の初日は参入しないのを原則とする（140条）。期間は、時効や権利の存続期間などにおいて重要な意味をもつ。

## 7 時　　効

### (1) 時効の意義

時効とは、一定の事実状態が、一定期間継続した場合に、それが真実の権利関係と一致するか否かを問わず、そのまま正しい権利関係として認めようとする制度である。一定の事実状態に法的保護を付与する点で法律行為と異なる。何十年もの間世代を超えて引き継いで住んできた土地につき、ある日突然あなたは真実の所有者ではないからこの土地から出ていきなさいという主張は、何世代にも渡って自分の土地だと思い込んで住んできた人にとって、突然の災禍としか言い様がなく、また社会一般も彼の土地と信じて権利関係を形成しており、逆にその所有者については、そこに住んでいた人のものだと社会に信頼させるほどの永きに渡って権利を行使せず、言わば「権利の上に眠る者」であったのだから、法的保護の必要はないものといえよう。このように、**時効制度**は、

一定の事実状態が永続したことにより、それを信頼してさまざまな法律関係が築かれるという公益ないし社会秩序維持の要請にもとづくものであり、古い日時についての立証の困難性、権利の上に眠る者を保護する必要がないことなどをその存在理由としている。

### (2) 時効の種類

時効には、一定の期間権利が行使されなかったことによって、権利そのものが消滅する**消滅時効**（166～169条）と逆に一定期間、一定の事実状態を維持したことで、権利を取得する**取得時効**（162～165条）とがある。

消滅時効が完成し援用されると、権利が消滅する。これに対し、取得時効が完成し援用されると、権利が取得される。これらの権利の変動については、時効期間の起算点に遡ってその効力を生じる。また、時効による権利の得喪は、時効によって利益を受ける者（援用権者）が、時効が成立したことを主張する「援用」を行わなければ、裁判所は時効を前提として裁判をすることができない。このように時効により利益を受けるか否かは、当事者の自由な意思に委ねられており、このことから時効が完成した後に、時効の利益を放棄することも当事者の自由意思に任されている。

消滅時効に関して、債権者が権利を行使できることを知った時から5年間行使しないとき、及び権利を行使することができる時から10年間行使しないときは、債権は消滅する（166条1項）。このように消滅時効は、権利を行使しないことが時効完成の条件であることから、その過程で権利を行使すると時効期間が切れることになり、そこから改めて最初から時効期間を起算し直すことになる。これを時効の完成猶予及び更新という。この時効の完成猶予及び更新の事由には、①権利の有無を判明させるための方法として、裁判上の請求、支払督促、裁判上の和解・調停、あるいは破産手続参加・再生手続参加（147条）が、そして②権利があることを前提として行われる、強制執行、担保権の実行、民事執行法195条の担保権の実行としての競売、及民事執行法196条による財産開示手続がある（148条）。

消滅時効は、債権については①債権者が権利を行使することができることを知った時から5年間、②権利を行使することができる時から10年間、債権又

は所有権以外の財産権（地上権・永小作権、地役権抵当権等）については20年間、そして人の生命・身体の侵害による損害賠償請求権等については権利を行使できる時から20年である（167条）。

　取得時効は、占有開始の時から原則として20年で権利を取得するが、占有開始の時に善意・無過失（占有者の善意は推定される）であれば、10年に期間が短縮される。所有権の時効取得には、占有が必要であり、その他の財産権（用役物権、賃借権等）は、事実上の権利行使で足りる。

# 第2章　物権・担保物権

## 1　物　権

### (1)　物権法総論

> **事例2-1**　Aは物権の勉強に入っていきなりつまづいた。物権とは物の支配のことであることはわかるのだが、債権との違いがわからないのである。テレビドラマで観るような債権の取り立てにあったという場合の債権なら、100万円を取り立てる権利のような感じで何となくわかる。しかし、いまAはレンタルビデオを借りてきて観ているのだが、このビデオを自分が支配しているのは物の支配だから物権なのか。この部屋だって賃貸だけれど物の支配といえばいえるのだからこれも物権なのか。こう考えるとAは寝られなくなってしまった。

　物権とは物に対する直接的でかつ排他的な支配を行う権利であると定義されている。直接的というのは他人の行為を必要としないということであり、債権のように特定の人に対する請求権を介して権利内容が実現されるものではない。例えば、100万円の債権を取り立てる場合、その金銭を借りている者の行為がなければ権利を実現することはできない。しかも、債務はその金銭を借りている者（債務者）についてのみ問題となるものであり、それ以外の者を拘束しない。関係のない者に100万円を取り立てても無意味であるばかりでなく、場合によっては恐喝になってしまう。ところが、物権はこのような制約はなく、すべての者に対して主張できる権利である。典型的な物権である所有権は、物に対する全面的な支配権であるから、その物の使用・収益・処分はその物について所有権をもつ者が自由にできるのである。つまり、どう使おうと、貸そうと、捨てようと自由なのである。さらに、物権には排他性があるとされるが、債権にはそれがない。つまり、物権においては同一物の上に同一内容の物権が2つ以上成立しないということである（一物一権主義）。例えば、この本はAのものであるが、同時にBのものでもあるということはありえないことになる。しかし、例えばテレビの同日同時刻の出演契約を結んでしまったというような、

いわゆるダブルブッキングの場合でも、その２つの契約は有効に成立している。ただ、一方の契約についてはつねに債務不履行による損害賠償の問題が生じるだけである。債権が排他性がないというのはこの意味である。さらに、物権の排他性からは、同じ内容の債権が存在する場合には優先的効力をもつとされている。つまり、物権が優先されるのである。例えば、ある本をＡから借りていたＢは、ＡがＣに本を売りＢにその旨を知らせた場合、Ｃからの返還請求に応じることになる。Ｃは本について所有権を保持し、ＢにはＡに対する賃借権しかないからである。

　ところで、事例2-1では、Ａは賃貸借の結果として物を所持することについて、物権である占有権を有するということに混乱したわけである。しかし、占有権は所有権とは異質な権利であることを認識すれば、物権としての占有権と債権としての賃借権との区別を厳格に考える必要はないのである。

> 事例2-2　Ａはまたまた混乱している。民法の教科書を読んでいると物権法定主義という言葉があった。つまり物権は自由に作ってはならず、あらかじめ法律に規定されたものだけが認められるという原則である。ところが、Ａのおじさんは小さな町工場を経営しているのだが、その工作機を担保にしてお金を借りているのである。もちろん今でも工作機械は工場にあり、おじさんは毎日仕事をしている。おじさんは「譲渡担保」という言葉を使っていたが、今民法の規定を調べてもそんな物権はない。Ａはこんなことは許されるんだろうかと悩んでいる。

　事例2-2に書いてあるように、民法は物権は法定されていなければならないと規定している（175条）。これを**物権法定主義**という。ではなぜこのように物権を市民の自由に任せなかったのか。１つには、所有権絶対の原則が成立した事情と重なるものがある。フランス人権宣言は所有権を自然権として規定し、国家さえも侵害できない権利としたのであるが、それは封建的土地所有の複雑性からの脱却を意味するものでもあった。単純で明確な土地所有を保障することにより資本主義の発展に寄与したのである。円滑な取引のためには権利関係が複雑にならないように法定される必要があったといえる。もう１つの理由は物権が排他性を有する強力な権利であることに起因する。そのようなすべての人に主張できる強力な権利であるがゆえに、その内容を自由に決定できることになると、取引の安全が損なわれるのである。そこで安全で円滑な取引を実現

するため、物権の種類や内容を法律で定めておくことが必要となったのである。それでは法定された物権以外のすべての物権を否定しなければならないかというとそうでもない。例えばすでに法定化されたものであるが、根抵当権及び仮登記担保権は判例上古くから容認されてきた権利である。さらに、事例2-2 で示されている譲渡担保権は、慣習法上認められてきた物権である。これらの権利が認められてきたのは、それ自体が封建的権利ではないことを大前提として、権利内容が社会的に容認されていて取引の安全を害さないことと、それを公示する適切な方法があることが必要とされている。

なお、法定された物権としては、民法上、占有権、所有権、地上権、永小作権、地役権、入会権、留置権、先取特権、質権、抵当権の10種類を規定している。このうち所有権は物に対する全面的支配権であるが、地上権、永小作権、地益権、入会権は、他人の土地を使用収益する権利で用益物権と呼ばれ、留置権、先取特権、質権、抵当権は、債権回収の確保のための権利で担保物権と呼ばれている。この用益物権と担保物権とは所有権を制限するという意味では制限物権と呼ばれる。

事例2-3　Aの隣の家は大邸宅であるが、Aの家の境界線の近くに納屋が建っている。その納屋はどうも忘れられた存在であるらしく、手入れがまったくなされていない。風が吹けば壁がパラパラ落ちてきそうな感じである。Aはこれではいずれ納屋が壊れ、Aの自宅に損害を生じさせるおそれがあると心配になった。

物権は物を排他的に支配するものであるから、その支配が奪われた場合にそれを回復することができなければ何の意味もないことになる。そこで、その妨害や妨害の危険を排除するための手段が求められるのであるが、民法はこれについて明確な規定をもっていない。しかし、物権の性質上当然に**物権的請求権**があるとされている。これには、返還請求権、妨害排除請求権、妨害予防請求権がある。返還請求権は、例えば盗まれた自己の自転車を使用している者に対してそれを返してくれという権利である。当然といえば当然であるが占有権との関係では問題もある。妨害排除請求権は、例えば隣の家の自転車がいつも自分の土地の中に置いてあるような場合、自転車をどかしてくれという権利である。妨害予防請求権は、まだ妨害自体は生じていないが、その危険が非常に大

きい場合に妨害を生じさせないような適切な措置を講じることを請求する権利である。事例2-3では、この妨害予防請求権にもとづいて、納屋の補修や場合によっては撤去を請求することになるであろう。

(2) 物権変動

> 事例2-4　Aは60型のテレビを買おうと、電気店で品定めをしている。すると、店員が寄ってきて、こう言った「テレビに興味がおありですか？」Aはテレビを見ているのだから興味がないわけないじゃないかと思いつつ、「ええまあ」と気のないそぶりをみせた。さて、そこから店員の怒濤の攻撃が始まった。性能の話から始まって、展示品処分なので半額にしますという言葉まで聞いたところで、Aは「それじゃ買います」と答えた。Aはこの時点で所有権を取得したといえるか。

事例2-4では所有権が問題となっているが、一般に物権の発生・変更・消滅のことを物権変動と呼んでいる。「変動」というと地殻変動などを思い出し、大げさなと思うかもしれないが、物権はすでに述べたように、排他性を有する強力な権利であるから、その発生・変更・消滅はまさに「変動」という言葉にふさわしいものと思える（一般に権利についてもその重要性から同じことがいえるのではあるが）。その物権変動については民法176条が次のように規定している。すなわち、「物権の設定及び移転は、当事者の意思表示のみによって、その効力を生ずる。」と。つまり、意思だけで物権変動が生じるというのである。これを**意思主義**といっているが、フランス法の影響である。ドイツではこのような意思だけでなく一定の形式、つまり不動産については登記を、動産については引渡しを要求している。これを**形式主義**という。この方が権利の変動が明確だから取引の安全には役立つといえるのであるが、日本では当事者の意思が重視されたのである。そうすると、事例2-4の場合には、すでに契約が成立した時点、「売ります」「買います」の申込と承諾がなされた時点ということになる（最判昭和33年6月20日民集12巻10号1585頁）。

　このような物権変動が生じたとしても、それが当事者間にとどまるかぎり、その効果は半減である。所有権のような強力な権利は当事者以外の者にも主張できて初めて意味をもつともいえる。そこで、その物権変動を第三者に向かってもきちんと示しておくことが必要となる。これを公示の原則というが、この

点について、民法177条及び178条は、それぞれ不動産については登記を、動産については引渡しを第三者に対抗するための要件として認めることによって、それを示している。不動産と動産の公示方法が違うのは、その性質によるのであり、動産が頻繁に移転することを考えれば登記をしても正確性に欠けることになるし、本来手間のかかる方法は不向きであるということによる。

ところで、日本においては不動産登記については公信の原則が認められていない。つまり、登記があっても登記に対応する物権が存在するとは考えられてはいないのである。したがって、登記を信じて取引に入っても、実際の権利者が別人だった場合には、登記を信じた人を保護しないことになる。登記に公信性を認めた方が取引が迅速・安全に行われることになるが、登記だけを信じればよいというのでは、真の権利者が保護されなくなる。不動産の場合には特にその不保護は真の権利者にとって致命的になるかもしれない。また、登記実務もそれほど厳格ではないことも指摘しなければならない。

> **事例2-5** Aは自己所有の土地を勝手にB名義で登記していたが、Bが自分名義の登記があることを利用して、その土地をCに売却してしまい、Cがこれを移転登記した場合、AはCに対して移転登記の抹消を求めることができるか。この場合において、Bが勝手に登記を自分名義にしてしまっていたとするならどうか。

**事例2-5**は、公信の原則を認めないと、登記を信じたCが保護されないことになる。いずれの場合にも、AはCに登記の抹消を求めることが可能である。しかし、この事例において真の権利者がAだとしても、どんな場合でもAを保護しようとするのは行きすぎではないかという感覚が残る。Cはただ登記を信じて法律行為をしただけなのである。特に最初のケースのようにAが勝手に登記をB名義にしていたような場合にはAにも責任があるといってよい。そこで判例は、このような場合に、善意の第三者であるCを保護しようとするのであるが、その根拠を94条2項に求めている。94条2項は通謀虚偽表示による意思表示の無効は善意の第三者に対抗することができないとする条文である。**事例2-5**のケースにおいてAとBとに通謀があるわけではないが、AからBに移転登記し、Bが自分名義の登記を利用して土地をCに売却しているという事実は、民法94条2項の規範の内容と類似性があると考えられる。そこで

判例はこの条文を類推適用しようとするのである。このようにして、真の権利者にも責任があるような場合には、判例は実質的に登記について公信力を認めたことになり、登記を信じた者を保護することになるのであるが、事例2-5の後者のケースはどうであろうか。Aにまったく責任がない（むしろ被害者である）ような場合に公信力を認めるのは行きすぎである。しかし、その間違った登記を放置し、むしろ消極的な認容をしていたとするなら、善意の第三者であるCを保護してもいいのではないかという見解がある。たしかに結論的には正しいかもしれない。ただその証明には問題が残るのではないかと思われる。つまり、何もしないことをどう評価するのかはかなり主観的な判断になりやすい。

事例2-6　AはBに得意げに説明している。「二重譲渡というのはだね、結局、登記をした者勝ちなんだよ。債権に排他性はないから二重譲渡自体はありうるんだけれど、結局誰の所有になるのかというと、登記が基準なんだ。何か二重譲渡は難しい問題だとかいうけど、こんなに簡単な結論どこが難しいんだ。俺の頭が良すぎるのか？」Bはあきれ顔で言った。「意思主義って知ってる？土地を売った時点で所有権は買った人のものになるよね。」「えっ、まあそうだけど」とちょっと慌ててAは答えた。再びBは「じゃあ、登記した者勝ちというの、おかしくない？」Aは「おかしい」と答えると、たたみかけるように「意思主義はどうなるの！」と問い詰めると、Aは「それは修正された」と混乱した頭で言うと、Bは「なるほど」と言うので、訳がわからなくなっているAはともかくもその場から逃げたいと思い、わかったような表情をして静かに席を立った。Bは大きな誤解をしたまま挑戦するような目で思った。「Aをなめてたわ。」

　甲が自己名義の土地を所有していて、それを乙に売却したとする。ところが、新たに丙が乙に売却した価格よりも高い価格で買いたいと言ってきたので、丙に売却することにした。丙がすぐにその土地の登記を自分に移転した。このような二重譲渡の結論は簡単である。民法177条によって、登記をした丙に乙は対抗できないので、土地は丙のものになることになる。しかし、民法176条で物権変動は当事者の意思表示のみによるとされているので、このこととの間に矛盾が生じてしまう。この矛盾をどのように説明するのかが問題である。実は、事例2-6のAが最初に考えたように、最初から民法176条は二重譲渡を予想していて、それを解決するのが177条であるという考え方もある。Aは間違ったことを言っていたのではないのである。これを法定制度説というが、物権変動の意思主義と登記との理論的な説明を放棄しているように思える。そこで通説

は、この意思主義に修正を加え、意思表示だけで物権変動は生じるものの、それは不完全なものであり、登記がなされるまでは甲にはまだ権利が残されていると考える。そうすると、その残された権利を介して甲は丙に土地の譲渡が可能になる。この説を不完全物権変動説という。事例2-6のAが「それは修正された」と叫んだとき、Aは苦し紛れに言っただけなのに、Bはこの不完全物権変動説のことを言ったのだとてっきり信じてしまったのである。しかし、この説によると、物権を実質的に分割することになるので一物一権主義に反することになるし、そもそも意思主義による物権変動を規定する民法176条と調和しないという批判がなされている。

> 事例2-7　事例2-6のBは、すぐにAを追いかけ追いつき、Aの実力を確認しようとして立て続けに質問をした。「二重譲渡の例で、登記をした契約者が悪意であったとき、最初に契約した登記のない契約者に対抗できるの？それから、登記をした契約者が、最初から登記のない契約者のことを困らせてやろうと思っていたような背信的悪意者の場合はどうなの？」AはBの話がまったく理解できず、「何を言っているんだ。ハイシンテキなんて、宗教裁判のことか？」Bはゆっくりうなずき、つぶやいた。「やっぱりね。」

　民法177条の「第三者」には誰が含まれるのか、ということを事例2-6のBは質問したのである。「第三者」に制限を設けないで、当事者以外のすべての者に対抗するためには登記がいるということも酷である。例えば、家を購入したがまだ登記を済ませていなかったとすると、入居するまでに誰かが不法に住んでいたというとき、その者に登記がないのだから自分には対抗できないはずだと言われてしまう。そこで判例（大連判明治41年12月15日民録14輯1301頁）は第三者の意味を「登記の欠缺を主張する正当の利益を有する者」と限定しているのである。事例2-7ではBは2つの類似するケースをとりあげAに質問したのであるが、後者のケース、つまり背信的悪意者の場合には比較的理解可能である。権利者から土地等を購入した者を困らせようとして、その者が未登記であることに目をつけ、悪意で当該土地を購入し登記を済ませたとしても、それは信義則違反であり、権利の濫用でもあるから、取引の安全を考慮する必要もないことから、民法177条の「第三者」に含める必要はないのである。つまり、最初の契約者は登記がないとしても、この背信的悪意者に対抗できるのである。しかしながら、単なる悪意者については事情が異なる。上の例で登記がないと

いうことを知っているだけの者が、契約をし登記を済ませているような場合には、むしろ最初の契約者が登記をしていないことが問題だと考えられている。つまり、契約がすでに行われているという事情を知っているだけでは、その目的物を取得する競争から排除することはできないというのである。最初の契約者の未登記が紛争の原因なのだから、悪意者といえども排除する理由はないということになる。契約をした者はちゃんと登記をしておくべきだということで、それを怠ったら不利益を受ける事があるということである。もっとも、この悪意者については近年は「第三者」から排除すべきだという議論も行われていることに注意が必要である。

　動産の物権変動は、不動産とは異なり、登記が必要とされない。もちろん動産の性質上、登記を必要とすること自体が無理な話で、登記を要求することになれば非常に数が多いので取引が停滞するか、登記を怠るなどして登記が不正確なものになってしまう。そこで動産については民法は引渡しを対抗要件としたのである（民法178条）。したがって、例えば、友人からテレビを購入したＡが、そのテレビの引渡しを受けていない場合、同じテレビを購入したＢが引渡しを受けてしまえば、そのテレビはＢの所有物となる。このことの延長として、動産には即時取得の規定がある。動産は引渡しによって対抗要件を備えるということになると、その動産がどのような経緯で所持されているのかが問題となる。例えば、その動産を所持する者が無権利者であるかもしれない。もちろん、これをしっかり調べてから取引をしろというのが建前であるが、動産取引においてはそれは現実的ではない。そこで民法は192条において即時取得の規定を置いた。つまり「取引行為によって、平穏に、かつ、公然と動産の占有を始めた者は、善意であり、かつ、過失がないときは、即時にその動産について行使する権利を取得する」のである。このように動産取引の安全を守ることには意義があるが、一方で、真の権利者の利益は守られないことになる。そこで、民法193条は「占有物が盗品又は遺失物であるときは、被害者又は遺失者は、盗難又は遺失の時から二年間、占有者に対してその物の回復を請求することができる」として救済を図っている。しかし、占有者から物を返してもらうとしても、所有権を有するからといって無償で返還してもらうことになると、今度は占有者が不利益を受けることになる。そこで、民法194条は、「占有者が、盗品又

は遺失物を、競売若しくは公の市場において、又はその物と同種の物を販売する商人から、善意で買い受けたときは、被害者又は遺失者は、占有者が支払った代価を弁償しなければ、その物を回復することができない」と規定することによって、その調整を図っている。

### (3) 占 有 権

> **事例2-8** Aは大切にしている漫画本全25巻を誰かに盗まれてしまった。1週間後、大学で講義を受けていると、Bが教科書の下にその漫画本を隠しながら読んでいることを見つけた。Aは講義中であるにもかかわらず、Bのところに詰め寄り、「その本僕のだから返して！」と言った。Bは「違うよ。これは私のよ！」と言って返してくれない。

　社会が忙しく複雑になってくると本当の権利者を確かめてから物の取引をすることが現実的ではなくなってくる。そこで物の所持自体、事実上の支配そのものを保護しようという考えが出てくる。民法180条が「占有権は、自己のためにする意思をもって物を所持することによって取得する」と規定しているのは、この趣旨である。この占有権は、自己のための意思によって所持するだけで生じるものであるから、事例2-8のBが仮にAから漫画本を盗んだ場合であっても、Bには漫画本についての占有権が認められることになる。したがって、Aは勝手にBから漫画本を取り返すことはできない。自分のものであったとしてもである。このことを自力救済の禁止という。つまり正当な権利なら裁判所で主張すべきであって、勝手に権利実現しようとすると社会秩序が乱れてしまうことになるというのがその理由である。事例2-8でも、本当に漫画本がAのものであるかは不明である。

　ところで逆にBから見た場合、AはBの占有を侵害しようとしているのであるから、これを放置することは権利が侵害されてしまうので何らかの手立てを講じたいと考えるであろう。本来、占有しているということは所有権など本権があることを推定できる事実なのである。占有権侵害については、民法は、占有訴権を規定する。つまり占有保持の訴え（198条）、占有保全の訴え（199条）、占有回収の訴え（200条）である。Bの場合に、Aから漫画本を奪われるかもしれないおそれがあるとするなら、占有保全の訴えにより、その妨害の予防であ

るとか損害賠償の担保を請求することになる。もちろん漫画本を奪われてしまったなら、占有回収の訴えにより、返還及び損害賠償を請求することになる。

### (4) 所有権その他

所有権は物権の中でも最も強力で重要な権利であり、契約自由の原則とならんで資本主義の発展の基礎となった権利である。法令の制限や権利の濫用にあたらない限り、自由に動産・不動産について使用・収益・処分が可能である。

第Ⅰ部 事例4-3 の場合のように、隣家との関係は所有権の問題が起きやすく、民法は相隣関係として、209条以下にその調整を行う規定を置いている。第Ⅰ部 事例4-3 の問題（27頁）については、民法233条1項が「隣地の竹木の枝が境界線を越えるときは、その竹木の所有者に、その枝を切除させることができる」と規定し、さらに同条4項が「隣地の竹木の根が境界線を越えるときは、その根を切り取ることができる」としている。つまり、Xは枝は勝手に切ってはいけないが、Yは根を勝手に切っていいことになる（竹木の所有者が切除しないときは越境される側での枝の切り取りが認められる）。もちろん、Xは勝手に切ってはいけないだけで、Yに切らせることができるので（Yが放置するなら法的措置を講ずることができる）、結果としてXとYに不公平な事態は生じないであろう。ただ、そうはいっても根を勝手に切る方が重大なことであるという常識はあるであろう。この場合、土地そのものに対する侵害であることを考慮しても、権利の濫用にいたらないこと、つまり根の切除に相当の理由はいることになろう。何でもかんでも勝手に切っていいわけではないのである。このほか、民法は相隣関係における所有権の調整として、建物を築造する等のために隣地を使用する権利（209条）、袋地所有者が公道に出るために隣地を通行する権利（210条1項）、隣地からの自然流水を妨げてはならない義務（214条）などがあり、また境界線付近での建築について、建物は原則として境界線から50センチ以上離して築造しなければならない（234条1項）などの規制もある。

> 事例2-9　Aは自己所有の土地に家を建てようとしていたが、基礎工事の段階で大工さんが小判を何枚も土中から発見した。鑑定してもらうと全部で100万円はするという。大工さんは自分が発見したものであるから自分のものだと言うが、Aは自分の土地で発見したのだから自分のものだと言って譲らない。

所有権の取得は、通常は売買であるとか相続（これを承継取得という）による場合が多いが、それ以外の原因による取得も民法は規定している。事例2-9のような埋蔵物の場合には、公告した後、6か月以内に所有者が知れない場合には、発見者が所有権を取得する。しかし、この事例の場合には土地がAのものであるので、民法241条によって、Aと大工さんで折半ということになる。もっとも、小判が文化財の場合には国庫に帰属することになっており、Aと大工さんはその報償金を受け取ることができる。その他、民法は無主物の先占（239条、誰のものでもない動産は所有の意思をもって占有すれば所有権を取得する）、遺失物の拾得（240条、公告後3か月内に所有者がわからない場合には拾得者が所有権を所得する）などを規定している。その他、重要であるのは付合である（民法は混和・加工も規定している。245条、246条）。不動産に従として付合した物は不動産の所有者が所有権を所得する（242条）。したがって、権原なく他人の土地に木を植え、種をまいた場合には、その木及び農作物などはその土地の所有者が所有権を所得する。動産と動産の場合には、損傷なく分離ができなくなったときの所有権は主たる動産の所有者に帰属する（243条）。なお、付合によって生じた損失については、不当利得との関係を考慮しつつ、金銭的解決が図られる（248条）。

> 事例2-10 AはBと将来結婚し家を建てる予定で土地を共同購入した。ところが名字をどちらにするのかということから喧嘩をし、とうとうAは結婚をあきらめ、土地も手放したいと考えている。土地購入にあたっては代金の半分を出しているので、その分だけでも何とかならないかとBに相談したが、思い通りにはさせないと一蹴された。Aはどうすればよいのか。

複数の者が代金を持ち寄って共同で1つの動産や不動産を購入し所有することを共有という。このような場合の共有物の使用については、民法249条が「各共有者は、共有物の全部について、その持分に応じた使用をすることができる」としている。つまり、各持分について分割して使用するのではなく、全部について使用できるのであるが、ただ持分の制約があるというのである。よくあげられる例としては、別荘を2人で共有している場合、各人はその別荘の半分しか利用できないというのではなく、全部を利用できるが、持分にしたがって順番に利用するということである。また、持分は所有権そのものであるから、各共有者は持分にもとづいて自由に分割請求することができる。したがって事例

2-10のAは土地の半分を分割請求（基本的には現物分割）することになる。

その他、物権には、他人の土地に建築物などの工作物や竹木を所有するためにその土地を利用する権利である地上権（265条）、他人の土地に耕作又は牧畜をなす権利である永小作権（270条）、他人の土地を自分の土地の便益に供する権利である地役権（280条）、地域住民が山林・原野で共同で使用・収益する権利である入会権（263条、294条）がある。

## 2 担保物権

### (1) 担保物権概説

● 担保物権の意義

担保とは、債権を確実に回収する手段である。すなわち、お金を借りた債務者が借金を返せないときに、お金を貸した債権者が裁判を起こして債務名義を得て強制執行手続を取っても、債務者がまったくの無資力であれば、このような手続自体が無駄となる。また多くの債権者が存在する場合には、債権者平等の原則から債権額に比例して配分されることから貸金の全額を回収することはできず十分な満足は得られないことになる。それゆえに、債権者は債権取得前に、事前に債権の回収を確実にできる担保を取るのである。担保制度には、保証、連帯債務、連帯保証等の債務者以外の第三者に債務を負わせてその財産からも弁済を受け得るようにする**人的担保**、並びに留置権、先取特権、質権、抵当権の4種類で構成され、特定の財産を債権の担保にあてる担保物権である**物的担保**の2種類から成っている。物的担保には法律上当然に生ずる法定担保物権である留置権、先取特権ならびに当事者間の契約によって生ずる約定担保物権である質権、抵当権とがある。

担保物権は、物権と共通の消滅事由のほかに担保物権特有の消滅事由として、被担保債権の弁済、時効消滅などによる被担保債権の消滅によって消滅する。

● 担保物権の性質と効力

担保物権は、物権としての性質以外に担保物権としての独自の性質をもっている。それは、付従性、随伴性、不可分性、物上代位性である。

**付従性**とは、債権が存在しないところに担保物権は存在しないという性質である。債権担保の手段である担保物権は、債権があって初めて存在し、債権が

消滅すれば消滅する（成立、存続、消滅における付従性）。**随伴性**とは、債権が債権譲渡等により移転すれば、原則として担保物権も債権とともに移転するという性質である。**不可分性**とは、被担保債権の全部の弁済があるまでは、担保物権は、目的物の全部の上にその効力を及ぼすという性質である。**物上代位性**とは、担保物権の目的物が、滅失、毀損、売却、賃貸等により債務者が受け取る金銭その他の請求権に変じた場合に、担保物権の効力がその請求権の上にも及ぶという性質である。

担保物権は、優先弁済的効力、留置的効力、収益的効力をもつ。

**優先弁済的効力**とは、担保の目的物に対して物理的支配を加えず、目的物自体のもつ交換価値より優先弁済を受けるものである。先取特権(303条)、質権(342条)、抵当権(369条)にこの効力がある。**留置的効力**とは、債務者が債務の完済するまで目的物を債権者のもとに留置する効力であり、心理的圧迫を債務者に与えて債務の弁済を催すものである。留置権(295条)、質権(347条)にこの効力がある。**収益的効力**とは、目的物を使用収益し、収益より優先弁済を受けることで債権の弁済に充当する効力であるが、今日ではあまり活用されていない。不動産質(356条)がその例である。

- 担保物権の取扱い

担保物権に関する民法の規定は、明治29年に規定されて以来、昭和46年に根抵当権に関する規定が新設された。その後、経済の発展とともに複雑・多様化した社会の実情に現行担保制度が対応しきれなくなり、平成15年に「担保物権が民事執行制度の改善のための民法等の一部を改正する法律」により民法における担保物権規定は抵当権の規定を中心に大幅に改正されることになった。

(2) 留置権（295〜302条）

- 留置権の意義

他人の物を占有している者が、その物に関して生じた債権を有するときに、その債権の弁済を受けるまでその物を留置できる権利である。例えば、自動車を修理した修理屋が、その修理代金の支払いを受けるまでは、自動車の所有者から所有権にもとづく返還請求があっても、自動車を自己の手元に留置して引

き渡さないことができる権利である。所有者は、留置権により修繕代金の支払いを間接的に強制されることになり、公平の原則にもとづくものである。公平の原則にもとづく点で、双務契約に生じる同時履行の抗弁権（533条）と同じような機能を営むが、留置権は物権であり、弁済があるまで第三者に対しても主張できる物の引渡しの拒絶権である。また、留置権は同時履行の抗弁権とは異なり、競売申立権や代担保の提供（301条）による留置権の消滅請求が可能である。留置権は抵当権や質権のような当事者間での契約が本来的に望みにくく、先取特権と同様に一定の要件が存在すれば当事者の意思とは無関係に法律上当然に発生する法定担保物権である。

● 留置権の成立要件・効力

留置権は、物の瑕疵による損害賠償請求権のように保全される被担保債権が、その物に関して生じたものであること（債権と物との牽連性）、他人の物の占有者が債権をもつこと、もちろん債権は弁済期に達していなければならない。さらに、占有者の占有が不法行為によって始まったものではないことの4つを成立要件としている。

留置権の効力は、債権の弁済を受けるまで、目的物を留置し挽けることができるというものであり、優先弁済的効力はもたない。そして、この効力は留置権が物権であることから、債務者のみならずそれ以外のすべての人にも主張できる。また、留置権者は留置物から生じる天然果実や法定果実（家賃、地代、利息など）を収取し、自己の債権の弁済にあてることができる（297条）。留置権者が物の保存に必要な使用行為（保存行為）については、債務者たる所有者の承諾を必要としない。留置物に必要費を出した留置権者は所有者に費用を償還請求（299条）できる。判例は、家屋の賃借人が有益費の支出（299条2項）にもとづく留置権によって従来どおり家屋に居住し続けた場合には、特殊な事情のないかぎり、借家人の居住は保存に必要な行為であるとしている。留置権者は目的物の占有について善良なる管理者の注意義務（**善管注意義務**）を負う（298条1項）。このような善管注意義務を怠ったり、債務者の承諾なくして目的物を使用・収益した場合には、債務者は形成権として一方的意思表示により留置権の消滅を請求できる（298条3項）。また、留置権者が留置物の占有を失ったとき（302条）にも留置権は消滅する。

### (3) 先取特権（303〜341条）

- 先取特権の意義

　先取特権については、その起源をローマ法にまでたどることができる。その意義は、法律に定める一定の債権を有する者が、先取特権の種類により債務者の総財産、特定の動産又は不動産に対して他の債権者に優先して自己の債権の弁済を受けることができる担保物権である（303条）。先取特権は、法律が当事者の公平の見地、社会政策的見地、当事者の意思の推測、特殊な産業保護の見地などから、不動産工事の先取特権、雇人の給料の先取特権、旅店宿泊の先取特権、種苗肥料供給の先取特権などを認めている。債権者平等の原則の例外を認めて優先弁済権を与えたものである。それゆえに、先取特権は法定担保物権であり、当事者の契約によって発生させることはできず、また社会政策的観点から認められる先取特権については、契約で排除することも不可能である。先取特権には、優先弁済的効力のみならず、目的物の競売権もあり支配権としての性質をもっている（もっとも、動産の先取特権では追及力がなく物権性は弱い）。先取特権は担保物権としての被担保債権への付従性や不可分性もあり、留置的効力はないが随伴性もあり、物上代位性も備えている。

- 先取特権の種類

　一般の先取特権（306〜310条）は、債務者の総財産（動産、不動産、債権、その他法律上執行可能なすべての財産）を目的とする先取特権であり、次の4種類がある。すなわち、共益費用の先取特権、雇用関係の先取特権、葬式費用の先取特権、及び日用品供給の先取特権である。この一般の先取特権は、不動産に関して登記をすることができるが、登記をしなくても一般債権差には対抗できる（336条但書）。

　動産の先取特権（311〜324条）は、債務者の特定の動産を目的とする先取特権であり、次の8種類がある。不動産の賃貸借の先取特権、旅館の宿泊の先取特権、運輸の先取特権、動産の保存の先取特権、動産の売買の先取特権、種苗・肥料供給の先取特権、農工業の労役の先取特権。動産売買の先取特権は、目的物の引度後において売主を保護する制度である。

　不動産の先取特権（325〜328条）は、債務者の特定の不動産を目的とする先取特権であり、不動産保存の先取特権、不動産工事の先取特権、及び不動産売

買の先取特権の3種類がある。これらの先取特権は、登記が効力要件である。

### (4) 質権 (342～366条)
● 質権の意義

質権とは、債権者が、その債権の担保として債務者又は第三者（物上保証人）から受け取った物を債務が弁済されるまで留置しておくことで、債務の弁済を間接的に強制するとともに、弁済されないときは、その物の価値によって優先的に弁済を受けることのできる約定担保物権である。お金を借りる際に、衣類や時計などを担保として貸し主に引き渡し、一定期間に借りたお金を返すことで、これらの物を返して貰えるという形態をとっている。質権者は、質物から優先弁済を受けることができる目的物の交換価値を把握する権利であるが、債権者として債務者の一般財産から弁済を受けることもできる。質権はこのように抵当権と共通性をもっているが、目的物を留置する（その結果として債務者は、目的物の使用・収益することができない）という占有移転をともなう点で異なっている。そして、質権者は物権者もあることから、質物に対して侵害があったときには、侵害の排除や損害賠償の請求もできる。もちろん、質権は担保物権であることから、付従性、随伴性、物上代位性、不可分性の性質もある。

● 質権の成立要件と効果

質権は、その目的物（質権の目的物は譲渡可能な物でなくてはならない。343条）によって動産質、不動産質、権利質に分類でき、目的物の性質から設定方法、対抗要件、効力などに相違がある。一般的には動産質が質権の典型となっている。動産質は、衣服や装飾品などの動産を目的とする質権で、庶民金融のための制度として発展した。質権設定にあたっては、当事者の意思表示のみでは効力を生ぜず、債権者への目的物の引き渡しにより効力を生ずる**要物契約**である。引き渡しは、現実の引渡のみならず、簡易の引渡（182条2項）、指図による占有移転（184条）でもよいが、占有改定（183条）では不十分とされ、外形上の占有の移転が必要とされている。債務者（質物提供者）が質物につき処分権限をもっていなかったとしても、債権者（質権者）が善意・無過失で質物を受け取った場合には、即時取得（192条）により質権が有効に成立する。

動産質権者は、第三者にその権利を対抗するためには、質物の継続的占有を

必要とする。もっとも、質権者が目的物を第三者に賃貸あるいは保管させたときは、質権者はなお間接占有を有していることから対抗力が認められる。質権者が第三者により質物の占有を奪われたときは、占有権にもとづく占有回収の訴（200条）により質物を取り戻せる。質権の効力が及ぶ範囲としては、特別の定めがない限り、元本、利息、違約金、質権実行の費用、質物保存の費用及び損害賠償債権である。もっとも、質権者は質物より生ずる天然・法定果実を収取し、優先弁済にあてることができる。なお、質権者は、善良な管理者の注意義務をもって目的物を保管する義務を負う。

(5) **抵当権**（369～398条の22）
• 抵当権の意義

抵当権とは、債権者が債務者又は第三者（物上保証人）が提供した担保物につき、その占有を抵当権者（債権者）に移さずに抵当権設定者（債務者・物上保証人）の使用・収益に任せながら（この点で占有を移転させる質権と異なる）、債務の弁済がなされない場合に、担保物の**交換価値**から優先的に弁済を受けることのできる約定担保物権である。住宅等の不動産を購入するに際して、銀行から融資を受ける場合、貸金請求権を担保するために銀行は債務者の所有する土地や建物などの不動産に抵当権を設定させることができ、銀行は貸金と利息の返済があるまで抵当権により不動産の交換価値を把握し担保とすることができる。抵当権の発達は、信用経済の発達と公示制度の発達した近代的な国家制度の確立によるものであり、近代的な経済社会の産物といえる。もっとも、わが国の抵当権制度は、企業資金の調達手段としては、ドイツのような投資抵当も認められておらず、必ずしも十分なものとはいえない。

• 抵当権の設定

抵当権は、直接に抵当権の設定を目的とする契約（抵当権設定契約）によって成立する。質権のように目的物の引渡しを必要としないで承諾だけで成立する諾成契約である。抵当権も物権であることから、第三者にその権利を主張するには対抗要件としての登記が必要となる。登記のない抵当権でも、当事者間では有効であり、競売の申し立てをすることができる。抵当権により担保される被担保債権が不成立もしくは消滅したのにもかかわらず、抵当権の登記のみが

抹消されないでいた場合に、この登記を他の債権のために設定された抵当権のものとして流用できるかが問題となる。判例（最判昭和49年12月24日民集28巻10号2117頁）は、流用後に第三者が出現した場合に、抵当権者は**流用登記**をもって第三者に対抗できるとしている。

抵当権の目的物としては、土地・建物の不動産、地上権、永小作権である。一筆として登記された土地の一部については、分筆しなければ登記できないし、一棟の建物の一部についても区分所有権（建物の区分所有等に関する法律による）の目的でなければ、抵当権を設定できない。民法以外の特別法では、立木、採掘権、工場財団、自動車、航空機など抵当権の対象を広く認めている。抵当権の被担保債権の範囲については、元本と満期となった最後の2年分の利息の全額について、その登記にもとづいて優先弁済を受けられる。

● **抵当権の効力範囲**

抵当権の侵害排除、競売申し立て優先弁済の効力の及ぶ範囲としては、「その目的である不動産に付加して一体となっている物」（370条）に及ぶと規定している。この**付加一体物**については、判例は抵当権設定時の**従物**（他の物たる主物の経済的効用を果たすため結合されている物（87条）、主物たる建物に対する畳や建具など）は、付加一体物に含まれないが、抵当権の効力は及ぶ。また、社会通念上分離が不可能となった2個以上の物は付合物（242条）として不動産所有権に吸収されてしまうことから、付合の時期を問わず付加一体物として抵当権の効力が及ぶ。土地の上の立木や庭石、建物の増築部分などはそれぞれ土地、建物の付合物として抵当権の効力が及ぶのである。もっとも、土地と建物とは別個の不動産であることから、土地に抵当権を設定しても、建物にはその効力は及ばない。また、不動産の所有者以外の者が、権原によってある物を付属させた場合には、抵当権はその物に及ばない。なお、抵当権の目的物の交換価値を減少させ、被担保債権が担保されなくなるおそれを生じさせた侵害行為に対しては、抵当権も物権であることから物権的請求権を行使できる。さらに不法行為にもとづく損害賠償（709条）や債務者の期限の利益喪失の主張（137条2項）、設定者への増担保請求が可能となる。

**事例2-11** YからXが1000万円の借金をする際に、Yに対して自己所有の家屋に抵当権

を設定していた。その後、Xは自分の娘Zのためにルームクーラーを購入し部屋に取り付けた。Zは大学進学が決まったので、このクーラーを下宿先のアパートに持ち出した。YがZに対して、クーラーの返還を求めてきた。

\*　　\*

B：　おかしいと思いませんか。だって、娘のためにXが買ってやったクーラーを持ち出したって、いいじゃない。そもそも抵当権は不動産の家屋についているのだから、クーラーは動産でまったく別で関係ないんじゃないの。

C：　常識がないなあ。世の中そうもいかないんだよ。Xは借金をして、その返済の担保として家屋（主物）に抵当権を付けたんだから、クーラーも家屋の一部（従物）なんだよ。だから抵当権の効力が及ぶんだよ。いわば借金のかた（担保）さ。

B：　どうして？クーラーは抵当権設定の後から家屋に付けたんじゃない。だいたい不動産の家屋と動産のクーラーがいっしょなんて……やっぱりおかしいよ。

C：　えっと、民法を見ると370条は、不動産に付加して一体とした物にも抵当権の効力が及ぶと規定しているから、クーラーが動産であろうと付加一体物であればYさんの抵当権が及んでくるわけだよ。クーラーは、他の物たる家屋の経済的効用を充足するため結合されている物つまり「従物」だから、付加一体物と同様になるよね。

A：　なかなかおもしろくなってきましたね。判例は、従物は付加一体物ではないとしながらも、従物は主物の処分に従うという規定（87条2項）から抵当権の効力は及ぶとしています。しかし、この規定は、処分者の意思解釈規定ですから、抵当権設定当時に従物たるクーラーが存在していなければ抵当権の効力は及ばないとも考えられますね。

B：　そうそう。クーラーは抵当権設定後に父親のXが購入して取り付けた物だから、抵当権の効力は及ばないさ。

A：　ちょっと待って。判例は具体的事件については、抵当権の効力が及ぶような意思の認定をしたりしていますし、学説は付加一体物には付合物のほかに従物も含むとしていますから、抵当権設定後の従物でもその効力は及ぶことになるよ。

B：　なるほどね。でも、彼女は実際にクーラーを持ち出したわけですから、Yさんの返還請求は無理ではありませんか。

C：　いや、クーラーが付加一体物として抵当権の効力が及ぶとすれば……。

B：　そうか、抵当権の効力が及べば、抵当権の担保価値を保全するためにクーラーの持ち出し等の処分を禁止し、さらに抵当権者へではなく直接に元の場所へ戻すような原状回復請求が認められると理解できるわけか。そうなると、請求されたらZは父親Xの家屋にクーラーを戻すことになるんだあ。厄介だね。

C：　そもそもZが父親に甘えてクーラーを買ってもらうからダメなんだよ。自分で購入して取り付けたんなら第三者所有の従物として抵当権の効力は及ばないだろうに。何事も自力本願、自力本願。

●抵当権の順位

　登記を備えた抵当権は、担保権をもたない一般債権者に対して常に優先する。

また、同一の不動産上に複数の抵当権があるときには、その順位は登記の前後によって決まり、一番抵当権は、後順位の二番抵当権に優先する。そして、先順位の抵当権が弁済などで消滅すれば、後順位の抵当権は順位が昇進する。

- 抵当権と用益権との関係

抵当権は、本来目的物の交換価値を把握するのみで、目的物の使用収益権は設定者のもとにある。しかし、抵当権が実行されると、目的物は競売に付され、結果として抵当権設定者や目的物の第三取得者は、目的物の利用が不可能となる。そこで、民法は抵当権と他の利用権との調整を図るべく、法定地上権（388条）、抵当権消滅請求（379条）の制度を規定している。

**法定地上権**（388条）とは、抵当権設定当時にすでに土地と建物とが存在し、両者が同一の所有者に属する場合に、土地または建物のみに、あるいは双方に抵当権が設定され競売に付され土地と建物の所有者が異なるにいたったとき、法律上当然に発生する地上権のことである。Aが土地と建物を所有し、土地（あるいは建物）のみに抵当権を設定し、抵当権が実行されてBが土地（建物）所有者となったとき、Aは土地の利用権をもたないため、土地所有者から立ち退きを迫られることになる。現行の民法では自己借地権が認められないため、土地・建物という別個の不動産の有効活用ができず、社会経済的利益に反することになるため法定地上権が認められている。

- 抵当権の処分

資本主義社会では、投下した資本の回収が長期間に渡り不可能な場合には、資本の回収としての流動化を図る必要がある。資本の流動化に対応するものが流通抵当であるが、この抵当権の処分の自由は、わが国の民法では認められていない。そして、抵当権の処分としては制限的なものであるが、転抵当、抵当権の譲渡・放棄、抵当権の順位の譲渡・放棄、抵当権の順位の変更（373、374、376、377条）が認められている。

- 抵当権の消滅

抵当権は、物権と共通の消滅事由で消滅する。また、担保物権であることから被担保債権の消滅・放棄さらには代価弁済、抵当権消滅請求、競売によっても消滅する。さらに、抵当権は、債務者及び抵当権設定者との関係では、被担保債権と同時でなければ時効によって消滅しない。しかし、債務者又は抵当権

設定者以外の者が、抵当不動産を時効取得したときは、抵当権は消滅するし、第三取得者との関係では、抵当権は独立して20年で消滅の時効にかかると判例はしている。

- 根抵当権（398条の2）

根抵当権とは、一定範囲に属する不特定の債権を一定の極度額において担保する抵当権である。銀行取引における与信契約など、当事者間で債権が発生消滅を繰り返す関係にある場合に、このような債権を担保するためにその都度抵当権を設定することは煩雑であることから極度額の限度での不特定債権の発生消滅を担保する制度として昭和46年に新設された。数個の不動産の上に被担保債権を共通にする根抵当権が設定される場合、共同根抵当（398条の16、17）となる。

(6) 非典型担保

以上のような民法典に規定された担保物権は、法定担保物権としては留置権と先取債権のみであり、約定担保物権としては抵当権と質権だけである。しかし、実際にはこれら以外にもさまざまな物的担保が現実の取引界には存在し、経済社会において重要な役割を果している。具体的には、弁済のない場合に所有権を移転させる**仮登記担保**、あらかじめ所有権を移転させ、消費貸借上の債権が存続する**譲渡担保**（消費貸借上の債権が存続しないものである売渡担保としては、買戻し、再売買の予約がある）、所有権を売主に留保する**所有権留保**などがある。これらの非典型担保は、競売手続によることなく有利で簡便な方法により債権回収を図ることができ、積極的に実業界で利用されてきた。今日では、仮登記担保契約に関する法律（昭和53年制定）などの法的規制や解釈により公平な適用を図っている。

# 第3章　債　権

## 1　債権総論

### (1) 債権の意義

> 事例3-1　Aは友人のBに宝石を1万円で売る売買契約を締結した。Aは宝石を売ってやるという態度で、Bに対して「契約が結ばれたのだから俺は君の債権者になったということだ。支払いができないなら取り立てるからな」と威張り散らした。それに対してBは呆れた顔で、「何言ってるの。あなたが私に宝石を引き渡す義務があるんだから、あなたが債務者、私が債権者よ。」Aは混乱してしまった。

　債権は、ある特定の者（債権者）がある特定の者（債務者）に、特定の行為（給付）を請求する権利である。物権は排他性をもつが、債権にはこれがない。すでに二重譲渡のところで説明したように、複数の契約が締結された場合でもそれぞれ有効に成立する。つまり、1つの物について複数の契約が成立し、債権者も複数存在することになる。また、物権は誰に対しても効力を主張できるが、債権は特定の者に対してしか主張できない。物権は法定されているが、債権は契約自由の原則に表れているように自由度が高い。物権と債権が競合する場合には物権が優先する。もっとも排他性の問題以外では例外も多く存在するので注意が必要である。

　事例3-1では、債権債務の関係がその給付の種類によって変わりうることを示している。このAとBとの双務契約において、宝石の引渡しに着目すれば、Bが言うようにAは債務者でありBが債権者になるが、金銭の給付という観点からみればAが債権者でありBが債務者ということになる。事例3-1の言い合いでは勝負は引き分けということになる。

### (2) 債権の目的

> 事例3-2　Aは今日も研究室で研究に励んでいた。一攫千金を狙うBは、Aがタイムマシ

ンを完成させそうだとある筋から聞きつけ、Aの研究室を訪れた。Aは、「たしかに研究は最終段階に入っている。このタイムマシンの利用についてBと専属契約を結ぼう。さらに時間旅行会社を設立して儲けよう」と約束した。

　債権の目的は債務者の財産的行為（給付）である。誕生日ケーキを買う場合の売主の債権の目的は、そのケーキの代金を支払ってもらうという買主の行為であり、買主の債権の目的はケーキを引渡してもらうという売主の行為である。この給付については法的保護に値するものでなければならないが、それには適法性、可能性、確定性が必要である。仮にAがBにCを殺害するように頼み（申込）、Bがそれを聞き入れた（承諾）場合、申込と承諾による意思の合致があるが、これは契約としては無効である。適法性に欠けるからである。また、XがYに「誕生日に何かプレゼントしよう」と約束したとする。しかし、「何か」ではYは何を請求してよいのかわからない。このように不確定な債権は無効ということになる。もっとも、当事者間で何らかの了解があり、例えば指輪というように確定できるならかまわないことになる。問題は「可能性」である。事例3-2ではそもそもタイムマシン自体を作ることはできないのであるから不可能な契約ということになる。これを原始的不能というが、一応もっともな結論ではある。ただ、そのような無効な契約であっても損害を生じさせた場合、不法行為としてではなく債務不履行として賠償責任を認めようとする見解もある。この見解では可能性の要件が否定されることになる。

　債権は多様な内容をもつが、民法は特定物債権、種類債権、金銭債権、利息債権、選択債権を規定している。

事例3-3　YはAにその所有する建物（不動産）を売却した。しかしその引渡し前に地震（不可抗力）により、その不動産が滅失した。このとき、売主Yは買主Aに売買代金を請求できるか。また、Aは、その支払いを拒絶できるか。

　事例3-3について検討する前提として、契約の当事者（売主Yと買主A）の債権・債務関係を整理すると、（1）売主Yは、①売買の目的物であるその建物を買主Aに引渡す義務があるという意味で「債務者」であり、②買主Aから売買代金を支払ってもらうことができる（支払ってもらう権利がある）という意味で「債権者」である。他方（2）買主Aは、①売買の目的物であるその建物を売

主Yから引渡してもらうことができる（引渡してもらう権利がある）という意味で「債権者」であり、②売買代金をYに支払わなければならない義務があるという意味で「債務者」である。通常、民法で債権者・債務者という場合、契約の目的物との関係で把握される。

　当事者（売主Yと買主A）の双方の責めに帰するべき事由がなく債務者による履行（契約の目的物である不動産〈建物〉の引渡し）が不能となった場合に、売主Yが代金を請求してそれを受領できるか。例えば不動産や中古車のように取引において当事者が目的物の個性に注目して指定した物のことを「特定物」という。この特定物（事例3-3では不動産）の売買においてその目的物が滅失した場合、売主がこの売買の目的物である不動産を相手方に引渡すという債務の履行は不可能となるが、買主の代金支払債権が履行不能になることはないといえる（「その不動産」という特定物は滅失するが、「現金」はなくなることはない〈支払いができなくなることはない〉からである。支払いができなくなっても、それは履行遅滞にすぎない）。民法では、その目的物が滅失しても契約の効力に影響はなく、売主Yは買主Aに対して売買代金を請求できる。但し、不可能なことを要求することはできないので、AのYに対する建物引渡請求権は消滅する（412条の2第1項）。他方、帰責事由がない買主が、既に滅失した物の代金を支払う必要があるとは考えられないため、Aはその支払いを拒絶することができる（536条1項）。この場合Aは契約を解除して債務そのものを消すことができる（542条、543条）。

　事例3-4　YはAにその所有する建物を売却した。しかし、その引渡しの前に、買主Aの責めに帰することのできる事由により、その建物は滅失した。このとき、YはAに売買代金を請求できるか。またAはその支払いを拒絶できるか。

　事例3-4では、事例3-3とは異なり、買主Aに履行不能の帰責事由がある。そのため、この場合、売主Yは、買主Aに対して売買代金を請求できるし、Aはそれを拒むことができない（536条2項）。また、Aには帰責事由があるので、Aは契約を解除して債務を免れることもできない（543条）。

　事例3-5　酒屋Yは、Aから瓶ビール1ダースの配達注文を受けた。しかし、Yは自転車

に瓶ビール1ダースを積んでA宅に向かう途中に発生した地震のため転倒し、積み荷のビール瓶はすべて割れてしまった。

地震で「泡と消えた」今回の「瓶ビール1ダース」のように、一定の種類に属するものの一定量を引渡すことを目的とする債権を種類債権と呼ぶ。これについては代わりのものが酒屋の倉庫やビール会社にあるので、たとえYがA宅に配達しようとしていたビールが滅失してしまったとしても履行不能にはならない。売主Yは代わりの瓶ビール1ダースを調達しなければならない。

金銭債権とは金銭の給付を目的とする債権であり、利息債権は利息を支払うことを目的とする債権である。金銭債権には利息が当然付くというのは誤解であり、通常は無利息である。特約をつけて利息債権としなければ利息は付かない。利息の利率は、当事者間に特段の意思表示がない場合は、その利息が生じた最初の時点の法定利率とすることとされた。法定利率は年3％であるが、この利率は3年ごとに、銀行による短期貸付けの平均利率を基準として見直しがなされる（404条）。選択債権とは、債務者が給付をお金で行うか物で行うかというように選択によって決定される債権をいう。

(3) 債権の効力

● 債務不履行

事例3-6 AはBからB所有の絵を給付してもらう贈与契約を結んだ。口約束では不安なので書面にしてもらったのだが、Bはこの絵は親戚のおじさんが気に入っていてうるさいので、おじさんが亡くなったら贈与するという約束になっていた。しばらく時が経ち、人づてにAはBのおじさんが亡くなったことを聞いた。確認してみるとすでに亡くなってから数か月経つ。ただ、Bは長期の旅行でおじさんの死を知らないでいる。これは債務不履行といえるだろうか。

債権は、それが何の問題もなく履行されれば消滅する。しかし、例えば貸したお金を期限までに支払ってくれないような場合は、世の中にはいくらでもある。このような場合の法的関係はどうなるのか。これがここでの問題である。債務者が債務を履行しないことを債務不履行というが、単にその事実だけでは足りず債務者に帰責事由がなければならないとされる。つまりわざと履行しな

かったり不注意で履行しなかったことが必要なのである。債務不履行は、履行遅滞、履行不能によって生じ得る（412条、412条の2）。履行遅滞というのは、文字通り履行期に債務を履行しないことであるが、履行期限があればそれを過ぎた場合に履行遅滞になることは当然であるが、事例3-6のように、その期限が到来することは確実であるが、いつかわからないというような不確定期限という場合もある。この場合には、もちろんそれが確定された場合になお債務の履行がないならば履行遅滞になるが、単に客観的にその時が到来しただけで損害賠償責任を負わせるのは酷であることから、民法412条2項は、その期限が到来した後に履行の請求を受けた時、又はその期限が到来したことを知った時のいずれか早い時から遅滞の責任を負うとしている。事例3-6のBは旅行に行っていておじさんの死亡を知らなかったのであるから、特殊事情でもないかぎり、債務不履行とはいえないであろう。また、期限が定められていない債務では、債権者が催告をしたときから履行遅滞となる。次に、履行不能というのは、債権が成立したときには可能であったものが、その後債務者の責任で不能になった場合をいう。したがって、後発的不能をいう。

● 履行の強制

> 事例3-7　AはBに自己所有の自転車を売り自転車の引渡しをした。ところが、期限が来てもBは代金を支払ってくれない。再三支払いの請求をしたが、払うからの一点張りで一向に払おうとしない。この場合、AはBが支払ってくれるまでじっと待つしかないのであろうか。Aはどうしても支払ってくれないなら、Bのところへ怒鳴り込んで行って無理にでも支払わせようと考えている。

　このような債務不履行のときに債権者が何もできないのでは困るが、かといってAが考えているような自力救済は許されないので、債権者は国家の手を借りて強制履行をすることになる。これには、直接強制、代替執行、間接強制がある。直接強制は、直接国家機関に債権の内容を実現してもらう方法である。テレビでよくある執行官が債務者の財産を差し押さえて競売にかけ、金銭にかえて債務の支払いにあてるという方法がその一例である。もっとも歌を歌ってもらうような債務の実現には向かないことになる。主に物の引渡しの債務に適した方法である。代替執行というのは、第三者に債権の内容を実現してもらい、その費用を債権者から取り立てるという方法である。例えば、建物を

取り壊すという契約を期限が来ても履行しない場合に、第三者である業者に頼んで履行してもらい、費用を債務者に請求するという場合である。間接強制とは、債務の履行をしない債務者に対して、履行をしなければ金銭の支払い義務を課すというように間接的に債務履行を強制するものである。従来、この間接強制は補充的に考えられていたが、現在では代替執行が可能であっても間接強制ができることになった。これらの強制履行は状況に応じて適切な方法が選ばれることになった。

> **事例3-8** ①編集者であるAはSに法学の本を書かせる契約を結んだ。ところがSはいつまでたっても原稿を渡してくれない。そこで、強制履行の手段を考えたが、直接強制や代替執行では当然だめだと考え、間接強制を行おうと考えている。
> ②編集者であるAはSの娘と婚約をしているが、婚約を破棄すると一方的に言われたので、これにも何か履行の強制ができないか考えている。

①については間接強制ができそうではある。原稿の遅れに対して1日1万円徴収するということは形式的にはありそうである。しかし、絵描きが絵を描けないことと同じで、書けないものは書けないのであるからこのような強制は無意味であり、損害賠償の対象にしかすぎない。②も同様に履行の強制にはなじまない。

ところで、債務不履行の場合の損害賠償であるが、債務不履行になったのは債務者に責任があるのであるから（債権者に過失があった場合には過失相殺として損害賠償額に影響を及ぼす）、当然その損害について賠償を請求する権利を生ずる。問題はその損害の範囲である。仮に損害の範囲を制限しなければ観念的にはどこまでもその因果関係が広がりうるのであるから、これは不当な結果を招いてしまう。そこで、ここでは相当因果関係の範囲内での損害賠償を認めることにしている。つまり、原因と結果との関係が相当性の範囲内にあるということであるが、その判断基準はそれほど明確ではなく争いがある。しかし、一応常識的に考えて当然だと思えるような範囲であることが必要とされる。民法416条1項の「通常生ずべき損害」ということはそのことを意味している。もっとも、特別の事情によって生じた損害については、「当事者」が予見すべきであったときは賠償請求できる（民法416条2項）。法では「当事者」となっているので、債権者・債務者の双方が予見すべきであったことが必要であると読める。しか

もこのような読み方をする見解は、予見すべきであったとする時期を契約締結時とするので、損害の範囲がある程度制限されることになる。しかしながら、契約締結時以降の事情を排除することは、特別の事情を考慮しようとする法の態度と相容れないように思えるし、債務者が予見すべき事情があれば債権者が知らなくても、損害賠償を認めることに合理性があると思われる。

債務不履行の場合には契約解除という道が残されているが、特に履行遅滞の場合に、債務者に履行の可能性があるときにこれをただちに解除するのは酷であるかもしれない。そこで、催告をし相当の期間が過ぎるまで解除を待つことが必要とされる（民法541条）。もっとも、履行不能の場合には催告の必要がないが、常識的に理解できるであろう。

- 受領遅滞

> **事例3-9** Yは家具屋Aから骨董品のタンスを買い受けた。Aは配送期日にタンスを届けに行ったが、Yから「まだ受け取りの準備ができていない」と言われ、タンスを受け取ってもらえなかった。この場合に、①Aは遅滞の責任を負担するか、②Aは引き続き善良な管理者としての注意義務を負うか、③Aは契約を解除できるか、そして損害賠償の請求はできるか。

債務者が債務を履行しようとしても、債権者がその受取り（受領）を拒む場合、履行ができないことになる。これを「受領遅滞」という。受領遅滞は、債権者が債務の履行を受けることを拒み、又は受けることができない場合をいい、債務者は、履行の提供をしたときからその引渡しをするまで、自己の財産に対するのと同一の注意をもって特定物を保存することとされ、目的物に対する注意義務が軽減されている（413条）。よって 事例3-9 の場合において、①売主Aは履行遅滞にはあたらないので、遅滞の責任を負担することはないし、②Aの注意義務は軽減され、自己の財産に対するのと同一の注意をもってそのタンスを管理すれば足りる。そして③については、契約上、買主Yに受領義務が定められている場合、その義務の不履行はYの債務不履行にあたるので、これを理由として、Aは契約の解除や、損害賠償の請求をすることができるが、Yに受領義務が定められていない場合、契約の解除も損害賠償請求もすることはできないことになる。なお、受領遅滞により履行の費用が増加したときはその増加額は債権者の負担となり（413条2項）、 事例3-9 で買主Yから一旦受領を拒

まれて配送し直すこととなった家具屋Ａは、その増加分を買主Ｙに請求できる（例えば、改めて配送したことによって、配送に要した費用が２倍になった場合、そのうちの一方〈増加分〉を買主Ｙに請求できる）。

> **事例3-10** 事例3-9の場合において、買主Ｙの受領遅滞の間に、当事者双方の責めに帰することのできない事由によって目的のタンスが滅失した場合、ＹはそのタンスをＹに給付する義務のある家具屋Ａに対して、①契約の解除、②反対給付の履行の拒絶、及び③損害賠償の請求をすることができるか。

事例3-10 は、履行遅滞であったときに履行不能が生じた場合であるが、この場合の履行不能は、買主（骨董品のタンスについて債権者である）Ｙの責めに帰するべき事由によるものとみなされる（413条の２第２項）ので、Ｙは①～③の権利を行使することはできない（契約の解除については543条で、反対給付の拒絶については536条２項前段で、そして損害賠償については415条で、「債権者の責めに帰すべき事由」があるときはそれぞれの権利を行使できない旨が明記されている）。したがって、債権者Ｙは反対給付をしなければならないことになる。

● 債権者代位権

> **事例3-11** 10万円を会社の上司であるＢに貸しているＡは、返済の期日が近づくにつれてＢが自分に寄りつかなくなったことを不思議に思い、探偵を使ってＢの様子を探ってみた。探偵の調査結果は、Ｂは現在の資産はゼロでその日の食事にも困るような状態であるということであった。そんな人間がよく自分の会社の上司でいられるなとは思ったが、ＢがＡの友人Ｃに以前10万円を貸していることを思い出し、次の日、Ｂに対してＣに貸している10万円を返してもらって、自分が貸している10万円を返してほしいと申し出た。Ｂは、「ダメだ。Ｃは社長の息子だし、仮に返してもらっても全部お前の懐に入るわけだろ。」Ａはどうしたらいいのだろうか。

債権の回収を確実にするためには、債務者の財産状態は気になるところである。債務者の財産状態が悪化したにもかかわらず、債権者が何もできないのでは、確実な債権回収は望めない。そこで債務者が債務を履行するだけの財産（これを責任財産という）を保持するように、債権者が債務者の有する権利を債務者に代わって行使できる権利が認められている。これが債権者代位権である（民法423条）。したがって、事例3-11 のＡはこの権利を行使して、Ｂに代わってＣ

に対しBから借りているお金を返済するように請求することができる。もっとも、社長の息子であるCに対しては、Aでさえも返済請求は難しいかもしれないが。この債権者代位権は、債務者が有する債権(第三者に金銭を貸付けている場合の貸金債権等)であるが、扶養請求権等のその債務者の一身専属権、給料債権の差押え禁止部分等の「差押えを禁止された権利」等は除かれる。そしてその行使には、債権者の債権の弁済期が到来していることが必要とされる。また、AからB、BからCと土地が譲渡されたにもかかわらず登記がいまだにAにある場合、BがAに対して持つ登記請求権をCが代位行使することができる(債権者代位権の転用、423条の7)。この債権者代位権の転用の事例の場合、Aが自身の不動産登記を確保することが目的でありBの財産状況は関心の対象外であるから、債務者Bが無資力であることは、代位権行使の要件とはならない。

● 債権者取消権

> 事例3-12　事例3-11のBが、部下であるAには借金を返済したくないと思い、Cに対する10万円の債権をDに譲渡してしまった場合、Aはどのように対処すればよいであろうか。

　民法は424条において詐害行為取消請求を定め、債務者が債権者を害することを知って行った法律行為(詐害行為)の取消しを裁判所に請求できる。したがって 事例3-12 では、Aは借金を返してもらうためにBの債権譲渡を取消すことを裁判所に請求できる。そのためには、Aが守ろうとする自身の債権が金銭債権であること、及び債務者Bが無資力であることが必要である。そしてこの債権者取消権は、債権者代位権とは異なり、一旦なされた法律行為を無効にするのであるから、裁判所に請求することが必要とされる。

　事例3-12 においてAとDとは他人である(契約関係にない)から、AはDに対して債権を主張できないように思われる。しかし、Bが無資力であることから、「債権の対外的効力」が発生する。Bは返済ができなくなることを知りつつ自身のCに対する債権をDに譲渡したのであり、仮にAが貸金返還訴訟を起こして勝訴しても、裁判の被告がBである以上、差押え可能な財産はBの財産だけであり、Dに対しては効力がない。そこで、Bが自身のCに対する債権をDに譲渡することでAへの弁済が難しくなることを知っていたときは、AはBD間

の売買を取消すことができる。但し、D（受益者）がBの債権を買い取ったときにAを害するという事実を知らないときは、取消しはできないし、Dはその債権を買受けた後にAを害することを知っていたときも、Aはその債権の売買を取消すことはできない（詐害行為取消請求をするには、B及びD双方に悪意が必要とされる）。

### (4) 多数当事者間の債権関係

> **事例3-13** AとBとが共有している土地を2000万円でCに売った。しかし、お金に困っているAはCに対して全額を自分に支払ってほしいと言った。こんなことは可能であろうか。

複数人が債権債務の関係に立つ場合を多数当事者間の債権関係というが、特に意思表示がないかぎり、各債権者・債務者は平等の割合で権利を有し、義務を負う。これを分割債権・債務という。**事例3-13**においては、AとBとは平等にCに対して1000万円の債権をもつことになるし、逆に、CはAとBとに対して1000万円ずつの債務を負うことになる。したがって、AはCに対して全額支払ってほしいと請求することはできないのである。また、例えばCがAとBとに土地を売った場合、CはAとBとに分割債権をもつことになるが、CはAに土地代金の全額を請求することができない。Bが資力不足で支払うことができない場合、いくらAが裕福であるとしても分割債権の等分割合の範囲でしか請求ができないのである。

一方、このような債権・債務を分割できないような場合もある。例えば、AとBとが共同してCから家を買った場合、家を分割して引渡すことはできないので、例えばAはCに単独で家屋の引渡しを請求することができる。このようにAとBとがCに対してもつ家屋引渡請求権を不可分債権という。逆に、CはA、Bどちらかに家屋を引渡せば、債務を履行したことになるのである。一方、A及びBが共同所有する家屋をCに売った場合、家屋を分割して引渡すことはできないので、例えばAが家屋を引渡せばBの引渡し義務も消滅する。これを不可分債務というが、連帯債務と似ている部分もある。もっとも、連帯債務の絶対的効力（債務者の1人について生じた事由が他の債務者にも影響するという効力）

について一部異なる部分がある。

上述の例のようにAとBがCから4000万円で土地を買ったとする。この場合、代金債務は分割債務であるなら、AとBとがCに対して2000万円ずつの債務を負担することになる。しかしどちらかが資力がなくなればCは債権を回収できなくなるおそれがある。そこで、数人の債務者が同一内容の給付について各自独立して全部を給付する義務を負担するという考え方が生じる。これが連帯債務である。この場合、債務者の1人が全部の給付をすれば全部の債務者の債務が消滅することになる。つまり、Cに対する4000万円の債務は、AとBがそれぞれ独立して支払う義務があり、仮にAがそれを履行したならば、Bの債務は消滅するということである。債権者であるCにとっては、A、Bどちらかに債務の履行を請求すればよいのであるから便利な制度である。しかし、Aが全額を支払った場合には、それに不満がなければいいのであるが、Bが全額債務を免れるのは不公平であるということから、AにはBに対して求償権を行使することができる。つまり、基本的には2000万円Bから返してもらうことができるのである。

> **事例3-14**「俺、高校の先輩のXの連帯保証人になっているんだけど、これって何だ？」Aは真顔で友人のBに聞いた。「そんなの常識だろ。それでその先輩はいくら借金してるんだ。」というBのいくぶん不機嫌な言い方に、「200万円がどうのこうの言っていたけど、それって連帯保証人と関係あるのか？」といらつきながらAは言いかえした。Bは「それお前が返すということなんだけど、わかってるよな？」と言うと、Aは「嘘だろ！先輩はそんなこと言ってなかったぞ」と慌てて、携帯に手を伸ばし、Xのところに電話をかけたが、呼出音が空しく響くだけだった。

債権者が債権回収を確実にする方法としては、物的保証つまり抵当権を設定するという方法があるが、債務者が弁済しない場合に、別に定めた保証人に弁済してもらうという人的担保もよく知られた方法である。このような保証人の債務を保証債務というが、その特徴には次のようなものがある。まず保証債務は債務者の債務を代わって履行するものであるから、債務者と保証契約をするものであると誤解されるかもしれないが、債務者が負っている主たる債務とは別個の債務であり、債権者と保証人との間に結ばれるものである。もっとも、その保証債務は主たる債務と同一であることは当然である。さらに、保証債務

は主たる債務に附従する。つまり主たる債務が消滅すれば保証債務も消滅することになる。これを保証債務の附従性といっている。また、主たる債務が移転すれば保証債務も移転する（随伴性）。そして、保証債務は従たる債務であり、主たる債務が履行されない場合にのみ履行されることになる。このことを保証債務の補充性といっている。この補充性の結果として、債権者が履行を請求してきたら、最初に主たる債務者に請求するようにいう権利が認められることになる。これを催告の抗弁権といっている（民法452条）。しかし催告の抗弁権といっても債務の履行を請求すればよいのであるから、保証人にとってこの権利はそれほど有効なものとなるわけではない。そこで、補充性から導かれるものとして検索の抗弁権がある（民法453条）。この権利を行使すれば、主たる債務者に催告がなされても、保証人が主たる債務者に弁済をする資力があり、かつ、執行が容易であることを証明すれば、債権者はまず主たる債務者の財産について執行をしなければならないことになる。なお、保証人が弁済をした場合には、実質的には主たる債務者の債務を弁済したことになるわけであるから、主たる債務者に求償権を行使することができる。これについては諸種の条件があるが、基本的には自分の支払った分を返還してもらうということになる。

ところで、この保証契約で最も重要なものであり、一般にもよく耳にするのが、連帯保証である。債権者にとっては都合のよいものであるので、実際に行われるのはこの連帯保証が圧倒的に多い。連帯保証は、保証人が連帯して主たる債務者と債務を負担するものであり、通常の保証との決定的な違いは、補充性がないということである。つまり、主たる債務者とは関係なしに、債権者は直接、連帯保証人に債務の履行を請求することができる。したがって、催告の抗弁権や検索の抗弁権が認められないことになる。しかも、債権者は、連帯保証人が何人いても、全額を個々の連帯保証人に請求することができるのである。事例3-14のAは、債権者が200万円を請求してきたら、連帯保証人としてその債務を履行する義務があることになる。しかし、Xに代わって借金を返済することになったとしても、全額をXに求償することができるので、早急にXと連絡をとることが必要である。

### (5) 債権譲渡・債務引受

> **事例3-15** XはAに対し1年後に返してもらう（「1年後を弁済期として」、という）約束で10万円を貸し付けた。ところが、Xは今すぐお金が欲しい状況になったが、弁済期はまだ来ていないのでAに弁済を請求できない。このときXはどのような行動をとり得るのか。

　債権には財産的価値が認められるので、売買や贈与の対象となる。民法466条は債権の譲渡を認め、当事者が債権の譲渡を禁止・制限する意思表示をしたとしても、債権の譲渡は可能である（466条2項）。**事例3-15**の場合、Xは自身がAに対して有している債権を第三者であるYに売却することで、必要となったお金を手にすることが可能となる（債権譲渡）。もちろんこの場合、Yがその債権を10万円で購入してくれるとは限らないが、9万円なら購入してくれるかもしれない。このことによってXは今すぐに9万円の現金を手にすることができるし、Yは1年後にAから10万円の弁済を受けて1万円の利益を得ることができる。それでは、Xが、Aに対して持つ貸金債権をAに無断でYに売却した場合、その債権譲渡は有効であろうか。すなわち、債権者は債務者に無断でその債権を譲渡できるかという問題である。これについては、債権は債務者に断りなく譲渡できる（466条1項は「債権は、譲り渡すことができる。…」としており、特に制限はないからである）。しかし、債務者Aに断りなく譲渡するのであるから、XやYから何らの知らせもない場合、Aは債権譲渡の事実を知らずに10万円をもとの債権者Xに支払って（弁済して）しまう可能性がある。この場合、467条は、「債権の譲渡（…）は、譲渡人が債務者に通知をし、又は債務者が承諾をしなければ、債務者その他の第三者に抵抗することができない」としており、債務者との関係において、XY間の債権譲渡をAに断る必要はないが、そのことをAに主張する（YがAから10万円を支払ってもらう）にはXがAに債権譲渡の事実を通知するか、あるいは債務者Aが承諾しなければならない。したがって、Xが債権譲渡をAに通知していないしAがその承諾をしたという事実もない場合は、Xから債権を買い受けたYはAに対して10万円の支払いを請求できないことになる。

　債権譲渡と並んで債務についてのその移転、つまり債務引受が認められてい

る。債権者と債務者と引受人の間で契約する場合はもちろん、債務者と引受人の間で契約し、債権者の承諾を得るという場合もある。また、債権者と引受人の間での契約でも債務者の意思に反しなければ成立し、最初の債務者と引受人の両方が債務者になる併存的債務引受の場合には、最初の債務者の意思に反してもかまわないとされている。

(6) 債権の消滅

　貸したお金を返してもらったとか、売買契約で、目的物の引渡しと同時に代金を支払ったといったように、債務が履行されると当然に債権が消滅する。この債務の履行のことを弁済といっている。この弁済について、債務者が一方的に行っても債務は消滅しない。例えば売買契約の場合、債権者が目的物を受領しなければならないのであり、債権者の協力がなければ債務は消滅しないのである。そこで債権者が弁済の受領を拒んだ場合には弁済ができないことになるが、民法492条は、「債務者は、弁済の提供の時から、債務を履行しないことによって生ずべき責任を免れる」としている。つまり、民法493条が規定しているように、借金を返済するような場合には、現実に貸主に金銭を持参し提供すれば、債権者が受領を拒否しても債務を履行しないことによって生ずべき責任を免れることになる。もっとも、債権者があらかじめ受領を拒むような場合には、弁済の準備をしたことを通知して受領の催告をすればよいとされている（口頭の提供、民法493条但書）。このように弁済の提供によって債務者は債務を履行しないことによって生ずべき責任を免れることができるのであるが、債権者が受領を拒んだままであると不都合が生じてしまう。そこで、債権そのものを消滅させたい場合には供託制度を利用することができる。供託は、弁済の目的物を供託所に供託するという方法で行われる。例えば、家賃について紛争がある場合に家賃の不払いの責めを負わないようにするために、供託所に家賃を供託するような場合がある。

　弁済については、代物弁済という方法もある。これは、100万円の債務を負っていた場合に、金銭に代えて自己所有の車を給付して債権を消滅させるというものである。もちろん債務者が勝手にやることはできず、債権者の承諾が必要である。この代物弁済は、債務者に限らず、弁済をすることができる者（「弁

済者」、すなわち、債務者以外の第三者）と債権者との間の契約を意味する（482条）。

さらに相殺（そうさい）という方法によって債権を消滅させる方法もある。例えば、AがBに100万円の金銭債権をもっているが、BもAに対して100万円の金銭債権をもっているというような場合、どちらかの一方的な意思表示によって対等額の範囲で債権・債務を消滅させることができる。仮にAがそのような意思表示をしたなら、Aの債権を自働債権、Bの債権を受働債権ということになる。これを認めないと、Aが債務を履行できないような場合にBだけが債務の履行をしなければならないことになり不公平である。ただ、この相殺が認められるには条件がある。これを相殺適状といっており、2つの債権が対立する同種の目的を有することが必要である。また、両債権が弁済期にあることも必要である。ただ、Aの自働債権が弁済期にきていれば、AがBに負っている債務について期限の利益があってもこれを放棄すればいいのであるから、結局、自働債権が弁済期にあれば相殺は可能である。ただ、例えば交通事故で損害賠償義務を負った者が、被害者に債権をもっていたというような場合に相殺を認めることになると、被害者が治療費などに賠償金を充てることなどができなくなることや、そもそも債権をもっている者がその債権回収が困難である場合に、腹いせに債務者への不法行為を行うことを容易にすることから（不法行為にもとづく損害賠償責任は借金で帳消しになってしまう）、このような場合に相殺は禁止されている。このほかいくつかの相殺禁止事項が認められている。

## 2 債権各論

### (1) 契約総論

● 契約の意義

近代市民社会の発生と発展にともなって、人間の自由な意思にもとづく合意による契約が資本主義経済を支える重要な社会的機能を果たしてきた。そこでは、契約は、独立かつ平等な法的人格者として主体性をもつ個人の自由な意思にもとづく合意であり、個人がその意思にもとづき自由に契約を締結して生活関係を処理できることを「契約自由の原則」という。**契約自由の原則**は、私法の三大原則（このほかに所有権絶対の原則、過失責任の原則がある。詳細は第Ⅲ部第1章**1**104頁を参照）の1つで、契約締結の自由、契約内容の決定の自由、契約

の方式の自由、契約締結の相手方選択の自由をその内容としている。しかし、資本主義経済の発展にともなって、経済的弱者は経済的強者との契約に際して、その経済的力に圧迫されて自由な意思決定ができなくなった。それゆえに、経済的弱者を保護し、各人の実質的平等を維持することで自由な意思決定ができるように借地借家法のような特別法にもとづき国家が契約内容等に干渉し、契約自由の原則を制限するにいたっている。

契約は、当事者相互の信頼関係の上に成立している。それゆえに、契約当事者は相互に信頼し合い、その信頼に答えるように行動することが要求される。このような考え方を前提とするのが、**信義誠実の原則**（信義則。1条2項）である。信義誠実の原則が問題となる場合として、事情変更の原則、契約締結上の過失がある。前者は、契約の前提となった事情が著しく変化した場合に、信義則を根拠として新しい事情に対応した契約内容への変更や契約の解除権を認めるものである。後者は、売買の目的物である建物が契約締結日の前日に焼失していた場合のように、本来契約は原始的不能であり、契約の効力は認められない（無効であるがために買主は債務不履行責任も追求できない）のであるが、無効の契約を信頼した買主は不測の損害を被ることになる。それゆえに、信義則にもとづきこのような無効な契約を締結した売主の過失を契約締結上の過失として、無効な契約を有効と信頼したことによる信頼利益の損害に対する損害賠償請求が認められる。

● 契約の種類

民法は、売買、交換、贈与、消費貸借、使用貸借、賃貸借、雇用、請負、委任、寄託、組合、終身定期金、和解の13種類の典型的契約を定めている。これらの典型契約以外にも契約自由の原則から、現実社会ではさまざまな形態の非典型契約が存在している。契約の一般的な形態としては**双務契約**があげられる。この契約は、契約の各当事者が互いに対価的な債務を負担するもので、売主が品物を引渡す義務を負うのに対して買主は代金を支払う義務を負うというものである。典型契約の内、贈与、消費貸借、使用貸借、終身定期金以外のものが双務契約の形態をとっている。他方、一方の当事者のみが債務を負う**片務契約**は、贈与、消費貸借がその例である。双務契約では、片務契約と異なり後述する同時履行の抗弁権（533条）などの適用がある。また、契約は当事者の

意思表示のみで成立する諾成契約の形態と当事者の合意のほかに、一方の当事者が物の引渡し等の給付行為をなすことを成立要件とする要物契約の形態をとる消費貸借、使用貸借、寄託などがある。

● 契約の成立

契約成立には、契約を成立させるに足りる確定的意思表示である**申込**と申込の意思表示に合致する**承諾**が必要とされる。AがBに「この自動車を200万円で買ってくれませんか」と申し込んだのに対してBがAに「買います」と答えることで契約は成立する。申込と承諾については、契約自由の原則から特別の方式を要しない。口頭の申込・承諾でも黙示の意思表示でもよい。

契約の成立時期は、契約の内容を示してその締結を申し入れる意思表示（申込み）に対して相手方が承諾をしたときである（522条1項）。この意思表示は、その通知が相手方に到達したときからその効力を生じ、相手方が正当な理由なくその到達を妨げたときは、その通知は通常到達すべきであったときに到達したものとみなされる。意思表示をした者が通知を発した後に死亡し、意思能力を失っても、申込みが到達すれば効力が生じる（97条）。そして、承諾は、申込が効力を有している期間内になされることが必要である。期間経過後の承諾では契約は成立せず、申込者に対する「新たなる申込」とみなすことができる。申込自体については、申込受領者に承諾するか否かの返答をする義務を生じさせるものではない。

● 契約の効力

契約については、内容が履行可能であり、確定できるもので、適法で社会的に妥当なものであれば、その効力を生じる。その結果として債務者はその債務を履行する義務を負うことになるが、契約上の債務を債務者が履行しない場合には、債権者は強制履行（414条）、損害賠償（415条）ならびに契約の解除（541、543、545条など）ができる。このほかにも、双務契約については特に次のような特殊な効力が認められている。

①**同時履行の抗弁権**（533条）とは、双務契約から生じた相対立する債務の間に履行上の牽連関係をもたせる制度で、売主の負っている目的物引渡義務と買主の代金支払義務のように、双務契約では対立する2つの債務は対価関係にあることから、本来同時になされることが社会生活上当然であるとして同時履行

の関係が認められている。同時履行の抗弁権が行使されると、相手方の債務が履行されるまでは自己の債務の履行を拒絶することができる。その結果、自己の債務の履行を拒むことで相手方の債務の履行を促す結果となる。このことはそれぞれの債務が反対債務を担保する機能を果たしていることになる。従前の担保物権における留置権は、この同時履行の抗弁権と同様な機能を果たすが、留置権は物権であるため、契約を要せずまた債務者以外の第三者に対しても主張できるなどの相違点がある。

　同時履行の抗弁権の**成立要件**としては、同一の双務契約から双方の債権が生ずること、相手方の債権が履行期にあること、相手方が自己の債務の履行又はその提供をしないで履行を請求することである。相手方に対して同時履行の抗弁権を主張できる場合には、相手方は履行請求をして履行遅滞に陥れ損害賠償を請求することはできない。また、相手方が履行の提供をせずに単に催告だけをして解除しても、同時履行の抗弁権を有するものには、その解除は無効となる。

　②**危険負担**の問題とは、双務契約において、一方の債務が債務者の責めに帰することのできない事由によって履行不能となり消滅した場合に、残った他方の債務を履行させるべきかという問題である。例えば、建物の売買契約が成立した後に、地震その他の天災（不可抗力）によってその建物が倒壊してしまった場合、建物を買った者はその代金を支払わなければならないのであろうか。これは、契約時点において一方の債務が履行不能であった場合とは異なり、契約成立の後に履行不能となった場合であり、債務者に責めに帰すべき事由があれば債務不履行の問題になるが、債務者に責めに帰すべき事由が存在しなかった場合、損害賠償請求もできないことになり、建物の購入者には代金債務のみが残ることになる。このように債務者の責めに帰すべき事由が存在しない場合であり、なおかつ履行不能である場合に、その履行不能の危険を誰が負担するのかが危険負担の問題である。民法は、債務者にその危険を負担させている(536条1項)。それゆえ、契約成立後に目的物の履行が不能になった場合、債権者（目的物の買主）はその代金支払い（反対給付の履行）を拒むことができるのであり、債務者（目的物の売主）は、その代金を得ることができないという意味で、その履行不能の危険を負担することとなる。

• 契約の解除

　解除とは、契約が締結されたその後に、当事者の一方が、その単独の意思表示によって有効に成立している契約の効力を遡及的に消滅させ、初めから契約がなかったのと同じ状態に戻すことをいう。売買契約が解除されると、売買契約は当初よりなかったことになり、売主は受けとった代金を返還し、買主は受けとった物を返還しなければならなくなる。また、契約当事者間での合意のもとに契約の効力を消滅させることを**合意解除**といい、賃貸借などの継続的契約関係において将来に向かってのみその効力を消滅させることを解約告知というが、ともに解除として扱われることがある。

>  事例3-16　Yはその所有する不動産をAに売却した。
>  ①契約締結の前日にその不動産が滅失した場合、その契約は有効か。
>  ②契約締結の翌日（引渡し前）にその不動産が焼失した場合、その契約は有効か。

　事例3-16の①、及び②の場合、いずれも契約自体は有効となる。民法は当事者の合意を重視するので、目的物が滅失したことで契約自体が無効になることはない。しかし契約が有効である場合、目的物が滅失してしまったのにAの代金支払債務が残ることになる。このときAはどのような対抗手段をとることができるのか。まず、Yに対して履行に代わる損害賠償の請求をすることが考えられる。しかし、損害賠償を請求するにはYに責めに帰すべき事由があることが必要であり、滅失の原因が自然災害等の不可抗力である場合、その損害賠償の請求は困難となる。また、Yによる不動産の引渡し等の債務の履行が不能になったので、Aによる履行請求権は消滅する（412条の2第1項）。したがってAは、賠償請求もできないことになるから、買主Aから売主Yに対する債権は存在せず、Aの代金債務だけが残ることになる。この点について危険負担の観点からは、Aの代金債務の支払い拒絶権が認められる（536条1項）が、債務そのものが消えるわけではない。そこで民法は、既に契約の目的（「その不動産（建物等）に住みたい・使用したい」等の目的）を達することができなくなったAをその売買契約から解放する手段として、契約の解除という考え方を用意している。したがって、契約の解除は、債務者に帰責事由がないときでもすることができるし、債務者に帰責事由があるときであっても、その債務者との手切

れの仕組みともなり得る。

　民法の規定によって解除権が発生する法定解除は、相手方の債務不履行等を理由とする場合が多いが、個別的に法定解除権を認める場合もある（例えば564条等）。不動産の買戻の特約、当事者が契約によって解除権を留保した場合を約定解除権という。

　当事者の一方がその債務を履行しない場合において、相手方が相当の期間を定めてその履行を催告し、その期間内に履行がないときは、相手方は契約を解除できる（541条　催告による解除）。ここにいう催告は、「期日までに履行しなければ契約を解除する」という通告を意味し、契約を解除する前提として相手に契約の履行の最後の機会を与えることを意図している。また、催告に対して債務者が応答しないことにより、債権者が契約を維持することへの期待や利益を失うことにもなる。この通告による解除は、契約の目的を達成することができないとまではいえなくても、その債務の不履行が軽微なものでなければこれをすることができる。事例3-16 の場合、契約の目的物（不動産）は既に滅失しており、契約をした目的を達することはできないため、Aは催告をせずに契約を解除することもできる。

　542条1項は、①債務の全部の履行が不能であるとき、②債務者がその債務の全部の履行を拒絶する意思を表明したとき、③債務の一部が履行不能である、あるいは債務者が履行する意思がないことを表明した場合に、残存部分のみでは契約の目的を達することができないとき、④契約の性質や当事者の意思により、特定の期間内に履行をしなければ契約の目的を達することができない場合に、債務者が履行をしないでその期間を経過したとき、及び⑤その他、債務者がその債務の履行をせず、債権者が催告をしても契約の目的を達するのに足りる履行がされる見込みがないとき等の事情があることによって債権者が契約の目的を達成することができない場合に、上述の催告をすることなしに直ちに契約を解除することができると規定する。例えば事例3-16 の場合、契約の目的物が滅失しているため、「債務の全部の履行が不能であるとき」（1号）に当たり、Aは履行不能による無催告解除が可能となる。また、542条2項は、①債務の一部の履行が不能であるとき、あるいは②債務者がその債務の一部の履行を拒絶する意思を明示したときは、契約の一部を催告なしに解除できる旨を規定し

ている。

　目的物の買主である債権者は、自身の責めに帰すべき事由により履行が不能になった場合、その契約を解除することはできない（543条）。帰責事由のある債権者を契約の拘束力から解放するのは好ましくないといえるからである。そのため、債権者は代金支払いを拒絶できず（536条2項前段）、契約を解除することもできないので、売主である債務者からの代金支払い請求に応じなければならない。

> **事例3-17**　Yは、自身が所有するリンゴ畑をAに売却し、その代金を受領した。しかし、そのリンゴ畑に契約不適合があったため、Aはこの契約を解除した。
> ① 買主Aは、売主Yに代金の返還を請求できるか。またYはその土地の返還を請求できるか。
> ② Aは、Yに利息の請求をすることができるか。またYはAからその畑の引渡しを受けた後に収穫したリンゴの引渡しを請求できるか。
> ③ Yに、その責めに帰すべき事由がある場合、AはYに損害賠償の請求をすることができるか。

　解除は、相手方に対する単独の意思表示によってなされるが、一旦した解除の意思表示は撤回できない（540条）。解除権が行使された場合、その契約は契約の当初に遡って無効となり（解除権の遡及効）、各当事者は、第三者の利益を損なわない限り、その相手方を現状に回復させる義務を負う。この場合、金銭を返還するときは、その受領の時からの利息を付さなければならないし、金銭以外のものを返還するときは、その受領の時以降に生じた果実も返還しなければならない。そして解除権の行使は損害賠償の請求を妨げない（545条1項～4項）。よって、①買主Aは売主Yに対して代金の返還を請求することができ、YもAにその土地の返還を請求でき、②AはYが金銭を受領した時からの利息を請求でき、Yは土地引渡し後に収穫したリンゴの引渡しを請求でき、そして③Yに責めに帰すべき事由がある場合、Aは損害賠償を請求できる。なお、③の場合、解除権の行使によってYとAとの間に契約関係はなかったことになるので、AがYに損害賠償請求できる根拠は不法行為になるとも考えられるが、解除前に売買契約があったのであるから、その損害賠償の根拠は不法行為に求めるのではなく、解除後もそれまでに生じていたYの債務不履行による損害賠

償責任（415条）を存続させたのであり、その意味で、541条4項は、損害賠償のレベルで解除の遡及効を制限したということもできる。

(2) 契約各論

民法は、売買、交換、贈与、消費貸借、使用貸借、賃貸借、雇用、請負、委任、寄託、組合、終身定期金、和解の13種類の典型的契約を定めている。

- 贈与（549～554条）

贈与とは、ある者（贈与者）が相手方（受贈者）に無償で財産権を与える契約である。贈与は片務、不要式の諾成契約である。書面によらない贈与は、履行が終わらない間はいつでも解除することができる。解除により贈与は初めから無効なものとなる。履行があったかどうかは、動産については引渡し、不動産については登記だけで履行が終わったものとなる。贈与が成立すれば、贈与者は債務の本旨に従って財産権の移転義務を受贈者に対して履行しなければならなくなる。

- 売買（555～578条）

売買とは、金銭と財産権とを交換する双務、不要式の諾成契約である。売買における反対給付は金銭に限られている。そうでなければ交換になる。他方、売買の目的となる財産権は、他人に帰属するものでもよく、将来発生する財産権でもよい。

①売買の効力　売買契約の成立により、売主ならびに買主は一定の債権債務をもつことになる。売主は、売買の目的たる財産権の移転を買主に対して完全に行う義務がある。また、売買における果実収取権の移転時期が目的物の買主への引渡し時となっている（575条1項）ことから、売主は引渡しまでの果実を買主に引き渡す必要がない。

②売主の義務

> **事例3-18** 売買契約において、引渡された売買の目的物の種類、品質、又は数量に契約不適合があった。
> ① 買主は、これにより生じた損害賠償の請求をすることができるか。
> ② 買主は、売買契約の解除をすることができるか。

①について、売主に責めに帰すべき事由があるときは、買主は売主に対して債務不履行を理由として損害賠償を請求できる。②について、債務不履行が軽微でなければ催告解除を、契約をした目的を達することができない等の事情があるときは無催告解除をすることができる（541条、542条）。その際には、債務の不履行について買主に帰責事由のないことが必要である。

> **事例3-19** 事例3-18の場合に、以下のことはできるか。
> ① 買主は、売主に履行の追完を請求できるか。
> ② その契約不適合について、買主に責めに帰すべき事由があるときはどうか。
> ③ 買主が、代替物の引渡しを請求した場合、売主が、引渡した目的物の修補をすることができるか。

①について、買主は、売主に履行の追完を請求できる（562条）。これは、履行はあったが不完全な場合に、買主に認められる権利である。民法は、目的物の種類、品質、又は数量に契約不適合があった場合、買主に追完請求を認めている。これは、売主に契約の内容に適合する物の給付義務があることの裏返しである。追完請求には、（ⅰ）目的物の修補、（ⅱ）代替物の引渡し（代替物のない場合には不可能）、及び（ⅲ）不足分の引渡し（数量の不足の場合）がある（562条1項本文）。②について、買主に責めに帰すべき事由があるので、追完請求はできない（562条2項）。例えば目的物の品質の劣化について買主に帰責事由がある場合、その劣化のリスクは買主自身が負担すべきと考えられることによる。③について、売主にも追完権があるので、引渡した目的物の修補をすることができる。買主に不相当な負担を課することがないときには、売主は、買主が請求した方法と異なる方法による履行の追完（この場合は修補）をすることができる（562条1項但書）。

> **事例3-20** 事例3-18の場合に、以下のことはできるか。
> ① 買主は、売主に代金の減額を請求できるか。
> ② 売主に責めに帰すべき事由がないときはどうか。
> ③ 買主に責めに帰すべき事由があるときはどうか。

①について、買主は代金の減額請求をすることができる（563条1項）。これは、不完全な履行をそのまま受け入れ、その履行が契約の内容に適合しないので、

その給付とのバランスをとるため、代金の減額を求めるものである。②について、売主に帰責事由がなくても、減額請求は可能である。減額請求には契約の一部解除の実質がある。この減額請求は、買主が目的物のうち契約不適合であった部分の代金支払債務を消す手続であり、その仕組みには解除の制度との類似性がみられる。代金の減額請求は、相当の期間を定めた追完の催告のうえで、これ（減額請求）を行うことが原則である（563条1項）。この催告は、売主の追完への期待を保護することがその目的であり、売主は追完をすれば約定の代金を請求できるので、催告によりその機会を与えることを意味している。しかし、（ⅰ）履行の追完が不能であるとき、（ⅱ）売主が履行の追完を拒絶する意思を明示したとき、（ⅲ）契約の性質や当事者の意思により、一定の期間内に履行しなければ契約をした目的を達することができない場合において、売主が履行の追完をしないでその時期を経過したとき、及び（ⅳ）その他買主が催告をしても履行の追完を受ける見込みがないことが明らかなときは、売主の追完が不能である又は期待できないため売主への追完権への配慮を要しない場合であり、無催告で減額請求できる（563条2項）。③について、買主に帰責事由があるときは、買主は代金の減額請求をすることはできない（563条3項）。例えば目的物の品質の劣化について、買主に帰責事由がある場合、そのリスクは買主が負担するべきと考えられることによる。

> **事例3-21** 売主が移転した権利に契約不適合（権利の一部が他人に属する場合においてその権利の一部を移転しないときを含む）があった場合、責めに帰すべき事由のない買主は、①損害賠償又は解除、②追完請求、あるいは③代金の減額請求をすることができるか。

　この場合、帰責事由のない買主は、①～③のいずれの請求もすることができる（565条）。但し、損害賠償請求をするためには、売主の責めに帰すべき事由があることを要する。

- 交換（586条）

　交換は、金銭以外の財産権を当事者間で移転することである。双務、有償、不要式の諾成契約である。

- 消費貸借（587～592条）

　消費貸借は、金銭その他の代替物ないしは消費物を借りて、これを消費した

後、同種、同等、同量のものを返還することを目的とする要物、片務、不要式の契約である。消費貸借契約が書面でされる場合には、諾成的消費貸借契約として、借主は貸主から金銭その他の物を受け取るまでは、損害を賠償して消費貸借契約を解除できる（書面でする消費貸借契約、587条の2第1項、2項）。

今日の社会では、サラ金などの庶民の小口金融のような金銭の消費貸借が圧倒的な数で行われている。いわゆるローンやサラ金などについては特別法の規定によりさまざまな規制がなされている。

● 使用貸借（593～600条）

使用貸借は、他人の物を対価を支払うことなく使用収益してこれを返還する契約で、無償、要物、片務の契約である。無償であるため、借主に認められる権利も賃貸借におけるものに比較すると著しく弱いといえる。

● 賃貸借（601～621条）

賃貸借は、賃貸人が相手方たる賃借人にある物を使用収益させ、これに対して賃借人が使用収益の対価として賃料等を支払う双務、不要式の諾成契約である。賃貸借は、借主が目的物の処分権を取得せず、借りた物自体を返還すべき点で消費貸借と異なっており、また対価を支払う点で使用貸借とも異なる。

賃貸借契約により、賃貸人は賃借人に目的物を使用収益させる義務を負い、また賃貸物の使用収益に必要な修繕義務を負っている。それゆえに、賃借人が賃借目的物につき賃貸人が負担すべき必要費を支出したときは、賃貸人に対してただちに費用の償還請求ができるし、賃借人が有益費を支出したときは、賃貸借終了のときに、その価格の増加が現存する限りで、増加額分を賃借人に償還しなければならない。不動産、特に家屋の賃貸借で、賃借人が賃料その他の債務を担保するために賃貸人にあらかじめ差し入れる金銭を「敷金」という。民法では、「いかなる名目によるかを問わず、賃料債務その他の賃貸借に基づいて生ずる賃借人の賃貸人に対する金銭の給付を目的とする債務を担保する目的で、賃借人が賃貸人に交付する金銭」と定義し（622条の2）、賃貸人は、賃貸借が終了し、かつ賃貸物の返還を受けたとき、又は賃借人が適法に賃借権を譲り渡したときには、受け取った敷金の額から賃貸借に基づいて生じた賃借人の賃貸人に対する金銭の給付を目的とする債務の額を控除した残額を、賃借人に返還しなければならないとしている（同条）。そのため、不動産の賃貸借に

おいて賃借人が退去する際（賃貸物の返還の際）に家賃等の滞納があれば、敷金から滞納分の家賃が差し引かれた残りの額が返還される。なお、賃貸人が賃料等の債務に敷金を充当することは自由だが、賃借人がその充当を求めることはできない（622条の2第2項）。債務者たる賃借人が担保を減少させることはできないという趣旨である。

　賃貸借契約においては、賃貸人は、賃借人に賃料を支払ってもらう権利とともに、目的物を賃借人に使用させる義務がある。そのために、賃貸人には、賃貸物の使用・収益に必要な修繕をする義務がある（606条1項）が、賃借人が賃貸物について費用を支出した場合、賃借人は、①必要費（建物の修繕等、モノの維持〈保存〉・管理に必要な費用）については直ちに償還請求でき、そして②有益費（改良等、モノの価値を増加させるために費やされた費用）については賃貸借契約終了のときに、民法196条2項の規定に従って償還請求できる（608条）。

　賃借人は、目的物を使用して収益を得る権利を有するが、賃料を支払う義務がある。また、賃借人は、賃貸人から了解を得れば、自身の賃借権を譲渡・転貸することができるが、了解を得ずに第三者に賃貸物を使用・収益させたときは、賃借人はこの賃貸借契約を解除することができる（612条）。裁判所は、無断転貸であっても、それが賃貸人と賃借人との間の信頼関係を破壊する背信的行為と認められない場合については、単に承諾がなかっただけでは解除権の発生を認めることはできないとしている（最判昭和28年9月25日民集7巻9号979頁）。そして賃貸借契約が終了したときは、賃借人は、賃借物の使用収益によって生じた損傷を、経年変化を除き、現状に回復する義務を負う（**原状回復義務**、621条）。賃借人は、賃貸借契約終了のときまで、善良な管理者としての注意をもって目的物を補完する義務を負う（**善管注意義務**）。

　**不動産賃借権**は、本来債権（「売買は賃貸借を破る」の法諺が生きる）であるにもかかわらず、民法605条により登記をすることで対抗力を認められたが、賃貸人には登記に応ずる義務がないことから賃借人には登記請求権がなく、現実には物権化をはかれない状況となっていた。それゆえに、借地借家法では、借地の場合は借地上に登記した建物を所有する場合（借地借家法10条1項）、借家の場合には、その借家の引渡しを受けたこと（借地借家法31条1項）などの方法により、借地人を積極的に保護し、賃借不動産の所有権が第三者に譲渡されても

対抗力を認めている。現行民法では、賃借権の対抗要件を備えていれば、賃貸不動産の譲渡とともに、不動産賃貸人の地位も譲受人に当然に移転するとされている（605条の2第1項）。さらに、譲渡人と譲受人の間で賃貸人たる地位を譲渡人に留保する合意をすることができる（同条2項前段）。

賃貸借は、期間の定めがある場合は期間の満了により終了する。目的物の使用収益の不能も賃貸借の終了をもたらすが、当事者が死亡した場合は、賃貸人・賃借人のそれぞれの地位は相続によって承継される。

● 雇傭（623〜631条）

雇傭とは、当事者の一方が相手方に対して労務につくことを約束し、相手方がこれに対して報酬を与えることを約束する契約である。もっとも、現実の労働契約は、特別法である労働法により大幅な修正を受けている。

● 請負（632〜642条）

請負とは、当事者の一方の請負人が仕事の完成を約し、相手方たる注文者がその仕事の結果に対して報酬を支払うことを約することで成立する契約。請負は、仕事の完成そのものを目的とする双務、不要式の諾成契約である。

現行民法では規定のない仕事が未完成の場合における請負人の報酬請求権について、①注文者の責めに帰することができない事由によって仕事を完成することができなくなったとき（634条1号）、②請負が仕事の完成前に解除されたとき（同条2号）において、請負人がすでにした仕事の結果のうち可分な部分の給付によって注文者が利益を受けるときは、その割合の限度で請負人が報酬請求できるとした。また、請負人の担保責任について、売買における売主の契約不適合責任に関する一般規定（562条以下）が準用される（559条）。現行法636条を除く請負人の担保責任に関する規定は削除された。

請負人の担保責任に関する期間制限は、「注文者がその不適合を知った時から1年以内」の「通知」義務とされている。

● 委任（643〜656条）

委任とは、委託を受けて他人のために事務を処理することを目的とする契約であり、一定の事務処理をするだけで労務自体の供給ではない点で雇傭と異なり、仕事の完成を目的とするものでない点で請負と異なる。

- 寄託（657〜666条）

寄託とは、当事者の一方がある物を補完することを相手方に委託し、相手方がこれを承諾することによって成立する諾成、無償、片務契約である。

- 組合（667〜688条）

組合とは、2人以上の当事者が出資をして共同の事業を営むことを約することで成立する契約である。

- 終身定期金（689〜694条）

終身定期金契約とは、当事者の一方である定期金債務者が、自己、相手方たる定期金債権者又は第三者の死亡に至るまで、定期に金銭その他の代替物を相手方又は第三者に給付することを約することで生ずる契約である。

- 和解（695〜696条）

和解とは、当事者がお互いに譲歩して、その間に存在する争いを止めることを約する契約である。これによって新たな法律関係が創造され各当事者の権利義務の内容が決定される。

(3) **事務管理**（697〜702条）

- 事務管理の意義

義務なくして他人に頼まれたわけでもないのに、他人の救護活動や修繕・治療行為などの利他的行為をボランティア的に行う場合に、社会生活における相互扶助への法政策的配慮から一定の法律効果を与えるのが事務管理である。もっとも、むやみに他人の事務に干渉することは本来は不法行為になることから、法的効果が発生する事務管理とされるのは、その要件に合致する場合に限られることになる。それゆえに、要件に適合しない事務処理の場合には、**非債弁済**（後述の債務がないのに弁済した場合。705条）となり、有益費用の償還も、現存利益の返還も認められないことになる。

- 事務管理の要件

事務管理として成立するためには、まず他人の事務を処理すること、法律上の義務がないこと、他人のためにすること、最後に本人のために不利益なこと又は本人の意思に反することが明白でないこと、があげられる。要件の中で特に他人のためにする意思があって初めて、他人の生活領域への干渉が正当化さ

れ、一定の法律効果が与えられるのである。そして、この他人に事実上の利益を帰属させようとする意思があっても、行為時において、当初から事務の管理が本人に不利か、本人の意思に反することが明白な場合は、事務管理は成立しないのである。

- 事務管理の効果

　事務管理が認められると、対内的効果として、他人の権利を侵害することがあっても、行為の違法性を阻却され、損害賠償義務は負わなくなる。もし、事務管理者が事務管理の方法を誤ることによって本人に損害を与えたときは、債務不履行として損害賠償責任を負うのである。また、事務管理が成立すると、管理者は事務の性質に従って最も本人の利益に適した方法で管理する義務を負うことになる。さらに、善良なる管理者の注意をもって事務を管理することが要求される。この義務に違反したときは、**債務不履行責任**となる。もっとも、本人の身体・名誉又は財産に対する急迫の危害を免れさせるためにした事務管理については、注意義務が軽減されている（緊急事務管理698条）。そして、事務管理者は、事務管理の開始を遅滞なく本人に通知する義務を負い、一旦管理行為を開始した以上は、本人等が管理できるようになるまで管理を継続する義務を負うことになる。また、管理者は、委任の規定における受任者と同様な**計算義務**（645～647条；701条）を負うことになる。

　これに対して、本人については、事務管理者が支出した費用、有益費も含めて償還する義務を負う。管理行為が本人の意思に反してなされた場合には、不当利得の返還義務の範囲にまで縮小される。もちろん、事務管理については、特別法に定めがある場合を除き、管理者の**報酬請求権**を認めていない。また、対外的な法律行為の効果は事務管理者に帰属する。管理者が自己の名で法律行為をした場合には、その効果は本人に及ばない。管理者が代理人として法律行為をした場合でも無権代理としてその効果は当然には本人に及ばない。

(4)　**不当利得**（703～708条）

- 不当利得の意義

　法律上の原因なくして他人の財産もしくは労務によって受けた利益のことを不当利得という。**不当利得**は、損失者の犠牲により利得者が不当な利益を得た

ものであるから、受けた利益を損失者に返還することによって公平の理念に合致するものとなる。それゆえに、損失者は、利得者に対して**不当利得返還請求権**をもつことになる。このような債権発生の原因を承認した制度が不当利得制度である。具体的には、制限能力、詐欺、強迫を理由とする取消しにより、遡及的に無効となった場合に、すでになされた給付が不当利得として返還請求の対象となるような場合である。

- 不当利得の成立要件

他人の財産又は労務によって利益を受けたという**受益**とそのために他人に損失を与えたという**損失**とが存在し、これらの受益と損失との間に因果関係が存在することが必要である。さらに、法律上の原因がないことも要件となる。受益と損失との間の因果関係ついては、直接の因果関係であることを必要とせず、因果関係の有無は公平の観念から社会通念によって判断されるものであればよい。また、法律上の原因がない場合については、正義公平の理念から利得者の元に利益を残存させておくことが、不当不公平と考えられる場合である。債務消滅後の支払の場合や売買契約が無効あるいは詐欺等により取消された場合などがその例である。

- 不当利得の効果

不当利得の効果は、財物の移転のもととなる法律関係が法的基礎を欠くことから、受領者たる不当利得者が、損失者に対して財物の返還義務を負うことである。この返還義務については、善意・悪意でその範囲が区別されており、悪意者の場合には、善意者よりも広く受けた利益を全部返還しなければならないのみならず、その利益に利息を付けさらに損失者に損害があれば、その損害も賠償することになる（704条）。

- 不当利得の特則

債務が存在しないのに債務の弁済をなした場合には、本来は法律上の原因を欠き不当利得返還請求権の行使が可能なはずである。しかし、民法は705条（債務の不存在を知ってした弁済）、706条（期限前の弁済）、707条（他人の債務の弁済）の3条を設けて例外としている（**非債弁済**）。特に705条の狭義の非債弁済は、債務が存在しないこと、弁済として給付がなされたことのほかに、弁済者が債務の存在しないことを知っていて任意に弁済したという要件が必要とされてい

る。債務の不存在を弁済者が知っている以上、不当利得として返還させる必要はないのである。

　**不法原因給付**（708条）とは、自ら不法な行為をしておきながら、それが法律上無効なことを理由に自己の損失を取り戻すことはできないとして返還請求を否定する規定である。英米法のクリーン・ハンズの法理にもとづくもので、民法90条の公序良俗規定と表裏をなす規定である。違法行為者からの返還請求を否定することによって違法行為の結果の回復を拒否し、違法行為の抑止を狙った規定であるから、返還請求を認めるべきでないと思われる場合には、広く適用すべきである。もっとも、違法性が給付した側だけでなく受益者にもある場合は、双方の違法性を比較して、受益者側に圧倒的な違法性がある場合には、給付者に違法性があっても返還請求は認められる（708条但書）。

## (5) 不法行為（709～724条）
● 不法行為の意義

　現代社会において生活していれば、予期しないできごとで損害を被ったり、逆に他人に損害を与えたりすることがある。自己の不注意から自動車の運転を誤り、他人に傷害を負わせたりするような場合、特別刑法上の過失運転致死傷罪（平成25年成立の自動車運転処罰法）が成立するほかに行政上の責任として運転免許証の取消や停止がともなうことがあるが、民法上も被害者に対して加害者は不法行為による損害賠償の義務を負うことになる。このように、加害者たる人が故意又は過失による行為で、被害者に損害を与えた場合に、加害者がその損害を賠償する義務を負うとして被害者と加害者の間に契約がないにもかかわらず債権債務の関係を発生させる法律要件が不法行為である。不法行為は、損害の填補ということで被害者の救済を図る制度であり、取引法と表裏一体の関係にあり民法上の権利保護に大きく貢献している。取引法における債務不履行も不法行為と同様に違法行為であって損害賠償義務を発生させるが、現実の事件では両者の請求権が競合する場合が存在する（**請求権の競合**）。

　不法行為では、「過失なければ責任なし」の**過失責任主義**が原則となっている。また、人は自己の行為の結果についてのみ責任を負い、他人の行為の結果については責任を負わされることはない**自己責任の原則**も不法行為の原則となって

経済活動の発展を支えてきた。しかし、資本主義経済が高度に発達した今日の社会においては、科学技術の発達にともなって、本質的に事故発生の危険性を内在している高速度交通機関や有害ないしは危険を内包した企業活動が市民生活のなかに入り込んできた。そこでは、きわめて複雑で高度に技術的な機械のわずかな欠陥や高度に組織化された末端の些細な不注意によって大きな事故が発生しかねない。自動車の欠陥にともなう事故、原子力産業における事故、食品等の製造工程での異物の混入による事故などについては、過失の立証自体が困難を極め、また自己責任の原則では、末端作業員のミスによる場合には、たとえその企業の事業活動の一環であっても企業そのものへの責任追及は困難となる。それゆえに、近年では自己責任の原則や過失責任主義そのものを修正ないしは否定して、利益あるところに損害もありとする**報償責任主義**や自ら危険を作り出した者は、その結果についても責任を負うべきであるとする**危険責任主義**の考え方にもとづいて、平成6年に成立した製造物責任法（製造物の欠陥、被害の発生、因果関係の立証のみで足る）などの立法ならびに解釈の面でも**無過失責任主義**を採用するようになってきている。このような社会的動向を受けて、被害者の損害填補を確実なものとし、同時に加害者の負担を少なくするための制度として生命保険や災害保険などの保険制度が拡充されてきた。

● **一般的不法行為（709条）**

　不法行為には、民法709条の一般的不法行為とこれとは異なる特殊の要件によって成立する特殊的不法行為とがある。**特殊的不法行為**には、責任無能力者の監督者責任（714条）、使用者責任（715条）、土地工作物責任（717条）、動物占有者の責任（718条）がある。これらについては、一般的不法行為における自己責任の原則を修正し、直接に自己の加害行為にもとづかない他人や物の加害行為であっても責任を負うことになる従属責任である。また、一般的不法行為における過失責任主義を修正して、加害自体の発生に対する直接の故意・過失を要件としていないことから、一種の無過失責任を規定している。もっとも、工作物責任（717条）以外の規定は、過失を要件としつつも、その立証責任を転換しているといえることから、過失責任と無過失責任との間の**中間責任**と理解されている。さらに、個人責任の考え方から分割責任を原則とする一般的不法行為と異なり、共同不法行為（719条）は、共同不法行為者各人につき全額

の連帯債務を認めている。これらの特殊的不法行為は、いずれも被害者保護の観点から加害者の責任を加重したものである。

- 一般的不法行為の成立要件

　責任能力のある者が、故意又は過失によって、他人の権利もしくは利益を違法に侵害し（違法性の存在）、その行為によって（因果関係論）損害を発生させたこと（損害の存在）によって不法行為が成立する。

　**責任能力**とは、自己の行為が違法なものとして法律上非難されるものであることを弁識できる能力である。特に、未成年者については、責任能力がない場合につき賠償責任を負わないと規定している（712条）。また、精神上の障害により責任能力を欠く状態（心神喪失）で他人に損害を与えた場合には、損害賠償の責任を負わないと規定する（713条）。もっとも、一時的に発作や薬物により心神喪失の状態に陥り不法行為をなした場合も、原則としては責任を負わないが、自ら故意・過失によりそのような状態を招いたとき（原因において自由な行為）には、加害者は責任を負うことになる。

　過失責任主義では故意・過失の存在が問題となるが、過失責任主義とは、そもそも故意をも含んだ広い概念で、行為者の意思に非難すべき点が必要である。故意とは、結果の発生を認識しながら、これを容認して行為に出る心理状態のことで、過失は、従来結果発生を認識すべきであるのに不注意により認識しなかった心理状態を指すとされてきたが、近年では心理状態ではなく、結果予見義務と結果回避義務とを前提とする注意義務違反であると理解されている。

　**違法性**の存在については、民法709条は権利侵害をその要件としているが、通説は権利侵害をより広く違法性と読み替えている（この考え方に対しては有力な反対説として権利拡大説、新違法性理論がある）。そこでは、権利侵害がなくても、加害行為に違法性があれば不法行為は成立することになる。

　**因果関係**とは、加害行為と損害の発生との間に原因と結果との関係があることである。このような因果関係は、「風が吹けば桶屋が儲かる」式の事実的ないし自然的因果関係として要求するのではなく、因果関係の存否を予見可能性によって判断する債務不履行における民法416条の相当因果関係を要求するものと理解されている。また、民法709条は損害の発生もその要件としており、損害には財産的損害のほかに非金銭的な精神的苦痛などの精神的損害に対する

賠償である**慰謝料**も含まれるとされている（710、711条）。損害は、その発生が確実であれば将来の損害も賠償の対象になる。さらに、公害事件のように権利侵害が継続する場合には、侵害行為の差止請求権（723条の名誉毀損の場合は別として、差止請求の根拠条文そのものは存在しない）を認めることも可能である。

- **責任無能力者の監督者責任（714条）**

加害者が、責任能力のない未成年者や心神喪失者であるとき、本人は損害賠償責任を負わないため、これらの者の親権者（監督義務者）や監督義務者に代わって監督する幼稚園の教諭など（代理監督者）のような監督義務を負う者に損害賠償責任を負担させることで被害者を救済したものである。

監督者責任を認めるためには、加害行為につき責任能力の点以外については一般的不法行為の要件を充足することが必要である。さらに、監督義務者が義務を怠らなかったこともしくはその義務を怠らなくても損害が生ずべきであったことの立証がないことである。この立証責任は、監督義務者が負うことになり被害者に有利なものとなっている。もっとも、民法714条の反対解釈からは、監督義務者がこの立証を果たしたときには常に責任を免れるようにも解釈できるが、判例（最判昭和49年3月22日民集28巻2号347頁）は、監督義務者の監督上の過失と損害発生との間に因果関係があれば、709条の一般的不法行為にもとづき損害賠償責任を負うとしている。

- **使用者責任（715条）**

他人を使用している者は、その被用者が事業の執行に際して第三者に損害を与えた場合にその損害につき賠償する責任を負うとするものである。他人を使用することによって、使用者が自己の活動範囲を拡大させ利益を収める可能性を増大させたことに対応して、それにともなって生ずる損害もまた負担すべきだとする公平の原則にもとづく**報償責任の法理**によるものである。これにより、被用者より資力のある使用者からの賠償を確実なものにし、被害者の保護を図ったものである。企業活動の活発化した今日の社会では、企業責任の問題が発生しており、民法715条はその根拠となっている。使用者責任の成立要件としては、使用ならびに被用の関係があること、事業の執行につきなされたこと、第三者に損害を加えたこと、被用者の行為が民法709条の一般的不法行為の要件を具備していること、使用者が民法715条但書の主張・立証をしないことで

ある。この要件のうち、被用者の行為が民法709条の一般的不法行為の要件を具備していることが求められていることから、使用者責任は使用者の自己責任ではなく、被用者の不法行為についての代位責任であると理解されている。しかし、このような理解は、使用者たる企業から被用者たる従業員への**求償請求**を許すことになり妥当とはいえない。それゆえに、被用者が企業の一部として行為していると把握して、判例は損害の公平な分担の見地から信義則上相当と認められる限度に求償権行使を制限している（最判平成3年10月25日民集45巻7号1173頁）。

**事例 3-22** 年末の忙しい最中に17歳のXは、父親の承諾を得て、学校の授業後にピザ店Zでピザの配達サービスのアルバイトをしていた。Xはアルバイトの休日に配達用のバイク（普通二輪）に乗って友人宅へ遊びに行く途中で、親が目を離したすきに道路に飛び出した3歳のYをはねてしまい全身打撲の傷害を負わせた。どのような請求がY側からできるか。

　　　　　＊　　　＊

C： この事件では、Xは未成年者で制限能力者だから責任はまったくありませんよね。

B： 冗談じゃない。取引に関する制限能力者と不法行為の責任とでは訳が違う。未成年者ていったって、1歳、2歳の子どもじゃああるまいし、17歳にもなって事故を起こして知りませんじゃあすまないよ。社会をナメてはいけない。

C： そういえば、民法712条では未成年者が責任能力がないときには不法行為責任を負わないって規定してあった。

A： そうそう。判例は個別に責任能力の存否を判断していますが、大体12歳前後で責任能力が有るとしています。この事件のXは17歳ですからまず間違いなく責任能力者となり、民法712条の適用はなく、また責任能力があることになれば民法714条の監督義務者たる御両親の責任も追求できないことになりますね。

C： えっ、それではXが1人で損害を賠償しなければならないんですか。そりゃあ、生徒には無茶というものですよ。

B： そういう甘いことを言っているから、最近の子どもはダメなんだよ。

A： たしかに未成年者には資力が不十分なため十分な賠償ができず、かえって被害者に過酷な状況をもたらすことがあります。学生の本分は勉学で、アルバイトではありませんからね。

C： それは、きついですね。ところで、民法714条がだめでもアルバイトを認めた親も親だから、親権者に不法行為（709条）が認められないかなあ。

B： そういえば、親族・相続で民法820条は親権者の監護教育義務を課しているから、未成年者の不法行為と監護教育義務違反とが相当因果関係でつながれば、不法行為が認められるんじゃあないかなあ。

A： 監護教育義務には未成年者が他人に不法行為をしないよう監督する義務も含まれて

いますから、この事件についてもX君の親はあずかり知らないことだとはいえません。そうなると監護教育義務違反が認められ監督義務違反行為と損害との間に相当因果関係が認められればX君の親に対して民法709条ならびに710条の慰謝料も認められます。もちろんYはXに対しても民法709条不法行為の損害賠償請求が可能です。
B： ところで、Xは一応配達用のバイクで事故を起こしたのだから、たとえ休日に友人宅を訪れるためであったとしても、民法715条の使用者責任を追及できるのでは。
C： でも、Xは仕事としてバイクを使用したわけではないから、それはZに酷でしょう。
A： そう。本来、715条は事業の執行に付きなされた取引行為的不法行為を対象とするのが原則です。しかし、判例は交通事故のような事実的不法行為にも、その行為の外形から見て被用者の職務の範囲内に属する行為であれば事業の執行に該当する（外形標準説）としていますから、715条使用者責任を追及できる可能性も十分に考えうると思いますよ。
B： Xの行為が客観的に見てZ店の支配領域にあるといえるから、事業の執行となり、715条の但書の使用者が選任・監督につき相当の注意をしたことを立証できないかぎりは損害賠償の責任を負うと思う。社会の常識だね。
A： ところで、X側の責任が認められるとしても、道路に飛び出したYについても責任はあるから過失相殺（民722条2項）が可能だと思いますが。
C： でも、Yは3歳なんだから責任能力もなく、事理弁識能力もないことから相殺する過失そのものがないのではありませんか。
B： 3歳のYに事理弁識能力はまずありえないが、Yを保護管理する親を含んだY側には過失があったと十分にいえる可能性はあるだろう。親として当然だよ。過失相殺が損害の公平な分担を目的とするものであることから、親権者とYとを一体に見て過失相殺されることもやむをえないといえるよ。親子だからな、親子だよ。
A： 被害者、加害者の双方ともが親子であるのだから、親子の気持ちが通じ合うと示談交渉もうまくいくでしょうね。それにしても交通事故とは怖いものです。

● 注文者責任（716条）

請負人が第三者に加えた損害については、注文者はその責任を負わないとするもので、請負人は、原則的に独立性があることから使用者が責任を負わないことは当然のことである。それゆえに、民法716条は単なる注意規定と理解されている。もっとも、民法716条の但書にて、注文者の過失が認められる場合については、その責任を認めているが、このような注文者の責任は、特に建設工事にともなう騒音・振動などの損害につき注文した業者の責任を認定する形で判例により適用されている。

● 土地工作物責任（717条）

土地の**工作物**の設置又は保存に瑕疵があり、そのために他人に損害を与えた

場合に、第一次的には工作物の占有者が責任を負い、占有者が損害発生の防止のために必要な注意をしたときには、所有者に責任があるとする規定である。他人に損害を発生させる危険性のある物を所持する者は、その物から生じた危険につき責任を負うとするもので、占有者については、過失なきことを立証した場合にはその責任を免れることから**中間責任**であり、所有者については、免責事由がないことから**無過失責任**となっている。学説はこの唯一の無過失責任規定の適用領域を極力拡大する解釈を行っている。工作物責任の成立要件である土地工作物についても、土地に接着して人工的に作り出された設備であれば、企業施設はもちろん道路、橋、造成地、農業用水池、踏切の軌道施設などと拡張的に認定している。さらに要件として、土地の工作物が本来ないし通常備えるべき安全性を欠いた状態である瑕疵が設置または保存についてあること、ならびに工作物の瑕疵の存在を被害者側で立証したことを要求する。瑕疵は客観的に存在すればよく、占有者や所有者の故意・過失にもとづく必要はない。

- **動物占有者の責任（718条）**

動物が他人に損害を与えたとき、その占有者又は動物を保管する者が、損害を賠償する責任を負う。もっとも、動物の種類、性質に従って相当の注意をもって保管した場合には免責される。この規定は、**危険責任の原理**にもとづくもので、過失の立証責任を転換した中間責任で無過失責任ではない。

- **共同不法行為（719条）**

不法行為に複数の加害者が関与した場合で、次の3態様がある。すなわち、第1は、**狭義の共同不法行為**で、数人が共同の不法行為をなした場合であり、民法719条1項前段に規定されている。第2は、**加害者不明の共同不法行為**で、共同行為者のうち誰がその損害を与えたか知ることができない場合である（719条1項後段）。最後は、**教唆者及び幇助者**の場合である（719条2項）。

共同不法行為における成立要件としては、まず狭義の共同不法行為については各人の行為がそれぞれ一般的不法行為の要件を充足し、各人の行為と損害との間に因果関係があること、さらに各人の行為が客観的に関連共同していることが必要とされている。そこでは、主観的な共同は不要である。そして、加害者不明の共同不法行為については、直接の加害行為について意思の連絡は必要ではないが、その前提となる集団行為については意思の連絡が必要とされ、客

観的関連共同性が必要となる。もっとも、各人の行為と損害との間には因果関係は必要ではなくなる。

　共同不法行為の効果としては、各加害者が全損害について賠償の義務を負うことになる。しかも、各加害者は**不真正連帯債務**を全員が負うことになる。不真正連帯債務であるため、連帯債務のように債務者の1人に更改、免除、混同、時効などの事由により影響を受けることはなく、弁済、代物弁済、供託、相殺の債権を満足させる事由のみが、他の債務者に影響することになり、被害者にとって有利なものとなっている。

# 第4章 親族・相続

## 1 親族

> **事例4-1** Aはいとこのbに確認した。「おまえは親戚だよな。」Bは「何を言い出すのかと思ったら。どうしたんだ」ととまどいながら答えた。「実はこの前俺が日展に入選したのは知っているよな。そうしたら、親戚だっていう知らないおばさんがお祝いだといってお酒を贈ってくれたんだけれど、その人が今度会いたいって言ってね。でも、どうも怪しくて。俺の妹の夫の妹だって言うんだけれど、日展に入選したら儲かるんですよね、としつこく聞くんだよ。お金をせびられるんじゃないかと思って……」Aがそう言うと、Bは「有名になると親戚が増えるって本当だな」と苦笑した。

　親族関係（つまり世俗的には親戚）は無限に広がる可能性がある。親の世代に遡っていけば「人間みな兄弟」というのも夢物語ともいえない。しかしそれでは権利義務の世界である民法は収拾のつかないものになる。そこで、民法725条は血族6親等、配偶者、姻族3親等を親族範囲と定めたのである。血族とは血のつながりのある者の関係（養子も血族とみなされるが法定血族である）、配偶者は婚姻している夫婦の関係、姻族とは婚姻によって結ばれる配偶者の血族との関係を意味する。親等はその関係を示す一種の単位であるが、その数え方は直系を基本とする。したがって、親子は1親等であるが、兄弟は親子という関係を通じて親等を数える。つまり兄弟は2親等になる。これらの親族関係は、出生・婚姻・養子により生じ、死亡・離婚・離縁により消滅する。

　ところで、事例4-1のAとBとはいとこであるから、血族4親等ということになる。もちろん親戚である。しかし、「知らないおばさん」は妹の夫の妹というややこしい関係であるが、妹は血族2親等、その夫は姻族2親等ということになるのであるが、Aが婚姻したわけではないのでその夫の血族との間で姻族関係は生じない。したがって妹の夫の妹というのは赤の他人である。ついでに説明すると、子が婚姻をした場合、親からみたら子の配偶者は姻族1親等で

親族である。しかし、親が婚姻をしたわけではない。子の婚姻によって親からみたときの姻族関係は生じないので、親同士は親族ではない。一般には親戚になるように考えられているが、民法は法的な親族関係を認めていない。もっとも、親族ではないとしても仲良くすることは一向に構わない。そこは法と道徳の問題である。ただ、そうだとするとこのような一般的な親族関係にどのような意味があるのは疑問がないではない。たしかに、民法730条は互いの扶助を義務づけているが、多分に倫理規定である感が強い。戦前の「家」中心の価値観の名残りであるとも思われるが、夫婦の親同士の関係をみると、個人の尊厳と両性の本質的平等（民法2条）を基本理念として親族をとらえるべきことを表明しているようにもみえる。もっとも、法的効果という点では、近親婚の禁止であるとか扶養義務など、個別的に規定しておけば足りるはずである。憲法や民法の精神を徹底させるためには、一般的な親族範囲の規定は不要とも思える。

## 2 婚　姻

> **事例 4-2**　Wは、叔父のXがアイドル系のグループでデビューしたのをきっかけに好きになり、将来は結婚できたらいいなと考えるようになった。そのことを父親に話すと猛反対され、激怒した父親はこう言い放った。「男同士結婚できるわけないだろ。」

　婚姻が認められるには、まず、婚姻届けが必要である。民法739条1項はこれを定めているが、これは婚姻の形式的成立要件であり、婚姻にはさらに実質的要件が必要となる。まず、婚姻意思が当事者にあることが必要である。さらに、婚姻年齢に達していることが必要である。民法では、男性・女性とも18歳が婚姻年齢である（731条）。次に、重婚でないことが必要である。一夫一婦制の我が国において重婚は禁止されており（732条）、これに違反した場合、その当事者は2年以下の拘禁刑に処せられる（刑法184条）。また、近親婚でないことが必要である（以下に説明する場合のほか、直系姻族間や養親・養子間などで婚姻が禁止される）。これらのうち、事例 4-2 との関係では、近親婚が問題となる。民法734条は直系血族及び3親等内の傍系血族の間での婚姻を禁止している。叔父と姪との関係は血族3親等であるから、事例 4-2 のWが女性だとしてもX

と婚姻することはできない。これがいとこどうしであるなら血族であっても4親等であるから婚姻は可能である。父親は同性婚（世界的傾向として同性婚を認める方向性にある。参照、トランスジェンダー、第三の性など）に腹を立てたわけであり、付き合うかどうかは別として憲法24条は婚姻を「両性の合意のみ」で成立するとしているので（憲法の規定の意味については争いがある）、民法も当然同性婚を予定するものではない。もっとも、性同一性障害者の性別変更については特例法（性同一性障害者の性別の取扱いの特例に関する法律〈平成15年法律111号〉）がある。同法は、性同一性障害者のうち特定の要件を満たす者につき、家庭裁判所の審判により、法令上の性別の取扱いと、戸籍上の性別の変更を可能としている。法的な性別は、現行では基本的には生物学的性別によるが、例外として本法に定める性同一性障害者で要件を満たす者について、家庭裁判所の審判により、他の性別に変わったものとみなされる（4条）。その要件として、①18歳以上であること、②現に婚姻をしていないこと、③現に未成年の子がいないこと、④生殖腺がないこと又は生殖腺機能を永続的に欠く状態にあること（生殖不能要件）、⑤その身体について他の性別に係る身体の性器に係る部分に近似する外観を備えていること、が規定されている（同法3条1項各号）。性別の取扱いの変更を受けた者は、民法等の法律の適用について、その性別につき他の性別に変わったものとみなされるため、変更後の性別にもとづいた婚姻や養子縁組が可能となる。

　本特例法に関連して、最高裁は、特例法により性別変更をして婚姻者に子どもを持つ権利を肯定し（最三決平成25年12月10日民集67巻9号1847頁）、特例法による不妊手術の必要性を肯定し（但し、社会状況の変化によって変わり得るとして、その憲法適合性について「不断の検討」を求めた）（最二決平成31年1月23日集民261号1頁）、そして、特例法3条1項4号の生殖不能要件を違憲とした（最大判令和5年10月25日民集77巻7号1792頁）。他方、WとXは法律上は婚姻はできないのであるから、父親は少なくとも法律上は心配する必要はないが、当事者双方の意思が尊重されるべきではあろう（これまで、札幌、及び東京の各高等裁判所が、同性婚を認めないのは違憲との判断を示している〈札幌高判令和6年3月14日、東京高判令和6年10月31日〉）。

> **事例4-3** 歌手Bと婚姻した女優Aは、芸能記者に取り囲まれている。夫との別居報道に答えているのである。「私たちは、最初から別居のままで結婚したんです。愛の形にいろいろあるように、結婚の形だっていろいろあっていいじゃないですか。私たちの場合はそれが別居でした。夫婦共に納得して別居しているんです。」このように言うと、芸能記者Cが間髪を入れず質問した。「Bさんは同居したいと言ってますが！」Aは「本当にそう言っているならそれは契約違反です！私離婚します！」

　婚姻が成立すると一定の効果が生じる。すなわち、夫婦は同氏になり、同居・協力・扶助義務、相続権などが生じる。このうち夫婦同氏については、民法750条により夫婦どちらの氏でもかまわないが、ほとんどが夫の氏を選択しており、実態としてさまざまな理由から妻が氏を変更せざるをえないとするなら、同氏にしなければならないという民法の規定は結果として妻の氏の変更を強制していると考えられなくもない。そこで、夫婦別姓問題が生じているのである。名前というものが一種の人格権であることを認めるなら、氏の変更は当然強制されるべきものではないと思われる。しかし最高裁は、平成27年に民法750条は合憲であるとした（最大判平成27年12月16日民集69巻8号2586頁）。その理由としては、氏の変更を強制されない自由は人格権の内容とはいえないこと、同姓は協議により夫婦いずれかの氏にすることの結果であり憲法14条1項に反しないこと、夫婦同氏は家族が社会の一単位であることを示し合理性が認められること、夫婦同氏に伴う不利益は通称使用によりある程度緩和されること、が示されている。ただ、氏の変更の強制がほとんど女性に対して行われているという事実は、通称使用により緩和されているとしても、なお重い問題を私たちに投げかけているといえる。婚姻すると配偶者の相続権が生じるが、それ以外にも財産関係には注意することがある。基本的に夫婦は婚姻によって生じる費用を分担することになるが、民法762条は、「夫婦の一方が婚姻前から有する財産及び婚姻中自己の名で得た財産は、その特有財産（夫婦の一方が単独で有する財産をいう。）とする」として、別産制を宣言している。しかし、自己の名義で得た財産といっても、夫が収入を得て、妻がそれを日常家事に使うという場合、婚姻によって生じる費用は分担されるのであるから、妻がいわゆるへそくりで貯めたお金は、夫のものというわけにはいかない。妻の努力によって独自の財産になるという考えも一方的である。民法762条2項によって共有に属

するとみるのが合理的である。ところで、事例4-3 であるが、夫婦には同居義務があるので、別居の契約は無効だという見方も一理ある。しかし、夫婦にはさまざまな事情がある。それを無視して同居を強制しようとしてもそれは無理である。もちろん同居を求める請求は認められるであろうが、それも夫婦の事情によって柔軟に考えられるべき問題である。もっとも、同居が望ましいという司法的判断がなされているにもかかわらず、Aのようにそれを拒否し続けるのであるなら、悪意の遺棄として離婚原因になるとされる。

なお、単に届出がなされていないだけの夫婦、つまり婚姻の意思も実体もありながら、単に婚姻届けを出していないだけの夫婦は法律上どのように取り扱われるのであろうか。つまり内縁の問題である。これは単なる私通とは異なり、夫婦の実質があるが届出を欠くような場合である。典型的には、結婚式を挙げながら、届出をしないで生活をしているような場合である。このような場合に婚姻・離婚の効力をまったく認めないのは、当事者の利益を不当に侵害する可能性がある。学説上は、これを婚姻に準ずる準婚ととらえ、できるだけ婚姻・離婚の法的効果を認めようとするのである。

## 3 離　　婚

人の意思や感情は本質的にさまざまな状況の変化によって揺れ動くものである。そうであるならいくら婚姻をしたからといって、それが生涯を通じてその人を拘束するというのは酷な場合もある。そのような場合には、婚姻が両性の合意によって成立するのであるから、双方に離婚意思があるなら話し合いにより離婚を認めるべきである。これが協議離婚である。しかし、素朴な意味で婚姻意思が当事者にあるとしても、子の問題や財産的問題によってただちに離婚にいたらない場合も多いし、もともと一方にしか離婚意思がない場合もある。そのような場合には、家庭裁判所の調停や審判によって離婚が行われることになる。裁判で早く決着をつけたいという人もいるかもしれないが、まずは第三者が夫婦の間に入り、当事者にとって適切な解決を模索する道がとられるべきである。それでも当事者が問題を解決できない場合には裁判による離婚が求められることになる。このように調停を裁判の前に付すことを調停前置主義というが、これは離婚問題は夫婦の感情的問題であることが多いから、少し頭を冷

やせば夫婦関係が改善される場合があることを考慮しているのである。

> 事例4-4　AはBと婚姻して7年ほどした頃、Cと浮気をし、そのままBとの別居生活に入ってしまった。以後5年間一度も妻Bのもとに戻ってはいない。AはCとの間に子ができたことを機会にBとの離婚をしようと考えているが、妻は絶対に離婚しないと言っている。夫Aの離婚請求は可能か。なお、Bとの間に子はいない。

　最終的に離婚が裁判所の判決によらざるをえないとしても、そう簡単に離婚を認めるわけにはいかない。民法は裁判離婚が認められる場合を限定して規定している。つまり、不貞行為、悪意の遺棄、3年以上の生死不明、回復不能の強度の精神病、その他婚姻を継続し難い重大な事由である。従来、離婚は離婚させられるだけの事由がある場合に離婚させられるという図式で考えられてきた。つまり離婚原因を作った方（有責配偶者）が離婚させられるのであり、離婚原因を作っておきながら離婚を請求するというのは倫理的にも許されないというのが支配的であった。しかしながら、このような離婚についての有責主義を採ると、事例4-4のように、離婚原因を作った方が別居し、残った配偶者が離婚を認めないことになると、実体のない形骸化した夫婦を認めることになる。そこで、すでに破綻している夫婦については、有責配偶者かどうかを問わず離婚請求を認めようとする見解が生じた。これが破綻主義である。最高裁（最大判昭和62年9月2日民集41巻6号1423頁）は、不貞行為からの別居生活が36年にも及んだ有責配偶者からの離婚請求について、別居が相当の期間に及んでおり、夫婦の間に未成熟の子がいないこと、及び離婚により相手方配偶者が諸種の関係において苛酷な状況におかれないことを条件として、これを認めた。本件では特に別居期間が長期にわたっていたが、最近ではこの期間が短縮される傾向がある。もっとも、期間そのものが問題ではなく、破綻状況や婚姻期間、有責性の程度など諸種の事情を考慮して決められる問題である。単に何年別居していたから離婚できるという問題ではない。なお、離婚が認められると、姻族関係が終了するほか、氏を元に戻すことが可能となる。また、財産分与請求権などが認められることになる。

　ところで、事例4-4では、この最高裁判例によるとAの離婚請求は微妙である。一応、最高裁の要件を満たしているようにもみえるが、問題は別居の期間

である。5年別居の裁判離婚を認めようとした改正動向もあったが、問題はやはり期間そのものではない。Bの置かれる状況や、なによりも本当に破綻しているのかどうかについて慎重に認定する必要がある。

## 4 親　子

> **事例 4-5**　AのＡの妻ＢはＡの浮気が原因で離婚したが、実はＢ自身も浮気をしており、離婚後浮気相手Ｃとの婚姻を望んでいる。そこでＢはＡと離婚してから直ちにＣとの婚姻届けを出した。そしてその1か月後、Ｂは子Ｄを出産した。この事実を知ったＡは、Ｄは自分の子だから自分が育てたいと言い出したが、Ｂは絶対Ｃとの子だと言って譲らない。この子Ｄの父親はいったい誰なのだろうか。

　家族法の中核となる関係は夫婦と親子である。では、親子を法律はどのように考えているのか。生物学的にいえば、父と母との間に子が生まれれば、それが親子である。しかし、民法はこれに法的効果の視野を入れて、法律的な親子関係を考えている。まず重要になるのが嫡出子と非嫡出子である。嫡出子は婚姻関係にある者から生まれた子であり、非嫡出子は婚姻関係にない者から生まれた子である。嫡出子は父親との父子関係は当然に推定される（嫡出推定、772条1項）が、非嫡出子は父親又は母親による認知があって親子関係が生じる（779条）。779条は母親による認知を規定しているが、分娩の事実があることからこの規定について不要とする意見もある。現行法上、妻が婚姻中に懐胎した子、並びに女が婚姻前に懐胎し、婚姻成立後に生まれた子は当該婚姻における夫との子と推定される（772条1項）。この場合に、婚姻成立の日から200日以内に生まれた子は婚姻前に懐胎したと推定され、婚姻成立後200日を経過し、又は婚姻の解消・取消の日から300日以内に生まれた子は婚姻中に懐胎したと推定される（772条2項）。女性が婚姻中に懐胎した、あるいは婚姻前に懐胎し婚姻後に子が生まれた場合、その女性が懐胎から出産までの間に2以上の婚姻をしていたときは、その子はその出生の直近の婚姻における夫との子と推定される（772条3項）。こうした規定から、婚姻中に懐胎した子とともに、離婚後200日以内に生まれた子は、前夫との子と推定され、離婚等の日から300日以内に生まれた子は、その間に母親が再婚したときは、再婚後の夫との子と推定される（母親が再婚していないときは前夫との子と推定される）。

このような法の枠組みから 事例4-5 を考えてみると、離婚後300日以内に子Dが生まれた場合であるが、母親BがCと再婚した後に生まれた子であるから、再婚後の夫Cとの子と推定される。772条の規定にもとづいて子Dの父が推定される場合において、父又は子は、子が嫡出であることを否認できる（774条1項）。また逆に、父、子、母、あるいは前夫は、子が嫡出であることを否認する訴えを提起できる（775条、嫡出否認の訴え）。この嫡出否認の訴えは、上述のように、父親が子又は親権を行う母親に対し、子が父親に対し、母親が父親に対し、そして前夫が父及び子又は親権を行う母に対して、父と前夫は子の出生を知った時から、そして子と母とは子の出生の時から3年以内に、提起する必要がある（775条、777条）。

> 事例4-6 事例4-5 のAは、BがCとの間の嫡出子として届出を出したことに憤慨し、親子関係不存在確認訴訟を提起した。そして、最終的にDNA鑑定で決着をつけると息巻いている。Bは裁判だということで動揺しているが、一方で、親子関係は科学で割り切る問題なのかと静かに考え始めた。

　問題を科学的に考えることは重要である。偏見や思い込みを排除し合理的な思考で問題解決に迫ることは当然必要である。しかし、家族法においてそのような常識が通らない場合もある。親子関係が科学で割り切れる純粋に生物学的結合ばかりではなく、感情的情緒的結合の側面があることを考えると、法的取扱いもそれを無視することはできないものと思われる。民法774条が嫡出否認の提訴権者を定め、民法777条がその提訴期間を3年としたのは、単に科学的真実よりも家庭の平和と親子関係の早期安定を考えたからである。 事例4-6 のようなDNA鑑定もその採用には慎重であるべきである。
　そのような視点から考えれば、夫婦の受精卵を妻以外の女性の子宮に入れ出産する代理母出産（その他、夫以外の精子や妻以外の卵子を用いる場合もある）については、遺伝子レベルでのつながりを重視することが親子の判定基準として妥当とは言い難く、一定の法的ルールの明確化が必要であるとはいえ、やはり分娩の事実を軽視するわけにはいかないであろう。また、人工授精や体外受精という生殖医療の発展は、不妊症で子をもちたくてももてない夫婦に一定の希望を与えたことは事実であるが、他方で新たな問題を生じさせている。例えば、

配偶者間の人工授精（AIH）が夫の死後にその保存精子を用いて行われた場合、生まれた子（死後懐胎子）は亡父の嫡出子といえるのか、あるいは死後懐胎子に亡父の相続権が認められるのか等が問題となるが、判例は両者を否定している（最判平成18年9月4日民集60巻7号2563頁）。他方、遺伝子レベルでは父や母との親子関係も否定され得る非配偶者間の人工授精（AID）の場合、いわゆる生殖補助医療民法特例法（令和2年法律76号）9・10条は、他人の卵子を用いた生殖補助医療により出生した子の母親を「その出産をした女性」とし、他人の精子を用いる生殖補助医療に同意した夫による嫡出の否認をなし得ないとしている。

ところで親子を考える場合、さらにもう1つ重要な親子関係として養子がある。通常の養子縁組については、届出、縁組意思の合致、養親が成年であることなど、一定の要件が定められている。養子になると、嫡出子となり、養親とその血族との間に法的血族関係が生じる。もっとも、実の親との関係が切れるわけではないから、例えば相続についても養親と実親との二重の相続権がある。このように通常の養子は実親との関係が保持されたままであるから、養親との関係を重視し養親を言わば本当の親と認めることを望む場合にはかえって不都合である。そこで特別養子制度が創設された（1987（昭和62）年。その後2019（令和1）年法改正）。養親の一方が25歳以上であり、養子が請求時15歳未満であることが必要であり、養親が夫婦であって、養子の実方の父母の同意が必要となる（一定の場合には不要）。また、特別養子縁組がなされると、実方の父母とその血族との親族関係が終了する。戸籍上も特別養子であることがわからないような工夫がされているのである。したがって、実質的に特別養子が認められるためには、子の利益のための必要性が要求されることになる。

なお、未成年の子の監護・教育のために、親は親権をもつことになる。その内容は、居所指定権、懲戒権、職業許可権、財産管理権などであるが、これらを含めて包括的監護権がある。もっとも、その性質は権利というよりも義務性を帯びていることが特徴的である。

## 5 相　続

事例4-7　無料法律相談でAの話を聞いていた学生Sは、何が何だかわからなくなってし

まった。Aの話はこうである。「私は父親の財産を相続したのですが、その額に納得できないんです。家族構成は母と、私と妹で、妹はもう結婚していて名字も変わっています。父親の財産は1800万円なんですが、妹は結婚費用で200万円もらっているんです。ところが、父には不倫相手がいて、しかも子もいるんです。認知？それがしてるんです。しかも遺書があって、全財産その不倫相手に相続させるというんです。ああ、それからいま妹1人と言いましたが、実はもう1人妹がいたんです。でも1年前に亡くなっているんです。子ども？そりゃ1人いますが、妹が亡くなっているんですから関係ないですよね？ついでですが、実は兄貴も1人いたんですが、これは父親が勘当してますから問題ないです。私はどれくらい相続できますか？」Aはまだ何か言いたそうにしていたが、Sはそこで一応、相続問題を整理して、Aの相続分を計算してみた。

相続には、被相続人（事例4-7のAの父）の財産の整理だけでなく、遺族の生活保障という側面も認められている。また一方では、生前、自分の財産を自由に処分してよいことが認められているのであるから、自分の死後もその財産をどう処分するのかを決めてよいということになる。私有財産制の下では当然の権利といえる。そこで、遺言があるのであるが、これには遺留分という制度が控えているので注意が必要である。これらの事項に注意しつつ、相続制度について基本的部分を説明し、事例4-7の問題を解いてみよう。

Aの家族はAと母親及び妹であり、不倫相手の子、つまり非嫡出子が1人いる。遺言のことは後述するとして、まず基本的な法定相続であるが、これには、3つのパターンがある。夫死亡の場合、妻子がいる場合、妻が半分、あとの半分を子が人数に応じて平等に分けることになる。次に、子がいない場合で、夫の親が生存している場合には、妻が3分の2、あとの3分の1を親が相続する。もちろん両親とも健在であれば3分の1を平等に分けることになる。最後に、妻と夫の兄弟姉妹とが相続人になる場合には、妻が4分の3で、あとの4分の1を兄弟姉妹で平等に分割する。事例4-7の場合には、妻と子がいるので最初のパターンであるが、非嫡出子が1人いる。従来、非嫡出子は嫡出子の半分とされていたが、最高裁の違憲判決を受けて、等しいものと民法が改正された。子の人数であるが、Aは勘当された兄を相続人から除外しているようであるが、その兄を相続人から廃除する請求を家庭裁判所にしているのでなければ（892条）、勘当は法的にはまったく意味をもたない。つまり兄も相続人である。さらに、すでに亡くなった妹についても、民法には代襲相続の規定がある（民法

887条2項)。つまり、被相続人の子(事例の場合にはすでに亡くなっていたAの妹)がすでに死亡していた場合、その者の子が代襲して相続人になるのである。このようにして、結局、Aは、母親、妹2人(1人は死亡のためその子が相続するし、生存している妹は結婚していようと名字が変わろうと、あるいは養子にいっていようと子は子である)、兄、及び非嫡出子1人とともに、父親の財産1800万円を相続することになる。ところが、このまま財産を法律に従って分割することになると(法定相続という)、生存している妹が結婚費用で200万円貰っていることが不公平ではないかということになる。そこでこのような生前に贈与してもらっていた財産分(特別受益)も相続財産に加えて相続分を決めることになる(民法903条1項)。このような条件を前提にまとめて計算すると、まず相続財産は1800万円+200万円=2000万円となる。それを母親(配偶者)が半分の1000万円を相続する。後の半分を子どもたち(代襲相続する孫と非嫡出子を含めて)で相続するので、Aは200万円、生存する妹は200万円であるが特別受益があるのでそれを差し引いて200万円−200万円=0円、代襲相続人は200万円、兄も200万円、非嫡出子は嫡出子と等しいとされているので200万円ということになる。

　これでうまくまとめればいいのであるが、事例4-7ではさらに困ったことに父親が遺言を残している。もちろん、父親は生前自分の財産を自由に処分する権利があるのであるから、死後においても遺産を自由に決定する権利があると考えるのはきわめて合理的である。民法は960条以下において遺言の形式を厳格に定め、意思の確認できない死後の財産処分についても被相続人の自由を認めた。しかし、最初に述べたように、相続には遺族の生活保障という側面があることも事実である。そこで、仮に全財産を誰かに遺贈するとしても、法定相続分を完全に無視するのは相続の意味を否定することになりかねない。遺留分制度はこのような問題を調整する制度として認められている(1042条以下)。つまり、配偶者や子どもなどには必ず一定額の相続分があることになるのである。その割合は、直系尊属のみが相続人になった場合には3分の1、それ以外では2分の1である。ただし、兄弟姉妹には遺留分はない。事例4-7では、相続財産の半分、つまり特別受益を含めた相続財産2000万円の半分の1000万円が遺留分として相続人に残されることになる(その侵害に対しては遺留分侵害額請求権が行使できる)。もっとも、事例4-7の遺言の効力については若干問題がある。

もし仮に遺言が不倫相手との不貞関係の維持のためのものであるなら、それは公序良俗に反して無効となる。しかし、最高裁（最判昭和61年11月20日民集40巻7号1167頁）は、不貞関係の維持を目的としておらず、遺言の内容が相続人の生活の基盤を脅かすものでないとするなら、その遺言は有効であるとしていることに注意が必要である。

> 事例4-8　事例4-7のAは、Sの一応の相続分の話が終わった後、少しためらいつつ重い口を開いた。「実は父には借金があって、今わかっているだけで1億程度あるんですが……。」Sは相続分の計算に使った紙を無造作に丸めてごみ箱に捨て、頭をかきむしって言い放った。「払えないんだったら今すぐ相続放棄してください！」

事例4-8の借金、つまり債務も原則として相続される。この債務には保証債務も含まれるので注意が必要である。Aは単純に相続を承認してしまうと1億円の父親の債務も相続することになってしまう。相続が相続人の生活保障の側面をもつことを考えるとこれは不合理であるし、ましてや自分が作った借金でもない。そこで民法は相続人の自由意思を尊重し、相続を放棄することができることとした。相続放棄は家庭裁判所への申述によってなされることになる（938条）。ただ、本当に債務超過になっているのかどうかはよくわからない場合もある。そのような場合には、相続財産の範囲内でのみの債務を負担する限定承認の制度がある。この場合には相続人全員が共同して行うことが必要である（923条）。

# 第Ⅳ部

# 刑　　法

# 第1章　刑法総論

## 1　序　論

> **事例1-1**　ある架空の刑務所の中のできごとである。囚人Aは刑務官に命じられるまま穴掘りをしている。ある程度穴が掘られたらまた埋めるという作業だ。Aは自分でも何でこんなことをしているのかわからない。そこで囚人Bに穴掘りの意味を聞くと、「意味なんかねえよ。罰なんだから」と答える。Aは「それじゃあ聞くが、お前はこんなことをやらされて、刑務所を出た後に何かに役立つとでも思っているのか。意味のないことをやらされて、これじゃあ犬や豚と同じだ」と言うと、「意味のないことをやらされるから罰じゃないか。お前、刑務所を天国と間違えてねえか」とBが反論する。そこへ話を聞いていた囚人Cが近寄ってきて、こう言った。「お前ら、わかってないな。穴掘りで腕が鍛えられるだろ。そうしたら娑婆に出たら、少なくとも肉体労働は楽勝だろ。それに意味のないことをやらされて忍耐力がついただろ。これは単純作業の多い仕事に就くにゃ必要だぜ。お前ら娑婆を天国と間違えてねえか？」

　刑法が他の法律と決定的に異なるのは、刑罰が予定されていることである。それは死刑まで規定されていることからわかるように、人の基本的人権を奪うことを容認するものである。また、よく言われるように、刑罰は劇薬に相当するものであり、その使い方を誤るととんでもないことになってしまう。したがってその使用には慎重であるべきである（謙抑性）。また、そのような強力な手段を使用するのであるから、いろいろ他の手段を試してみて最後の手段として使用されるべきものでもある（補充性）。

　このような刑罰の目的とは何であろうか。従来、この問題については、応報刑論と目的刑論とが対立してきた。**応報刑論**は、刑罰はあくまで正義の実現としての意味をもつべきであると考える。犯罪を行った以上、それに相当する害悪を犯罪者に与えることによって正義が実現されるべきであるとするのである。そこには何かのためというような目的を考えるべきではなく、囚人Bが言っているように、刑罰は純粋に罰として科されるだけのものということになる。一方、**目的刑論**は、刑罰はただ何の目的もなく科されるものではなく、例えば

犯罪者の再犯予防であるとか、一般市民の規範の覚醒のためにあるとか、何らかの目的実現のためにあるという立場である。現在の通説的立場によれば、これらのいずれも一方に偏し妥当とは言えず、国民の理解を得ることもできないと考える。その妥協点を見出すべきであるというのである。そこで、応報の範囲の中での犯罪予防という考え方が生まれる。刑罰は基本的には応報的性格を免れないが、何の意味もなく科されるのではなく、できるかぎり犯罪予防に役立つように科されるべきであるというのである。事例1-1のように、穴を掘りまた埋めるという刑罰が、囚人Cの言うように将来の社会復帰のためになり再犯を予防する効果があるかどうかは疑わしいが、基本的考え方には正しい側面がある。

> 事例1-2　Aは、鳥獣保護区で狩猟することが禁じられている鳥を捕獲しようとしたが、捕獲できなかった。Aは逮捕され裁判にかけられたが、Aの弁護人はこう弁護した。「法律では、『捕獲した』場合に処罰されることになっています。Aは『捕獲した』のではなく、『捕獲しようとした』だけです。」このような一見言葉遊びのような言い分が通るのであろうか。

　刑法の大原則に罪刑法定主義がある。これはマグナ・カルタにまで遡るとされ、ドイツの刑法学者フォイエルバッハ（有名な唯物論者のフォイエルバッハは彼の子である）によって確立されたとされる原則であり、その内容はより端的に「法律なければ犯罪も刑罰もない」という標語で示される。つまり、法律であらかじめ決められているのでなければ、ある行為が犯罪とされ処罰されるようなことはないということである。このような考え方は民主主義的である。つまり、国民の代表者が国会で通過させた法律によってのみ国民を処罰できるというのであるから、刑罰の存在根拠は国民自身にあることになる。その意味では刑罰は自己決定権の行使ということもできる。また、罪刑法定主義の考え方によれば、あらかじめ定められていなければ犯罪でもなければ処罰もされないのであるから、国民は規定された行為以外の行為を行うことは自由になる。この自由主義的な側面も重要であり、さらに言えば、私たちの行動基準としての意味も有していることになる。このような罪刑法定主義からは、さまざまな原則が導かれることになる。まず、法定原則の他、事後法の禁止（遡及処罰の禁止）がある。行為後に制定された法律によって処罰されたのでは、国家権力の恣意的行

動を許すことになるし、国民は安心して行動することができない。これは憲法39条にも規定されている。次に、法定原則から当然に慣習刑法が禁止されている。さらに、たとえ法律に規定されていても、それがどんな行為をどのように処罰するのかが不明確であるなら、規定されていないのと同じである。ここから法文は一般市民が読んでわかるという意味での明確性の原則が導かれる。しかし、法文が明確に規定されていても、その内容が不適正なものであるなら国民の利益は著しく損なわれる。罪刑法定主義が国家刑罰権を制約することによって国民の利益に奉仕するものであるとするなら（この意味では立憲主義と調和する）、その法文の適正さも重要な要請といえる。これを実体的デュー・プロセスといっている。法文が明確に規定され内容も適正だとしても、それを自分勝手に解釈されては国民の利益は守られない。そこで、国民が普通に解釈できる範囲をはるかに超える内容を法文に含めてしまうような類推解釈は禁止されることになる。この類推解釈の禁止は程度問題ともいえるので限界を画するのはかなり困難といえるが、類推を禁止することによって、裁判官に一定の緊張感を与える実践的意味は否定できない。その他、刑期を定めない絶対的不定期刑は、刑罰が法定されていないのと同じだと批判されるし、罪と罰が著しく不均衡であるなら、刑罰が適正に法定されているとはいえないであろう。

　ところで事例1-2であるが、法律で「捕獲した」ことを処罰しているのであるなら、「捕獲しようとした」というのは実質的に捕獲未遂である。刑法の原則では未遂は法定されている場合にのみ処罰を認めるのであるから、未遂犯の処罰は認められないはずであり、処罰されるなら罪刑法定主義違反の疑いがある。従来から判例では、行政刑法の分野でその法規の趣旨から処罰が予定されていると考えられる場合には、過失処罰が規定されていなくても処罰を容認してきた。この論理で未遂処罰を認めるのは、水晶玉をみればあなたの運命がわかるというのと同じ程度に恣意的である。もっとも、最高裁（最判平成8年2月8日刑集50巻2号221頁）は事例1-2と同種の事例で捕獲にあたるとしている。

## 2　構成要件

### (1)　序　論

　犯罪は構成要件に該当する違法で有責な行為であると定義される。かなり難

しい定義であるが、要するにまず形式的に条文にあてはまり、実質的にもその行為が違法であり非難もされるものであるということである。構成要件というのは、犯罪の類型であり、構成要件該当性があるというのは形式的に条文にあてはまるということを意味する。本節ではこの構成要件該当性の問題を取り扱う。

(2) 不作為犯

> **事例 1-3** Aは近所の池で子どもが溺れているのを発見したが、他にも人がいたので放置したまま買い物に出かけた。買い物から帰ってみると救急車がおり、事情を聞いてみると、子どもが溺れて死亡したということであった。Aは自分の子とプールで泳ぐために買ってきた浮き輪を握りしめた。

　構成要件に該当するといえるためには、結果を引き起こすような危険な行為、つまり実行行為が必要である。他人をピストルで撃ち殺したという場合、その行為の実行行為性は明確である。しかし、行為者が何もしなかったなら（というのもおかしな言い方であるが）どうなるのであろうか。これが **事例 1-3** の問題である。もちろん、無から有は生じないのであるから、行為者は文字どおり何もしないのではない。すべきことをしなかったという意味において何もしなかったのである。これを不作為というが、刑法は不作為で犯罪の形式を定めている真正不作為犯と、作為の形式で定められている犯罪を不作為で実行する不真正不作為犯とを区別する。問題であるのは後者の成立要件である。例えば、殺人罪（刑法199条）については、実行行為が「人を殺した」と規定されているのであるから、不作為の殺人罪として処罰するためには、その不作為は「人を殺した」と評価できるものでなければならない。そこで、不作為犯が認められるためには、まず行為者が一定の**作為義務**を有しているのにもかかわらず、それを果たさなかったということが認められなければならないと解されるようになった。この作為義務は、法令、契約、慣習などにより生ずると考えられており、その作為義務を有する者を保障人的地位にある者として類型化してきたのである。もっとも、このような法令・契約等にもとづいて認められる作為義務が、そのまま刑法上の作為義務として認められるかどうかについては議論があり、

先行行為（法益侵害の危険性の創出）とか引き受け（法益侵害の危険性を支配下に置く）行為を重視しようとしたり、あるいは作為と同視できるだけの不作為が要求されるとしたりする説が主張されている。これらは不作為、つまりは外見的には何もしないことを処罰しようとすることにつきまとう、処罰範囲の不明確性をなくそうとする試みとして概ね肯定的に考えられるであろう。

ところで、事例1-3のAであるが、近所の子どもを見殺しにした点は道徳的には非難されることかもしれない。泳ぐことができないなどの事情がないかぎり、救助すべきであるという主張もわからないではない。しかし、だからといってAが殺人罪として処罰されるべきであるかというと、それも酷である（首を絞めて殺したのとは訳が違う）。上述の作為義務がAには認められない以上、不可罰ということになるであろう。

### (3) 間接正犯

> 事例1-4 ①医師Aは事情を知らない看護師Bを利用して、患者Cに毒物の注射をさせ死亡させた。
> ②Aは幼稚園に通う自分の子Bに命じて、スーパーの売り物を窃盗させた。
> ③公務員のAはその妻Bに命じて、業者からの賄賂を受け取らせた。

事例1-4の各事例は、いわゆる間接正犯が認められる典型的事例である。それでは間接正犯とは何か。事例をみればわかるように、間接正犯とは、自らは直接実行行為を行ってはいないが、他人を利用してそれを行うことをいう。もっとも、このような犯罪形態は実は後に説明する教唆犯とよく似ている。ただ、教唆犯は実際に犯罪を行った者（正犯）が存在し、それに従属する形で可罰性が説かれる点で、間接正犯とは異なる。間接正犯はまさに自らの犯罪となるのである。しかし、この場合、自らは形式的には実行行為を行っていないので、そのままで正犯としての処罰を認めることはできない。そこで**道具理論**が登場した。たとえば殺人について、ナイフで人を殺すというような場合のナイフと同様に、人を道具として使い犯罪を実行する場合には、道具化された人間の犯罪というよりも、道具として使った者の犯罪であると考える方が合理的であるとするのである。しかし、もちろんこれは比喩であり文字どおりの道具とはい

えない。人間は意思をもつ存在であり、完全に道具として考えることは無理である。たしかに、事例1-4 の①において、Bは事情を知らずに医師の言うとおりに行動しているし、②においてもBは親の言うとおりに窃盗を行っている（間接正犯とした判例として、最決昭和58年9月21日刑集37巻7号1070頁）。その点をとらえて道具化というのはたしかにもっともらしい。しかし、実際上は人の行動を支配しているというにすぎない。あるいは、端的に、そのような支配的行動を実行行為と評価してもよい。③の事例においてはBが公務員という身分を有していないだけで、その他の犯罪成立要件が存在するとするなら、Bを道具化しているというより行為支配しているという方がわかりやすい。そのような行為支配のない場合には、教唆犯の成立が検討されることになる。ただ、間接正犯において、より実際的な問題は、未遂の成立時期を利用者の行為に求めるか、被利用者の行為に求めるかの問題である。行為支配の実行行為性を強調する立場は利用者基準説に傾くであろうが、行為支配が客観的に現れる時期を被利用者の行為時ととらえ、そこに結果発生の具体的な危険の発生もあるとするなら、被利用者基準説が主張されることになる。

### (4) 不 能 犯

> 事例1-5 「死体を殺す！」Aは新聞を読んでいて思わず叫んだ。もちろん、死体を殺せるはずはない。Aの頭がどうかなってしまったわけではない。まあ、新聞記事を読んで見てほしい。そこにはこう書いてあった。「Xは○月×日、共犯者と思われるYがZを殺害した後、とどめをさすために日本刀で数回にわたって突き刺したが、県警は現在殺人未遂の容疑でXを逮捕、取調をしている。」Aは死体損壊ならわかるが、殺人未遂で逮捕という言葉に驚いて、これでは死体を殺そうとしたことになるではないかと、最初の言葉を発したのである。

実行行為は構成要件的結果発生の危険性のある行為でなければならない。こういうと堅苦しいが、要するに結果を発生させる可能性のあるものでなければ犯罪行為を行ったといえないということである。例えば、いくら殺意があったとしても、呪い殺そうとしていたというだけでは刑法は問題にしない。たまたま呪いの対象となった者が健康を害して死亡したとしても、呪い殺すことが常識的には不可能であるから、殺人罪になるはずがないのである。それは偶然の

死亡にしかすぎない。このような実質的な実行行為性を欠く行為のことを不能犯と言っている（不能「犯」ではあるが未遂「犯」のように犯罪と評価されるわけではない）。

　不能犯について問題となるのは、どのような場合に実行行為性がないといえるのかということである。つまり、結果発生の危険性をどのように評価するのかということである。この点について判例は従来、絶対的不能・相対的不能という基準から判断を行っていた。つまり、呪い殺すというような行為に犯罪実現の可能性は絶対的にないのであるから絶対的不能として不可罰になり、ピストルを撃ったがたまたま弾が入っていなかったというような場合には相対的不能として殺人未遂罪になるというのである。しかし、弾の入っていないピストルで人を殺すことは絶対的に不能ともいえるので、この絶対・相対という区別はかなり曖昧であると言われている。そこで学説は、行為者が行為時に結果が生じると考えていたことや、そのことについての一般人の考えを考慮に入れて、客観的に危険性を判断しようとした（具体的危険説）。さらにこの説の客観的な側面を徹底させ、科学的な事後予測として結果の発生の危険性を考える立場が登場する（客観的危険説）。つまり、後からみて結果が生じない事情があれば不能犯として不可罰としようとするのである。この説では、およそ結果が生じなかったのであるなら、何らかの結果が生じない理由はあったのであるから、相当広く不能犯を認める結果になるとの批判がある。そこで、これを修正して、事後的に結果の生じる可能性についての判断を加え、それが十分に大きい場合には未遂犯として処罰するという見解も生じた。ここでは一般人の判断が混入するのである。

　ところで事例1-5の場合はどうなるのであろうか。絶対的不能・相対的不能の考え方によれば、日本刀で刺した客体がたまたま死体だっただけであるから、殺人行為はあるが、死体は殺せないのであるから殺人未遂となるであろう。具体的危険説からは、その行為の当時、XはZがまだ生きている可能性を認識していたからこそ日本刀で刺したわけであり、生存可能性は一般人も肯定するであろうから、やはり殺人未遂になるであろう。しかし、科学的判断を優先させる客観的危険説によれば、死体は死体であり殺人行為自体が認められないのであるから、不能犯となる。しかし、科学的判断を尊重しながらも結果発生可能

性（これは一般人の判断によらざるをえないであろう）を考慮すると、生存可能性を肯定できる場合もあろう。その場合には殺人未遂となる。

## (5) 因果関係

> **事例1-6** ①AはCを殺害しようとして致死量の毒を飲ませた。ところが、Aとは無関係のBが毒が効く前にCを刺殺してしまった。この場合、Cを殺したのはAなのかBなのか。
> ②AはBを暴行の故意で軽く殴った。ところが、Bには特別な病気があり、Aの暴行程度で死亡するとは一般にほとんど考えられていないにもかかわらず、死亡してしまった。AはBの死亡結果について責任を問われるのか。また、この場合、AがBの病気について知っていた場合はどうか。

　犯罪が成立するためには、犯罪行為（実行行為）が行われ、犯罪結果が生じたというだけでは不十分である。その行為と結果とがつながらなければ結果を行為者に帰責できない。この行為と結果とのつながりを論ずるのが**因果関係**の問題である。

　因果関係を認定するには、通常、条件関係と相当因果関係とが必要であるとするのが現在の通説である。**条件関係**というのは、AなくばBなしという関係であるとされる。つまり、原因と思われる行為がないなら、結果が発生しないという場合に、条件関係が肯定されるのである。しかし、この条件関係だけで因果関係を判断するなら、例えば、甲が乙を傷害したが、病院に運ばれる途中で交通事故で乙が死亡したという場合、甲の行為と乙の死亡結果との間には因果関係が認められ、乙の死亡結果についての責任を負うことになるが、これは不合理である。そこで、この条件関係を適切な範囲内に制限するものとして相当因果関係が論じられることになる。

　**相当因果関係**は、文字どおり、因果関係の相当性を論じるものであり、非常に多くの原因結果の関係の中から、通常生じると一般に思われるものを選別して帰責の根拠にしようとするものである。問題はその相当性の基準であり、主観説、客観説、折衷説があるが、現在は客観説と折衷説の争いと思われる。客観説は、行為時に存在した事情すべてと、行為後であっても行為時に予見可能な事情を判断材料として相当因果関係を判断する。折衷説は、行為時に行為者が特に予見していた事情と、一般人が予見できた事情を判断材料とする。両説

とも判断は客観的なものであるが、折衷説が行為者の主観を判断に入れている点で争いがある。

さて、そこでこれらの因果関係論を前提にして事例1-6を考えてみよう。まず①であるが、Aの毒殺行為はBの刺殺行為によって結果との関係が切れている。一般にこれを因果関係の断絶といって、Aの因果関係は切れると説明されるのであるが、そこから当然にBの因果関係は認定されてしまうのであろうか。Bについても当然、因果関係の認定は必要である。そこで条件関係をみると、Bの刺殺行為がなくても、Aの毒が効いてCが死亡してしまうとするなら、条件関係はないということになる。もちろん、これではまったくおかしい。ではどこがおかしいのか。因果関係というのは現実に起きた原因と結果との関係であるが、そこに「毒が効いてCが死亡した」という仮定的事実を入れてしまったことに問題がある。現実に起きた結果は「毒殺された」というのではなく、「刺殺された」という事実である。このような仮定的な因果関係は考慮すべきでないとされているのである。次に②であるが、AとBとの間には条件関係は当然認められるので、問題は相当因果関係の有無である。客観説によれば、行為時に存在したBの特別の病気を判断材料に入れるのであるから、特別の病気のある者に暴行を行えば死亡するということが通常であるとするなら、相当因果関係は存在することになる。Aは傷害致死罪となる。一方、折衷説によれば、行為時において特別の病気を行為者が知らず、また一般人も予見できなかったとするなら、それを判断材料に入れることはできないのであるから、Aの軽度の暴行からBが突然死亡することは相当とはいえない。Aは傷害罪にとどまることになる。なお、近年議論されることの多い、行為後の他人の行為の介在の場合についても、その介在を予見できたかどうかが問題となる。例えば、Aが暴行した後被害者を放置し、その後第三者がさらに暴行を加え死亡したという場合、その第三者の暴行を一般人が予見できないとするなら判断材料に入れることはできない。Aは死亡結果について責任は問われないことになる。判例ではこれと一見すると矛盾する結論を示すものが表れた（最決平成2年11月20日刑集44巻8号837頁）。この判例の態度については、従来判例が立つとされた条件説でも、あるいは通説とされる相当因果関係説でも説明できないとされた。予見できない第三者の介入があったとしても、加害者によるその結果実現への危険

性の程度を無視するわけにはいかないと考えられることから、実行行為の危険性や行為後の介在事情の結果への寄与度を考慮して、実行行為の危険が結果（犯罪結果）へと現実化したといえる場合にはその行為と結果との間の因果関係を認める「危険の現実化」という観点から近時の判例の考えを説明する見解がある。

### (6) 未　　遂

> **事例1-7**　①世界的に有名な暗殺者Aは、政治家Bの暗殺を企てピストルを発射した。ところが、弾はBを大きくはずれ5mも離れた花瓶に当たっただけだった。Aは逮捕されたが、警察署に連行される途中、刑事が「もうお前も年貢の納め時だな」と言うと、Aは涙ながらに訴えた。「そりゃ、そうですよ。夫には先立たれ、もう90ですから。」ところが、Aはそう言いながら、刑事のポケットの外側にアタリをつけ、手錠の鍵を探していた。
>
> ②世界的に有名な窃盗犯Xは、大富豪Yの邸宅に侵入し、宝石を盗もうとしていたが、警報器が鳴り響いたので、何も盗らずに逃亡しようとしたところを逮捕された。警察署に連行される途中、刑事が「もうお前も年貢の納め時だな」と言うと、Xは涙ながらに訴えた。「そりゃ、そうですよ。妻には先立たれ、もう90ですから。」ところが、Xはそう言いながら、刑事のポケットの中に手を入れ手錠の鍵を盗もうとしていた。

　犯罪行為を行い、結果を生じさせたのであるなら、それは既遂犯となる。しかし、実行行為を行ったが、結果が生じなかった場合はどうなるのであろうか。刑法はこれを未遂犯とし、任意的減刑事由としている（43条）。つまり、既遂犯と同じ処罰も可能だとしているのである。**事例1-7**の①のように、ピストルは撃ったが弾がそれたというように、実行行為は明らかに行われ、ただ結果が生じなかったという場合を実行未遂といい、②のように実行行為がまだ終了していない場合を着手未遂といっている。いずれも実行行為が始められたことが条件となるが、それでは、このような実行行為の着手があったのはいつからか。未遂犯においてはこれが重要な問題となる。実行行為というのは結果発生の現実的な危険性をもつ行為であるから、そのような行為が行われた場合に未遂犯の成立が認められることになるが、問題はそう簡単ではない。**事例1-7**の①で刑事のポケットの外側に触れた行為は実行行為の着手はなく、②で刑事のポケットの中に手を入れた時点で着手があったとみるのが判例（最決昭和29年5月6日刑集8巻5号634頁）であるが、その現実的な差は微妙である。実行行為

を行う者の主観的な差が反映しているともみられる。つまり、自転車を窃盗しようとしてハンドルに手をかけた場合と、どれを盗もうかとアタリをつけるためにハンドルに手をかけた場合とで、客観的には行われた行為は同じでも、結論が異なることになる。また、②の事例では実行行為が行われていたのであろうか。他人の住居に侵入したことについては住居侵入罪が成立していることは明確であるが、窃盗目的で侵入したにせよ、侵入してすぐに警報器が鳴り逃亡したというのであるなら、窃盗の実行行為は行われていないとされる。判例はこの点で物色説、つまり物を盗ろうとして物色を始めた時点で窃盗の実行行為の着手（窃盗の未遂）を認める（大判昭和9年10月19日刑集13巻1473頁）。Xが宝石を探し始めていたとするなら、窃盗未遂でも処罰されることになろう。

ところで、②のXは警報器の音で犯行を中止したのであるが、仮に物色を始めたが、こんなことをしていては人間がダメになると反省して止めたとしたならどうなるであろう。刑法43条但書は、「自己の意思により犯罪を中止したときは、その刑を減軽し、又は免除する」としている。つまり、必要的減免である。これは刑事政策的意味と犯罪の危険性の減少を根拠とするものである。このような中止未遂は、反省まで必要とするかは別として、自己の意思によって止めることが必要であるから、例えば被害者の血を見て止めた場合には中止未遂にはならない。しかし、①の場合、Aがもう一発拳銃を発射できたのに、もう年だから2発目を撃っても当たらないから止めたという場合はどうであろうか。議論はあるが、完全に中止未遂を否定することはできないであろう。

### (7) 共　犯

> **事例1-8** 犯罪集団Σは、集団の結束力を高めるため、ポイント制を実施していた。それは、①いっしょにやったら5ポイント、②計画立案は4ポイント、③誰かにやらせたら3ポイント、④物資提供は2ポイントであり、100ポイントで幹部候補になるというものであった。Σに所属する容疑者を逮捕し、ポイント制を知った刑事はあきれかえり、「世の中をなめるんじゃない。こんな遊び感覚で犯罪をやるなんて！」と怒鳴り散らした後、「それにしても①と②とは逆じゃないか？」と不謹慎にも考えてしまった。

刑法は基本的に単独での犯罪を想定しているが、現実には複数の者による犯罪の実行も少なくない。そこで刑法は複数の者による犯罪形態を共犯として規

定し処罰するのである。事例1-8の①のように、犯罪に複数の者が直接関わること、つまり「二人以上共同して犯罪を実行した」場合を共同正犯という。これが認められるためには、共同実行の意思と共同実行の事実が必要である。これは刑法60条が規定するように共同正犯はすべて正犯となる、つまり単なる関与者ではなく、すべての者が自ら犯罪を完全に行ったということになるのであるから当然の要件である。もっとも、単独犯罪と違って、共同正犯は1つの犯罪実現のなかでの役割分担が考えられる。そこで犯罪実現に向けてそれぞれが重要な役割を演じているとするならば、実行行為の一部の分担でも犯罪全体についての責任を負うべきであろう。これを一部行為の全部責任と呼んでいる。この観点からよく問題になるのは「見張り」は共同正犯であるかという問題であるが、判例は（最判昭和23年3月16日刑集2巻3号220頁）、その全体の犯罪における重要性が認められる場合には肯定的に考えている。

事例1-8の③のように、誰かに犯罪をやらせるような形態を刑法は教唆としており（間接正犯との違いについては(3)を参照）、④のように犯罪の実現を容易にするような形態を幇助としている。教唆は被教唆者が犯罪実行の決意を生じさせるものであるが、幇助はすでに犯罪決意をしている者の実行行為を容易にすることである。教唆には正犯の刑が科されるが、幇助は刑の必要的減軽がなされる。このような教唆・幇助には、当然その目的とする犯罪（正犯）が存在しなければならないが、現在の通説では正犯に責任までは要求されていない（制限従属形式）。

ところで、事例1-8の刑事が①と②はポイントが逆ではないかと考えたのも無理はない。犯罪実現に向けて計画・立案する者は全体を指揮している場合も少なくない。それが実行行為を行っていないという理由で教唆であるとか幇助（この場合には精神的幇助になるであろうが）にすぎないとみるのは、犯罪の実態や犯罪予防の視点からも問題であろう。そこで、考えられた理論が共謀共同正犯である。これは実行行為を行っていない者を共謀したという事実だけで処罰するものであるから、かつては一般に否定されていた。刑法が基本とする個人責任を否定し、団体責任を認めることになるからである。しかし、判例がこれを一貫して容認している以上、一旦はこれを肯定し、内部から制約していくことも学説の使命なのかもしれない。共謀の概念に絞りをかけたり、共謀者と実

行行為者の関係を間接正犯類似であるとか行為支配としてとらえ、これを肯定する学説が増えている。たしかに、圧倒的な心理的支配をもって実行行為者に指示し行為をコントロールする場合に、単なる教唆・幇助以上の犯罪性を認めることは不合理ではないが、多くの共謀共同正犯の事例においては理論的な問題は残る。そうすると、基本的には 事例1-8 の①と②は逆になってはいけないのである。むしろ刑法の基本的な考え方からすれば、②は③ないし④と同様にとらえられるべき事柄である。

　なお、2017年に国会審議で問題となった法案の共謀罪とは、英米法上の共謀罪（コンスピラシー conspiracy）の考え方を「テロ等準備罪」という法形式で日本の法制度に導入するものである。コンスピラシーとは、最低2人の人間の間で犯罪の実行を計画段階で合意することを前提に、その内の最低1人がその犯罪を実行するために何らかの行為（犯罪実行行為自体ではない徴表的行為（overt act））をすることで成立する犯罪である。日本の共同正犯を拡張的に認めた「共謀共同正犯」とは異なり、実行の着手は要件とされず、予備行為やその前段階の行為（準備行為）である金品の授受、電話をかけるなどの犯罪と直結しない行為も広く含まれる。英米では犯人全員に、同一の刑罰を、合意した犯罪を自ら実行したときと同程度の重さで科して処罰することができる。

　日本では犯罪を実行したこと（実行行為）で犯罪とされ刑罰を科すのが原則である。しかし、共謀罪では実行行為にいたらない犯罪の計画に合意した段階を犯罪として処罰するもので、本来は例外的なものとして、爆発物取締法などの限定された特別刑法に存在するものであった。法案を提出した政府は「テロ等準備罪」の名称で対象となる罪を277とした。しかし、組織犯罪、特にテロとは無関係と思われる税法や著作権法なども罪となり範囲は広く不明確で、一般市民が巻き込まれる危険性が高く、計画段階での合意を犯罪とするため、捜査機関による盗聴の危険性や司法取引による特定個人をねらった法律の濫用が懸念される。憲法上の思想良心の自由（憲法19条）を侵害する危険性があり、表現の自由（憲法21条）が委縮するなどの悪影響が心配される。

　現時点で既存のテロ対応法として、核テロリズム防止条約をはじめとしてハイジャックや化学兵器の使用などには犯行の前の段階を罰する予備罪などもあり、テロ対策に有効な締結条約として13の条約に締結・批准し国内法化して

いる。さらに、国内法的には、銃刀法による銃規制を前提に、共謀罪規定13個、陰謀罪8個、予備罪37個、準備罪8個の規定が存在する。従前の刑法概念を修正するような形態での新たな法規制が果たして必要か、法適用の濫用の危険性や弊害を考慮した場合、共謀罪は必要性や妥当性において問題がある。

## 3 違 法 性

### (1) 違法性の本質

　行為が構成要件に該当すると、原則的に違法性が推定され、例外的に違法性阻却事由がある場合にのみ推定が破られ、行為の違法性が阻却され犯罪不成立となる。そこでは、違法とは法規違反をその本体とする禁止又は命令違反であるとする**形式的違法性説**が該当する。しかしながら、現代社会では社会生活の複雑化、価値観の多様化にともない違法性段階では違法性阻却事由について法益相互の衝突が生じ、その調整を図ることが重要な課題となっている。それゆえに、違法性の本質については、形式的な法規を超えた実質的観点から検討する必要性が生じてくる（**実質的違法性論**）。

　犯罪とは、刑罰という峻厳な内容をもった害悪の対象となるのに値するのに十分なだけの「悪い行為」でなくてはならず、この刑罰に値するだけの悪さこそが違法性なのである。刑法が国民の利益を保護し社会秩序を維持するものである以上、違法性の本質は、刑法により保護すべき利益である**法益**の侵害及びその危険性である（**法益侵害説**）といえよう。そこでは、構成要件に該当する行為は、原則的に法益を侵害したか侵害の危険性がある行為である。この考え方では、違法性阻却事由により違法性が阻却される場合とは、侵害された利益以上の刑法的に価値ある行為を認定するという法益衡量にもとづく優越的利益が認められた場合となる。このような理論に対して、違法性の本質を法規範違反として理解する**法規範違反説**がある。この考え方では、悪い行為とは道義秩序や社会的相当性を内容とする法秩序に違反している行為となる。しかし、現代社会では、価値観が複雑に多様化し同時に流動化していることから、道義や倫理についての明確な価値観は形成されておらず、このような不明確な概念で悪い行為たる違法性を認定することは、特定の人々の価値観を国民一般に刑罰をもって強制することにもなりかねない。それゆえに法益侵害説が違法性の本

質として妥当である。

(2) 違法性阻却事由

　刑法は、違法性阻却事由として法令行為・正当業務行為（35条）、正当防衛（36条）、緊急避難（37条）を規定しているが、このほかにも理論上の違法性阻却事由が存在し、特に超法規的なものとしては、自救行為、義務の衝突、被害者の承諾などがある。

● 正当防衛（36条）

> 事例1-9　Ｙは深夜の帰宅中、突然、物陰に隠れていたＡから襲い掛かられ、自らの生命や身体の安全を守るためにＡを殴りつけて失神させ、結果、Ｙは無傷で逃げることができた。ＹはＡから傷害罪で訴えられた。

　Ｙは、突然にＡから襲われ、自分の生命・身体の安全を守るためにＡに傷害を負わせたのであり、正当防衛が成立するから、ＹにはＡが訴えている傷害罪は成立しない。正当防衛とは、急迫不正の侵害に対し、自己又は他人の権利を防衛するためにやむを得ずした行為であり、違法性が阻却され処罰されない行為である。本来、法治国家では、私人の自力救済は認めるべきではないが、侵害が急迫しており、国家機関による保護をもとめるいとまのない場合には、不正な侵害行為を自らの力で排除して、自己又は他人の権利を保全することは私人の侵しがたい自然的権利として正当化できる。正当防衛の成立要件としては、①急迫不正の侵害、②権利防衛行為、③防衛行為の必要性・相当性がある。

　①急迫不正の侵害　「急迫」とは、法益侵害の危険が現実に切迫していることで、過去や将来の侵害に対しては正当防衛は認められない。また「不正」すなわち違法な侵害行為が正当防衛には必要で、法益侵害の事実があれば、責任能力のない者の行為でも当然に正当防衛の対象になる。正当防衛は、緊急避難のように「正」対「正」の関係ではなく、「正」対「不正」の関係を前提としている。もっとも、侵害行為は人間の行為に限定する必要はなく、人の故意又は過失により引き起こされた動物による侵害行為であっても、その人の行為の一部として全体として違法な侵害といえることから、このような動物による侵害行為を排除する行為は正当防衛といえる。まったくの自然現象としての他

人の動物の侵害については、法は人間共同体のみの規範であることからおよそ「不正」の侵害ではなく、これを排除する行為（**対物防衛**）は緊急避難となる。しかし、違法か否かは客観的に判断すべきであり、法益への侵害や危険性が存在すれば当然に違法状態といえることから、正当防衛の対象を人の行為に限定せず、動物の挙動も含まれると理解すれば、対物防衛行為についても正当防衛を認めうる。また、相手を挑発して防衛者自身が不正の侵害を招いた場合（**自招侵害**）についても正当防衛は成立しない。

②権利防衛行為　　正当防衛は、自己又は他人の権利を防衛するためになした行為であることが必要である。「他人」の中には広く国家・社会的法益も含まれる。また、「権利」とは、特定の権利ではなく広く法益一般を指している。生命、身体、財産に対する侵害のほかに、抽象的・無形的権利に対する侵害も、権利として保護すべき生活利益である時には、正当防衛の対象となる。**権利防衛行為**というためには、主観的に侵害排除の意思である**防衛の意思**が必要とされる（最判昭和46年11月16日刑集25巻6号996頁）。もっとも、防衛の意思と攻撃の意思とが併存していても、積極的に相手を加害する意思がないかぎり、防衛行為となりうる。

③防衛行為の必要性・相当性　　必要性とは、不正の侵害を排除するのに防衛行為が必要かどうかであり、**相当性**とは、社会通念上、防衛行為としての妥当性が認められるかどうかである。最近では、必要性は、むしろ相当性判断の１つの要素として把握され、独立した要件としては理解されない方向にある。防衛行為が相当であるか否かは、法益の大小、侵害行為及び防衛行為の性質、態様を考慮して優越的利益の原則により導かれることになるが、少なくとも緊急避難と異なり、正当防衛については防衛行為の相手方は、不法な侵害者であることから、厳格な法益の均衡は要求されない。もっとも、法益の均衡をある程度以上欠く場合には、相当性を欠くことになり防衛の程度を超えたものとして、行為は違法となり、過剰防衛となるため犯罪が成立し情状により刑が減軽又は免除される。

- 緊急避難（37条）

事例1-10　Yは深夜の帰宅中、突然、物陰に隠れていたBから襲われ、自らの生命や身

体の安全を守るために目の前にあったA宅の生け垣を踏み越えてAの自宅敷地内を通過して逃げた。YはAから器物損壊と住居侵入で訴えられた。

　Yは、Bから襲われ、自分の生命・身体の安全を守るために無関係の第三者であるAの自宅の生け垣を破壊して（器物損壊）、敷地内に立ち入り（住居侵入）逃走したのであり、緊急避難が成立するから、YにはAが訴えている器物損壊罪や住居侵入罪は成立しない。自己又は他人の生命、身体、自由もしくは財産に対する現在の危難を避けるためやむをえずしてなした行為であって、他にその害悪を避ける方法がなく、またその避難行為から生じた害悪が避難行為によって避けようとした害悪を超えないときには、これを罰しないとしている。「緊急は法をもたない」というローマ法以来の考え方を前提としている。緊急避難は、正当防衛のように不正の侵害に対抗するものではなく、ただ現在の危難を避けるために第三者に損害を転嫁する行為であることから、その要件は一段と厳格になっている。このように緊急避難は、正対正の関係であることから、その本質を違法性阻却と見るのではなく、期待可能性を阻却すると解する責任阻却説や優越する法益保持のための緊急避難は違法性阻却であるが、対等の法益保持のため、例えば人対人のような場合には、緊急避難は責任阻却事由となるとする二分説がある。緊急避難の成立要件としては、①現在の危難・法益、②手段の相当性が必要とされる。また、正当防衛において防衛の意思を必要とする場合には緊急避難にも同様の**避難の意思**が要件となる。

　①現在の危難・法益　　目前に切迫した客観的な危険状態を「現在の危難」という。危難は、法益の侵害又はその危険の生じうる状態をいい、人間の行為には限定せず、正当防衛の対象からは外された自然現象についても、法益への切迫した危険を生じさせている場合には、現在の危難として緊急避難の対象となる。具体的な避難法益としては、生命、身体、財産等の個人法益に限らず、国家・社会的法益をも含むとするのが判例・通説である。もっとも、名誉のような無形的法益の保持のための緊急避難も一応可能ではあるが、実際には次の手段の相当性から認めにくい。

　②手段の相当性　　緊急避難行為が違法性を阻却されるためには、避難行為から生じた害が、避けようとした害の程度を超えないという**法益の権衡**を必要

とする。これは、法益の両立が難しいときに優越的利益を優先させる考え方である。もっとも、緊急避難は、本来不正でない第三者への危難の転嫁を正当化するものであるから、単に優越的利益であることのみをもって法益の権衡が図られたとするのではなく、劣った法益を犠牲にする以外に危険を回避し法益の存立をはかる方法が他に存在しないときにやむをえずにした場合に限って肯定される（補充の原則）のである。他の方法が存在しないということは、現実的な可能性のある方法がないという程度の趣旨であり、補充の原則をあまりに厳格に要求すると緊急避難の成立余地が極端に限定されるおそれがある。相当性を欠いた避難行為は、過剰避難となる。

● 過剰防衛、過剰避難（36・37条）

**過剰防衛**とは、正当防衛が防衛の程度を超えた場合であり、**過剰避難**とは、緊急避難がその程度を超えた場合である。これらの場合は、正当防衛や緊急避難とは異なり、違法性は阻却されず、犯罪は成立するが、刑が任意的に減軽又は免除される。

過剰防衛では、客観的に急迫不正の侵害が存在し、権利保全の必要性から排除行為を行っている点で、防衛行為の様相を呈してはいるが、手段について相当性の限界を超えたため違法性を阻却されないもので、相当性の欠如が軽微である場合とか行為者が不正の侵害に冷静さを失ったために過剰になった場合のように、行為者への非難可能性が欠如するかもしくは減弱していることから、刑が減軽又は免除されるのである。もっとも、過剰防衛では、急迫不正の侵害は必要であることから、急迫不正の侵害がないのに誤って実在すると信じて防衛行為をなす場合は、誤想防衛の問題となる。

過剰避難は、危難の現在性が存在し、危難から法益を保全する目的でした行為ではあるが、法益権衡を欠くか、補充の原則を充足しないもしくは手段の相当性を欠くために避難の程度を超えた場合である。法益に対する現在の危難が存在しないのに、誤って存在するものと信じて緊急避難行為をする場合は、誤想避難の問題となる。

誤想防衛・誤想避難の場合には、正当防衛・緊急避難は成立せず、故意が阻却される場合がありうるが、過失犯処罰規定がある場合には、過失犯が成立しうる。

- **自救行為、義務の衝突**

　**自救行為**とは、法律上の手続によらずに自力で権利の救済、被害の回復を図る行為である。盗品を犯人から奪い返すように、不正な侵害が終了した後の過去の侵害に対する被害回復行為であるため正当防衛は認めにくい。**義務の衝突**とは、同時に相容れない２つの義務が存在し、一方を履行するためには他方を怠る（不作為による）ことになる場合である。弁護士が被告人の利益のため業務上知りえた他人の秘密を漏泄しても超法規的に違法性が阻却されるような場合である。正当行為もしくは緊急避難ともなりうる。

- **法令行為・正当業務行為（35条）**

　法令による行為及び正当な業務による行為は、違法性が阻却され、これを罰しないとしている。さらに、35条は法秩序全体の精神から適法とされる行為すべてを広く違法性阻却する規定である。

　法律又は命令上許容された行為であれば、法秩序にもとづく行為として適法な行為となる（**法令行為**）。法令行為の典型が公務員の職務行為である。公務員による死刑や自由刑の執行は、刑事訴訟法等にもとづく行為として、たとえ法益侵害が存在するとしても、侵害を上回る社会的優越的利益が存在することから、権利行為として許容され犯罪とならない。違法性が阻却されない場合は、その法令行為は違法とされ、正当防衛の対象となる。

　一般的な業務活動で正当な行為は、法令に規定がなくても**正当業務行為**として違法性が阻却される。医師の治療行為は、体を切るなどの法益侵害が一応存在することから構成要件該当性が認められるが、緊急性や必要性から正当な治療行為である場合には、患者の同意ならびに優越的利益により違法性が阻却されることになる。ボクシングや相撲などのスポーツによる攻撃行為についても、スポーツの目的で、ルールを守って行われ、なおかつ相手の同意にもとづいていることを理由として正当業務行為として違法性が阻却される。

- **被害者の承諾（同意）**

　やくざの指つめやマゾヒズム行為のように被害者自らが加害行為に対して同意を与えている場合である。個人的法益の主体自らが法益を放棄していることから、個人の自己決定権を尊重し、保護利益そのものがなくなり犯罪構成要件に該当しないと考えうるが、刑法は同意殺を犯罪（202条）としていることから、

生命についてまで自己決定権を認めているわけではない。判例は、行為が社会的に相当であるか否かを問題にして上記のような例では違法性は阻却されないとしている。また、被害者の同意を前提としてさらに優越的利益を保全するための行為として正当化される可能性があるものとして**安楽死**（euthanasia）がある。特に問題となる積極的安楽死では、激しい苦痛から患者を解放する手段として死を与えるものであり、被害者の同意を前提とし同意殺に該当したうえで、その行為の違法性を阻却できるかという問題である。オランダではすでに法的に安楽死が認められている。安楽死はリビング・ウィル（living will）の問題でもあり、インフォームド・コンセント（informed consent）も関わってくる。判例は正当化の要件として、不治の病であり、死期が切迫していること、苦痛が甚だしいこと、死苦の緩和を目的とすること、本人の真摯な嘱託または承諾があること、原則医師によること、方法が社会通念上妥当であることなどの厳格な6要件を課している（名古屋高判昭和37年12月22日高刑集15巻9号674頁）。

しかし、安楽死と尊厳死が区別されて議論されているにもかかわらず、日本の定義自体アメリカの定義と幾分異なるものであり、苦痛を長引かせないことを主眼に、人為的に死なせるのが安楽死である。薬物を使うなどして死期を早めるものを積極的安楽死、積極的な治療の中止によるものを消極的安楽死と呼ぶこともある。尊厳死は患者の意思にもとづいた死期の決定で、日本尊厳死協会などは患者の意思による延命治療の中止を尊厳死と呼んでいる。

● 可罰的違法性論

形式的には構成要件に該当して、違法性阻却事由が存在しない場合であっても、構成要件が予定した処罰に値するだけの違法性の量ないしは質を備えていないことから、犯罪不成立とする理論である。違法性の量ないしは質の問題は、違法の相対性となって現れる場合がある。例えば、民法上は不法行為として違法なものが、刑法上は必ずしも違法とはいえない場合である。これに対して狭義の可罰的違法性の問題では、結果ないしは行為態様の軽微性で可罰性を否定できる絶対的軽微の場合ならびに軽微性のみでは可罰性を否定できないが、目的・手段等を考慮すれば処罰に必要な程度の違法性を欠くことになる相対的軽微の場合とに分類できる。前者は構成要件が違法行為類型であることからの構成要件該当性の問題であり、後者は違法性における実質的違法性阻却事由に解

消することができる。この理論の背後には、刑法の謙抑性の考え方がある。

> **事例1-11** 超高齢社会を迎えた日本では、人生の終末の迎え方は大きな問題となっている。特に、患者自らの意思で人工呼吸器などによる延命措置を受けずに最期を迎える「尊厳死」については、2011年に「尊厳死法案」が超党派の国会議員たちにより公表された。人の生命は重要である。医療は最期の瞬間まで最善を尽くすべきだ。しかし、自らの意思で自分の最期を決定したい。望まない延命措置は受けたくない。
>
> 　人間の尊厳を保持したまま死を迎えたいという素朴な希望を社会はどこまで受け入れたら良いのだろうか。法により人の死を規制することは本当に良いのだろうか。
>
> 　1995年3月28日に横浜地裁で殺人罪として懲役2年、執行猶予2年の有罪判決を受けた徳永医師の東海大安楽死事件がある。ヒットラーが第二次世界大戦中にアウシュヴィッツ＝ビルケナウ強制収容所で行った数十万人に上る大量殺戮は「慈悲による死」として正当化されていた。安楽死は犯罪ではないのか。
>
> 　　　　＊　　　＊
>
> A：　東海大安楽死事件は、1991年に東海大学医学部付属病院に多発性骨髄腫で入院していた患者に対して徳永元助手が家族の強い要請により塩化カリウムなどを注射して死亡させたという事件です。患者本人による死への同意はありませんでした。横浜地裁は殺人罪として懲役2年、執行猶予2年の有罪判決を下しました。
>
> B：　どうして殺人罪になるのですか。末期ガンの患者に人間らしく尊厳を保って死を迎えさせることが犯罪なのでしょうか。法律はあまりに形式的すぎやしないかなあ。
>
> C：　家族の人たちもとても耐え難かったと思う。苦痛に喘ぐ本人の気持ちも察してあげれば、安らかな死によって苦痛を取り除ければ、それは決して犯罪ではないと思う。
>
> A：　当時の横浜地裁の松浦判事の認定では、患者の苦痛の性質・内容について家族は正確に認識しておらず、肉体的苦痛は存在しないとし、さらに患者の明示の意思表示が存在しないとしています。こんな状況で安楽死が本当に認められるのでしょうか。人の命を人間自らの手で断つのに、あまりに不十分な気がします。
>
> 　判決は安楽死が認められる要件のうちで、耐え難い肉体的苦痛があること、患者本人の安楽死を望む明確な意思表示があることの2要件が満たされていないとして、徳永医師の行為の違法性を阻却していません。もっとも、徳永医師の置かれた状況を情状として考慮し、温情的な量刑となっています。付け足しですが、従前の名古屋高裁の要件を修正した横浜地裁の積極的安楽死の要件は、患者が耐え難い肉体的苦痛に苦しんでいること、患者は死が避けられず、その死期が迫っていること、患者の肉体的苦痛を除去・緩和するために方法を尽くし他に手段がないこと、生命の短縮を承諾する患者の明示の意思表示があることの4要件でした。
>
> B：　ところで積極的安楽死を認めている国は、1992年のスイスをはじめオランダ、ベルギー、ルクセンブルグ、カナダなどがあり、アメリカでもオレゴン州、ワシントン州、モンタナ州、バーモント州、ニューメキシコ州、カリフォルニア州（2015年）で認められていますし、J. キボキアン元医師による死を願う21件の末期患者への自殺幇助行為が問題となりました。2005年3月にはフロリダ州で約15年間にわたり植物状

態だったテリ・シャイボについて、州地裁の決定に従い主治医が生命を維持させていた栄養補給装置を外し尊厳死させた事件がありました。また、オレゴン州では1994年に一定条件のもとに致死量の薬物を処方することを認めた安楽死法（Death with Dignity Act）が住民投票の結果認められ、1997年には成立し2004年までに208人が安楽死しています。これに対して2001年に司法長官が致死薬の処方を禁止したのに対してオレゴン州政府が訴訟し、2005年に連邦最高裁は処方禁止は司法長官の越権行為として安楽死を是認しています。2014年には、「死ぬ権利」が認められ、自ら生命を絶つのに必要な薬剤を医師から処方してもらえるオレゴン州に移って尊厳死を選択したブリタニー・メイナードが死亡しています。近年患者の満足度を充足させる医療経営の考え方（PSM：Patient Satisfaction Management）からも安楽死は認められるのでは。

C： アメリカのテキサスでは、脳死状態になったら生命維持装置を外してほしいという母親の意思と胎児のために母親の生命を維持するという州法とが対立して、大きな社会問題になった（2014年のマリース・ムニョス事件）。オランダではすでに、本人の依頼により生命を意図的に終了させる安楽死をホーム・ドクターのレベルで現実に年間3000件余（全死亡者の2％前後）実行しており、これを合法化しているのが世界に先駆けて認めた1993年改正の死体処理法（de Wet op de Lijkbezorging）なんです。さらにベルギーでは安楽死は精神的苦痛であっても認められています。

A： なるほど。たしかに先進諸国では、自己決定権の尊重から人間らしい生き方の裏返しとして、尊厳ある死の迎え方が問題とされるのでしょうが、自己決定権の行使としての自殺ではなく、人の死に他人が関わってくるとき、まして医師には人間の生命を受胎のはじめより至上のものとして尊ぶという「ヒポクラテスの誓詞」という医の倫理があるんだから、問題ではないかな。

　治療行為としての苦痛除去や緩和としての行為の副次的効果として生命の短縮をともなうという消極的安楽死の場合と、死に勝るような激しい苦痛からの解放のために意図的に死を招く積極的安楽死の場合とでは、違法性阻却の理論構成も当然に異なることになる。特に後者には、自己決定権の問題以上に緊急避難的要素が入ってくるものと思われる。また自己決定権の現れとしての被害者の承諾（202条同意殺の問題）の前提となるインフォームド・コンセントのあり方やリビング・ウィルの考え方などを今後より一層充実させる必要がある。安楽死を認めるとしても、精神的な苦痛をも苦痛といってよいか、さらに生存価値のない生命についての安楽死まで認めることはかつてのナチス・ドイツの歴史を繰り返すことにもなりかねないことを忘れてはならない。

## 4 責 任

### (1) 責任主義

> **事例1-12** 信号無視による交通事故で20歳の青年を死亡させたAは、地べたに頭をこすりつけ青年の母親に謝っている。しかし母親は頬を涙で濡らしながら怒りをAにぶつけた。「謝罪なんかいらない。息子を返してほしい。うちは母子家庭で、息子にろくなものも食べさせられなかったけれど、立派に育ってくれた。今日は初めての給料で私にプレゼントを買ってくれるって言って家を出たばかりだったのに……本当に久しぶりの外食もしようって言っていたのに……。私はこれから一人でどうやって生きていけばいいのか教えて欲しい。」ここまでやっと言い終えると母親は泣き崩れた。そしてようやく「あなたには死刑になって欲しい」とかすれた声をしぼりだした。

　この母親の気持ちに刑法は無力である。しかし無力だからこそその限界を見極め、刑罰万能の考え方を諫めるとともに、処罰の意味を明確にしなければならない。Aの行った行為は過失行為であり、わざとその死亡結果をひきおこしたものではない。つまり故意ではないのである。**事例1-12**のように息子を殺された母親の心情は察するに余りあるものがあるが、遺族感情だけから処罰がなされれば刑罰は単なる報復に堕することになる。なぜ処罰するのかということを行為者の責任の問題として考えることが必要である。結果が生じればともかく処罰すればよいとか、刑罰を科しさえすれば犯罪は抑止できるという考え方は不当である。責任主義の考え方の本質はそのようなところにある。形式的には責任主義は、刑罰を科すためには責任が必要であるということであり、その要件として責任能力であるとか、故意あるいは過失が必要であるという考え方である。このような個人責任を要求することによって、刑法は結果責任や団体責任を克服して近代刑法に進化したのである。

　しかし、刑法の進化はそれにとどまらなかった。単に責任能力や故意・過失という心理的事実を要求するだけの理論（心理的責任論）では、責任の本質を明確にしたことにはならない。そこで犯罪者を責任があるという事実から処罰に導くための本質的内容として**非難可能性**を中心に据えたのである（規範的責任論）。つまり、責任は単に心理的事実だけではなく、それに加えて、犯罪行為を止めることができたのにあえてその行為を行ったということがなければな

らないことを内容とするのである（過失犯の場合には、注意すれば結果を回避できたのにそれをしなかったという内容となる）。あえてその行為を行ったという点に非難を加える根拠があるというのであるが、このような非難可能性が責任の中心にあるとするなら、「犯罪を止めることができた」といえる状況がなければ非難可能性はないといえる。難しくいえば行為の付随事情の正常性を要求し、適法な行為を行為者に期待できることが必要となった。そういう場合にのみ、その行為を前提に行為者を非難できることになる。これを期待可能性といっている。体系上の議論はあるが、この期待可能性がなければ責任は阻却されるのである。

> **事例1-13** ある窃盗団のボスであるAは、手下にいつもこう言っている。「おれはこの道30年、もう良いも悪いも超越した。この道のプロとして生涯一盗人として生きてきたし、これからも生きていくだけだ。捕まったってまたやるし、法なんて偉いやつが勝手に作ったものにしかすぎない。そんなもの知るか。」手下Bは考えた。ボスは昔からこうだったんだろうか。

　責任の本質が非難可能性にあるとするなら、事例1-13のAのように規範意識が低下した者の非難可能性はどのように考えられるのであろうか。やるべきでないことをあえてやったということを非難可能性の根拠にするなら、それは必然的に行為を行ったことについての行為者の意思に対する非難であることになる（行為責任、意思責任）。そうすると、Aはやるべきでないことについての意識が著しく低下しているのであるから、非難可能ではないということになる。しかし、それでは犯罪者が犯罪を重ねるほど責任がないということになりかねない。これが不当であることは明らかである。そこで、性格の危険性そのものを処罰しようという性格責任論が主張された。しかし、これでは結果責任以上に処罰範囲を広げ、しかも行われた行為を前提にしないのであるならその処罰も曖昧なものになりかねない。これは責任主義の立場から強く批判された。一方、行為責任・意思責任を維持しながら、人間の行為は素質と環境に決定されながら自ら決定するという側面をもつという見解を前提にして、事例のAは、そのような犯罪的人格を形成してきたことについて責任を負うべきであるという見解が登場した（人格形成責任論）。Bの最後の言葉に表れているように、Aは最初から犯罪的人格を有していたわけではなく、そのような人格を自ら形成

してきたという側面に光をあてようというわけである。この説によれば常習犯の加重処罰の根拠を説明することは容易になるが、人格の形成過程を説明することの困難性が一般的に批判されている。そこで、問題を少し違った角度からみてみよう。非難可能性についての通説的見解では、意思自由論を前提にして、他の行為をすることができたのにそれをしなかったことについての意思に非難が向けられるのであるが、このような考え方はかなり図式的である。しかし、非難可能性をもう少し実践的にみれば、そのような非難を加えることによって何がどう変わるのかという刑事政策的な側面も重要である。つまり、Aはたしかに頑固な犯罪的人格をもち、規範意識も低下しているのかもしれないが、刑罰を通じて非難を加えることによって何かが変わりうるものであるなら、Aの意思には自由な側面が存在する。Aは捕まってもまたやると言うのであるが、非難としての刑罰を科すことによって異なる動機付けがなされるとするなら、Aには非難されるべき理由があるということになる。Aには責任能力がないというのであるなら非難は無意味であるが、法に反する事実を行っているという認識があるのなら規範意識は低下しているのではなく、法に敵対する強度の意識が存在していることになる。それを根拠に非難可能性を考えるのは、このような実践的な非難可能性の考え方と軌を一にするものといえよう。

### (2) 責任能力

> **事例1-14** ある精神病で入院の経歴のあるAは、「神が命じた」という理由で自分の子を殺害し、その後自分も死のうとしたが死にきれなかった。Aの弁護人は心神喪失を主張し、複数の鑑定が行われたが、心神耗弱を主張するものと心神喪失を主張するものとが対立し、精神医学的な結論は出なかった。裁判所はこの場合どのように判断すべきであろうか。

責任の中核が非難可能性であるとし、その意味を期待可能性と関連づけて理解し、適法行為をすることができたのにそれを行わずあえて犯罪行為を行ったことに非難可能性があると考えるのであるなら、そのような行動をとったことについて、その意味を認識し、その認識に従って行動を起こしたことが必要である。前者を行為の**是非弁別能力**、後者を行為の**統御能力**といい、両者をあわせて責任能力といっている。有責行為能力という言い方もあるが同じ意味であ

る。一方、非難可能性を刑事政策的にとらえ、適法行為への単なる動機づけととらえるならば、責任能力はそのような動機づけに答える能力、つまり刑罰適応能力にすぎないものになる。通説は有責行為能力ととらえる説である。この責任能力の判断においては、現在、是非弁別能力と統御能力だけを考える心理学的方法と、精神の障害等によって判断する生物学的方法、及び両者を考慮する混合的方法とが対立する。責任能力判断は本質的には生物学的方法が中心となるべきものであるが、法的判断でもあることを考慮すると混合的方法によるのが合理的である。したがって、精神の障害により行為の是非を弁別する能力がなく、またその弁別能力に従って行動する能力が欠ける場合には心神喪失として責任が阻却される（刑法39条1項）。もっとも、この能力は程度の問題でもあるので、その能力が減弱している場合を想定し、刑法は心神耗弱として刑を減軽するものとしている（刑法39条2項）。

　ところで、このような責任能力判断が実際の判断においては鑑定による場合があるが、事例1-14のように矛盾した場合にはどのように考えるべきであろうか。上述したように、責任能力は責任非難の基礎であるから、その判断は精神医学上のものではではなく、法的な責任非難ができるかどうかの判断である。したがって、最終的には裁判官が犯罪を認定し刑罰を科すためのいろいろな事情を総合的に判断して決定すべきものである。しかしながら、複数の鑑定結果が一致して心神喪失を示すものであるのに、裁判所が完全な責任能力を認めることには問題がある。鑑定結果を慎重に吟味し、合理的な根拠を示しつつ責任能力判断をすべきである。事例1-14のように鑑定結果が異なる場合には、その鑑定の共通の了解事項を認定したうえで、裁判所としての独自の判断がなされるべきであろう。

事例1-15　Aは自分が酒癖が悪く、酔っ払うと人に暴力をふるう性質を有していた。ある日そのことをゼミの担当教員Bから注意され、酒を控えるように言われていた。ところが、注意されたことを快く思わないAは、Bに仕返ししようと思っていたところ、刑法の講義で責任能力の話を聞き、酒に酔って暴力をふるっても責任がないものと思い込み、これを利用しようと考え酩酊のうえ、暴行行為に及んだが、空手3段、柔道2段のBにあえなく撃退されてしまった。さて、担当教員Bに正当防衛が成立するとして、Aの暴行行為は犯罪であろうか。

責任能力は、責任非難の考え方からすれば、実行行為時に存在しなければならない。これを行為と責任能力の同時存在の原則という。ところが、この原則を一貫させようとすると、事例1-15のように、責任能力の欠けた状態を利用して犯罪を行う場合に、責任を問えないという不都合が生じてしまう。そこで、自ら責任無能力状態に陥れるというのは、自分を道具化することではないかという考え方が生まれた。つまり、間接正犯類似の考え方で、このような不都合さを回避することができるというのである。このように実行行為時には責任能力がないとしても、その原因行為時には責任能力があり（その意味で自由意思があり）、責任無能力状態をみずから引き起こしている以上、結果について責任を負うべきであるという考え方を原因において自由な行為といっている。ところが、この間接正犯類似の考え方によると、利用者基準説では事例1-15の場合には酒を飲んでいる行為を実行行為とするため未遂犯の成立時期を相当早めてしまうことになる。また、酒を飲んでいる間に寝てしまったような場合にも未遂が成立するが、これは明らかに不当である。さらに、自分を心神喪失にすれば道具化できるが、心神耗弱の程度にとどまった場合には道具化されていないのであるから刑の減軽があることになるが、結果行為だけをみると、完全な責任無能力の場合に原因において自由な行為の理論により完全な責任を問われるのに、是非弁別能力が残っていた場合に刑が減軽されてしまうのは不合理であると批判されている。そこで、同時存在の原則を緩める考え方が有力化している。この考え方にもいくつかあるが、要するに責任能力は原因行為時にあればよいのであって、実行行為はあくまで結果行為であると主張するのである。ただ、そのような見解においても、あまりに行為と責任能力の同時存在の原則から離れすぎるのは責任主義の観点から問題であるという意識が働いているのであり、原因行為と実行行為との間隙をいかにして埋めるかという点に配慮がなされるのが一般である。例えば、原因行為時の意思決定が結果行為においても継続し実現したとか、原因行為時の故意は結果発生の故意と責任無能力になることの故意の両方の内容を含むものでなければならないとか、あるいは実行行為は原因設定時に認められるが、未遂処罰に必要な結果発生の危険性は結果行為にあるとする見解もある。いずれも処罰の必要性による責任主義の緩和をどうとらえるかの問題である。

## (3) 故　　意

● 故意の概念

> 事例1-16　ダンプカーの運転歴30年のAは、自分の運転技術は日本一だと思っている。ある寒い冬の朝、狭い道路を走っていると、道路前方右側を小学生が集団登校で歩いてこちらにむかってくるのを発見した。同時に道路前方左側、小学生が歩いているちょうど反対側に軽自動車が駐車しているのも発見したが、このまま走って軽自動車を追いぬいても自分の腕なら小学生の列に突っ込むことはないものと考え、危険性は感じつつ走り抜けようとしたが、運悪く小学生の列に接触し数人を死亡させてしまった。

　刑法38条1項は「罪を犯す意思がない行為は、罰しない」と規定する。ここでいう「罪を犯す意思」が故意であり、犯罪には故意が必要であることを規定しているのである。それでは故意犯だけが処罰されるのかというと、刑法38条1項但書が「法律に特別の規定がある場合は、この限りではない」として例外としての処罰を認めている。この場合「特別の規定」というのは過失犯処罰のことをいう。したがって、犯罪は故意犯か過失犯かどちらかであることになる。

　それでは**故意**とは何か。通説によれば、それは犯罪事実の認識・認容であるとされている（認容説）。犯罪事実を認識・認容しているなら、犯罪を回避しようという動機形成が可能であり（反対動機の形成可能性）、それにもかかわらず外部的行為に出た場合には故意としての非難が可能であるとするのである。この点、犯罪事実の認識だけでよいのではないかという見解がある（蓋然性説）。しかし、犯罪事実の認識だけではそのような非難はできないのではないかという批判がある。もっとも、蓋然性説は犯罪実現の高度の蓋然性を考慮するのであるから、そのような認識があるにもかかわらず認容していない（結果の発生もやむをえないという意思）ということは通常ありえない。そうであるとするなら結論においてそれほどの差はないといえる。しかし、蓋然性説の判断は程度判断であるから、そこに難しさがあることは事実である。事例1-16のAは小学生の列に突っ込むことはないと考えていたのであるから、認容説においては故意ではなく過失犯の成立が考えられることになる。しかし、蓋然性説においては、その結果発生の蓋然性の認識が問題となるのであるから、Aが小学生の列に突っ込む可能性を高度に認識していた場合には故意犯（未必の故意）が成立

する可能性は否定できない。ただ、Aは結果発生も「やむをえない」という心理状態にはなかったのであるから、結果発生の蓋然性の認識はないともいえる。この点で蓋然性説の結論は認容説の結論と大きな差はないといえるのである。

> **事例 1-17** 医師Aは、自己の宗教的信条にもとづき、希望のない治療を続けることは本人にとっても医療倫理の面からも間違っているという確信をもって、余命1月の患者Bの苦痛を除去しようとして、これを殺害した。

故意には、犯罪事実の認識・認容だけでなく、違法性の意識が必要であろうか。判例は一貫してこれを不要としている（最判昭和25年11月28日刑集4巻12号2463頁）。刑法38条3項に「法律を知らなかったとしても、そのことによって、罪を犯す意思がなかったとすることはできない」とあるが、そこでいう「法律」は違法性を意味することになる。事例 1-17のような積極的安楽死が確信犯的に行われても、犯罪事実の認識・認容があれば犯罪は成立することになる。これは事実認識があれば違法性についての認識を推定してもかまわないと解することも可能であり、そうするとこれは反証を許さない「違法性の意識の可能性」の推定と考えられることになる。このような考え方は権威主義的であるとの批判が強い。そこで、違法性の意識は故意の要件であり、それが欠ければ故意がないとする厳格故意説が主張される。これによれば事例 1-17のAには故意が欠けることになるが、その不合理性について批判がある。そこで、違法性の意識は不要であるが、その可能性は必要であるという説が主張された（制限故意説）。事例 1-17のAには自己の行為を正しい選択であると確信しているのであるから違法性の意識は欠けるかもしれないが、違法性の意識を欠くことについて十分納得できるだけの理由がないかぎり、違法性の意識の可能性は否定されない。したがって、故意犯が成立することになる。これらの説に対して、違法性の意識ないしはその可能性を故意とは別の責任要素だと考える責任説がある。これは故意を単なる事実的故意とみる点に特徴があるが、批判もそこにある。事実的故意では、故意犯を基礎付けるには不十分であるというのである。

● 錯 誤 論

> **事例 1-18** ①AはBをCだと思い、殺意をもってBを殺害した。

②AはBを殺そうと思い拳銃を発射したが、弾はBを外れCに命中し、Cを殺害してしまった。
　③AはBをマネキン人形だと思い拳銃を発射し、Bを殺害してしまった。
　④Aはマネキン人形を撃つつもりで拳銃を発射したが、弾は外れBに命中し、Bを殺害してしまった。
　⑤Aはマネキン人形を撃つつもりで拳銃を発射したが、弾は外れ民家のガラス窓を損壊してしまった。

　行為者の認識した事実と客観的な事実とが異なる場合を錯誤といって、その処理方法には学説上の争いが生じている。錯誤は大きく分けると、犯罪事実についての錯誤と、その行為が法的に許されているかどうかについての錯誤とに区別される。前者を事実の錯誤、後者を法律（違法性）の錯誤といっている。事実の錯誤については、同一構成要件内の錯誤を具体的事実の錯誤といい、異なる構成要件間の錯誤を抽象的事実の錯誤といっており、それぞれ処理方法が異なる。事実の錯誤があれば犯罪事実の認識がないわけであるから故意がなくなる。一方、法律の錯誤については前述した違法性の意識についての考え方が結論に差異を生じることになる。これらの錯誤についての学説では、法定的符合説と具体的符合説との争いが重要である。前者は認識した事実と客観的に存在した事実とが構成要件の範囲内で符合していれば故意を認める立場である。これが通説であるといえるが、後者の具体的符合説も有力である。これは認識事実と客観事実とが具体的に符合していることを要求するものである。これを事例によって説明してみよう。事例1-18の①は殺害の対象を誤っている。これを客体の錯誤というが、法定的符合説でも具体的符合説でもBに対する故意が認められている。法定的符合説では、BであろうとCであろうと殺人の構成要件である「人を殺した」ということについての認識に誤りはない、と考える。では、認識事実と客観事実との具体的な符合を求める具体的符合説ではどうなるのか。厳密にこの説を考えれば、BをCと間違えて殺したのであるから、その意味では具体的な符合はないともいえる。しかし、これではいかにも不合理である。そこで具体的符合説は、そこにいる人間を殺そうと思って、現にそこにいる人間を殺したのであるから認識事実と客観事実との間に錯誤はなく故意が認められるとするのである。事例1-18の②は行為者が殺そうとした相手に間違

いはなかったが、弾がそれて別の者を殺害してしまった。このような錯誤を**方法の錯誤**といっている。これについて、法定的符合説では、錯誤を構成要件を基本にして考え、人を殺そうと思って人を殺しているのであるから、そこに構成要件的な錯誤はないと考える。つまり刑法199条には「人を殺した」としか書かれていないのであり、BとかCとかと特定されているわけではないから、故意の内容として人という認識があり客観的に人を殺していれば錯誤はないと考えるのである。ではこの点について具体的符合説はどう考えるのか。行為者が認識した事実と客観的な事実とが符合することを要求するのであるから、Aはそこにいるbを殺そうとしただけであり、そこにはいなかったCを殺そうとはしていない。したがって、Bに対する殺人の故意はCには認められない。つまりCについては錯誤があり故意が否定され、過失犯の成否が検討されるだけである。Bについても結果は発生していないので殺人未遂にしかならないことになる。Bについての殺人はたしかに失敗したものであり、Cについて殺そうという意図は現実にはなかったのであるから、この点で一般の常識に合う結論であるかもしれないが、Aが有していた殺人の故意とそれにもとづく行為と結果が因果関係で結ばれていることをみれば、法定的符合説の結論も常識に反するものではない。ただ、法定的符合説の場合、BをKしCも殺害したという場合、2つの故意を認めることになるが、この点で批判がある。もっとも、具体的符合説でも、事例1-18の⑤のような場合、器物損壊罪の未遂と過失による器物損壊罪が認められることになるが、それらは不可罰であるという点で批判がある。ところで、事例1-18の③と④については、異なる構成要件間の錯誤であるので、法定的符合説では結果についての故意が否定され過失犯しか成立しない。具体的符合説でも同様の結論が肯定されることになる。

　法律の錯誤については、上述したように、違法性の意識のとらえかたによって結論が異なることになるが、故意に違法性の意識の可能性を要求する立場では、法律の錯誤により違法性の意識がなかった場合であっても、その可能性があれば故意が認められることになる。もっとも、その誤信について相当な理由が在る場合には故意責任は問えないとするのが通常である。

　なお、違法性阻却事由についての錯誤について、それが事実の錯誤か法律の錯誤かの問題がある。例えば正当防衛の要件がないのにあると信じた誤想防衛

の場合、自己の行為が正当防衛であるから許されるということについての錯誤、つまり違法性そのものの錯誤と理解する立場もありうるが、正当防衛そのものの判断を誤解しているのではなく、その違法性阻却についての事実について錯誤しているのであるから、やはり事実の錯誤として故意を阻却すると考えるべきである（大判昭和8年6月29日刑集12巻1001頁）。また、事実の錯誤か法律の錯誤かが問題となった有名な判例に、「たぬき・むじな」事件（大判大正14年6月9日刑集4巻378頁）と「むささび・もま」事件（大判大正13年4月25日刑集3巻364頁）がある。前者はたぬきをむじなとして捕獲し、後者はむささびをもまとして捕獲したものである。たぬきもむささびも当時は禁猟獣とされていたのである。ほぼ同じ事例であるから結論は同じになるはずであった。ところが前者の事件については事実の錯誤、後者については法律の錯誤とされた。これは一般人の認識においてたぬきとむじなは別物、むささびともまは同一物で一地方での別名にすぎないと考え、前者では事実の認識において錯誤があり、後者ではそこに錯誤はなくただ法律の錯誤があるにすぎないと解釈すればつじつまは合う。しかし、一地方の別名であろうと、行為者の主観ではそれはもまでありむささびではない。この点で両事件に差異はない。そこで、両事件において事実の認識として必要であるのは禁猟獣という法的評価を加えていないそこにいる稀少動物を捕獲するということであるなら、法律の錯誤として解釈されることになる。いずれにしてもこの違いは微妙である。

### (4) 過　　失

- **過失犯の構造**

> **事例1-19** Aは大学から帰ると、専業主婦の母親に突然話しかけた。「おれ、もう車の運転止める。」いつも病院まで車で送り迎えしてもらっている母親はそれでは困ると思い、「どうしてそんなこと言うの？送り迎えが嫌になったの？」と慌てて尋ねた。「そうじゃないけどさ。大学のB先生が言ってたんだけど、交通事故って過失犯っていうんだけど、それって予見可能性ってやつがあればいいんだよな。そうすると交通事故は頻繁に起こってるんだから、乗るたびに事故るんじゃないかって思うんだよな。不可抗力でも予見可能性があるって言われたらやってられないよ。」母親はあきれ顔でこう言った、「予見可能性は何となくあるなというものじゃなく、具体的な結果の予見可能性じゃなきゃだめだって教えてもらわなかった？それに許された危険とか結果回避義務というのはどう？」Aは「えっ、

> どうしてそんなに詳しいの？」と驚いて言った。母親は静かに笑いながら、台所の戸棚の隅にひっそりと置かれてあった自分の名前が書かれた黄ばんだ法学博士号の学位記を息子に見せた。

　すでに述べたとおり、刑法は故意犯を原則としている。過失犯は例外的な処罰である。はるか昔の社会ではそれでよかったともいえる。しかし、自動車も含めた科学技術の発展は、社会を危険社会へと変貌させた。ちょっとした不注意によって事故が生じ大規模な損害を発生させることになると、例外的な処罰である過失犯の考え方にも変化を迫られることになった。少し体系的な話で一般の読者にはわかりにくい話であるが、従来の過失論は、過失はもっぱら責任の問題であり、構成要件・違法性のレベルでは故意犯と変わらないとされていた。つまり、語弊はあるかもしれないが、法的に悪いことは故意も過失も一緒ということである。ただ、行為者の主観面で犯罪の性質が異なることになる。たとえば、自動車を人にぶつけて殺したという場合でも、誤ってひき殺してしまったという場合でも、その違法性は同じであり区別できないと考え、ただ、主観面で異なるだけであるということになる。このような考え方では過失は単に不可抗力の場合と一線を画するだけのものになりやすい。行為者の主観が問題であるから、結果を予測できたかどうか（予見可能性）が重大な問題となり、それが認められれば過失犯が成立することになる。そうすると、事例1-19のAが考えたように、自動車を運転する場合には予見可能性がつねに認められてしまうということになりかねない。そこで、予見可能性といっても、それは具体的な結果の予見可能性であり、ある程度高度な予見可能性を意味すると主張されることになった（もっとも、高度に個別化された予見可能性までは必要とされないと考えるのが合理的である。同旨、最決平成元年3月14日刑集43巻3号262頁）。しかし、そのような場合、行為者の主観的な予見可能性の問題というよりも、むしろ事故の危険性を含めた自動車運転行為自体が社会的に許容されていると考えた方が自然である。そこで、これを一般化し、許された危険の法理が登場した。この法理を背景にして、過失犯を違法性のレベルでも構成できるとされた。つまり、社会的な有用性があればある程度危険な行為でも許されているのではあるが、ある程度の結果回避義務を果たしていなければ過失犯の違法性があるとされることになるのである。なお、結果回避義務を果たすためには予見可能性

もなければならないが（予見できないのに結果を回避せよとはいえない）、そうすると予見可能性も主観的違法要素として違法論でも取扱われることになる。このような考え方を**新過失論**といっているが、過失犯を客観的な義務違反犯罪であると構成し直したところに特徴があるといえる。なお、この義務違反犯罪としての性格をさらに推し進め、予見可能性を危惧感ないし不安感と考える「新過失論」が登場したが、これに対しては批判が強い。

> **事例1-20** Aは自動車を運転し、交差点にさしかかった。右折の方向指示を出し、右に曲がろうとしたが、サイドミラーに高速で走ってくるバイクが目に入った。バイクは道路の右側を走って接近してきたが、まさか右折の方向指示を出している自動車の右側から追いぬくことはないと思い、そのまま右折を開始したところでバイクと接触し、バイクは転倒、運転していた被害者は死亡してしまった。

　新過失論は結果回避義務を中心にして過失論を構成するものである。すでに述べたように、この結果回避義務を果たしていないならば過失犯が成立することになるが、それがどの程度の結果回避義務であるのかについては議論がある。しかし、新過失論が展開された背景には許された危険の法理があり、結果回避義務はある程度緩められたものとなるのは当然の成り行きであったといえる。そこで、被害者の不適切な行動により犯罪結果が発生した場合において、その被害者の適切な行動を信頼することができ、かつ加害者が被害者の適切な行動を信頼して行動したのであるなら刑事責任を負わない、といういわゆる**信頼の原則**が登場する。これは昭和40年代に最高裁によっても適用され（最判昭和41年12月20日刑集20巻10号1212頁）、判例上確立されたのであるが、その実質は結果回避義務の緩和であった。**事例1-20**のようにAが被害者の異常な行動をある程度予見していたとしても、被害者が適切な行動をとり右折しようとしている車の右側から追いぬくことはないことを信頼して行動すればよいのであり、事故を回避するための万全の措置までを講ずる必要はないことになるのである。もっとも、信頼の原則により客観的な予見義務が緩和されたため、それにもとづく結果回避義務も緩和されたとみることも可能である。さらに、これらの注意義務の程度の問題であるとするなら、信頼の原則を適用しなくとも、異常な行動を予測し結果回避する義務はないと直接結論付けることも不可能ではない。具体的な状況を考慮し、注意義務の程度をそれぞれの犯罪ごとに確定すれ

ばよいことになる。

# 第2章　刑法各論

## 1　刑法各論の意義

　刑法は、違法行為類型としてさまざまな犯罪行為をその条文に取り込んでいる。そして、刑法77～264条に規定された具体的犯罪類型について、その内容を明確にし、前段階までの刑法総論における理論を適用し、より現実的で具体的な現代的課題に対処するのが、刑法各論の問題である。明治40年に制定された刑法典では、国家法益に対する罪（77～105条；169～173条；193～198条）、社会法益に対する罪（106～129条；136～168条；174～192条）、個人法益に対する罪（130～135条；174～184条；199～264条）の順で個別に犯罪を規定している。

## 2　生命・身体に対する罪

### (1)　殺人罪（199条）

● 殺人罪の客体

　刑法が人の生命・身体を保護法益とする場合には、その行為の対象は人及び胎児に限定される。刑法199条が「人を殺した者」を殺人罪の主体としていることからも、犯罪の対象として「人」の意義が問題となる。刑法上の人は、自然科学上の概念とは必ずしも一致しない。刑法上の人は、自然人（肉体を有する人）に限定され、民法のように法人は含まれない。さらに、人には自分自身は含まれず他人に限られるし、胎児は人として扱われない。胎児は、堕胎罪の対象となるほかは、独立した法益とはならず母体の一部として取扱われる。胎児を人と同等に取扱うことにすると、人工妊娠中絶として届出されている数だけで年間で12万件以上（令和3年度）に上る人工妊娠中絶（昭和30年には117万件もあり、平成元年の時点でも46万件以上あった。届出のない**暗数**を含むと倍以上の数になると考えられている）は、原則殺人罪として取扱われることになり大きな社会問題となろう。それゆえに、**人の始期**は、胎児から人に移行する時となる。学説では、人の始期についてドイツのように分娩開始時とする説、母体外に胎

児の体の一部が出た時とする**一部露出説**、さらに胎児の体が母体外に完全に露出した時とする全部露出説、そして時間的には最も遅い胎児が母体外で自分自身の力で独立して呼吸を開始した時とする独立呼吸説がある。判例は、一部露出の時に人になると理解している（大判大正8年12月13日刑録25巻1号367頁）。

本来、人の始期について一部露出説を採用する場合、妊娠から一部露出までの間は、人ではなく胎児としての存在であることから、**堕胎罪**の対象となる。しかし、堕胎罪については自己堕胎罪、同意堕胎罪、業務上堕胎罪、不同意堕胎罪と多様な構成要件が存在し刑罰として拘禁刑（最高7年）が存在するにもかかわらず、昭和45年以降堕胎罪として有罪となったのはほとんど皆無に近い。その大半は昭和23年に成立した優生保護法を平成8年6月に改正した**母体保護法**（当初より存在する優生思想にもとづく障害者差別の項目を削除）により、人工妊娠中絶が正当化されている。人工妊娠中絶は、本来すべて堕胎罪に該当するものであるが、母体外で胎児が生命を維持することができない時期（平成3年1月以降は満22週未満とされている）において、母体の健康あるいは経済的理由等により行う堕胎行為を正当化するものである。しかし、母体保護法上の正当化の要件はきわめて緩やかに解釈され、届出件数だけで既述の12万件を超え、年齢分布は、20〜30代の女性が80％以上を占めるが、近年10代の女性が増加し10％を超える数字になっている。暗数も含めると実質上の野放し状態（海外からの「中絶天国」との評価もあった）といえよう。胎児の人権、声なき者の人権として大いに問題となるところである。なお、アメリカでは令和4年6月24日にそれまで妊娠中絶の権利を保障していたロー対ウェイド判決（1973年）が連邦最高裁により覆された（ドブス判決中絶厳罰化へ）。

さらに、人の始期と対立する**人の終期**については、その人が生きていれば殺人行為となるものでも、死体であれば原則として殺人未遂にもならず死体（器物）損壊罪が成立するにすぎない。それゆえに、いつの時点で死んだのかは大きな問題となる。人の死である全体死については、自発呼吸の停止、脈の停止（心臓停止）、瞳孔反射機能の停止の**三徴候説**が従来から支持されてきた。しかし、近年の医療技術の向上により臓器移植技術が発達し、脳の死をもって人の死とする**脳死説**が医学上のみならず刑法理論上も有力になってきた。このような社会状況を反映して平成9年に「臓器の移植に関する法律」が制定され、臓器提

供予定者が自ら書面でその意思を表示し、家族が同意した場合には、臓器移植のケースに限定して脳死を人の死と認定した。しかし、その後も脳死段階での臓器移植件数は増加しなかったことから、平成21年に抜本的な改正を行い、年齢を問わず脳死を一律に人の死とし、本人の拒否の意思表示がない限り、家族の同意のみで臓器移植手術ができるようにした。この結果、人の死は原則的には脳死となったのである。しかし、脳死は心臓死に比較して一般人には了解しにくいものとなっている。そして、昭和48年に日本で初めて行われた脳死状態からの心臓移植手術である和田事件のように脳死状態からの臓器移植についてはいまだ多くの不信感が存在しているといえよう。

● 実行行為

殺人罪（199条）については、客体たる「人」の意義だけでも多くの現代的問題を含んでいるが、さらに人を殺す行為については、より一層バラエティーに富み、他人の生命を絶つことであれば方法・手段を問わず、有形的方法であろうと無形的方法であろうと構わない。また、殺人行為は行為者自らが直接手を下さずとも、事情を知らないために故意のない者や是非善悪の判断能力のない責任能力のない者を自分の道具のように利用して犯罪を実行する**間接正犯**のような形態でなすこともできる。母親が幼児に授乳しないで餓死させる行為のように**不作為**によることももちろん可能である。もっとも、殺意をもって藁人形に五寸釘を打ち込む行為は、実行行為がなく殺人未遂も成立しない**不能犯**（行為者が犯罪事実の実現を意図して実行に着手したが、その行為が結果を発生させる可能性が絶無なため処刑するほどの社会的脅威をもたない場合）である。殺人罪については、殺害の実行の着手にいたる前の段階である準備行為の時点で、**殺人予備罪**として処罰される（201条）。

性犯罪に対しては、2017（平成29）年の刑法改正により、強姦罪を強制性交等罪に変更し、①女性に限定されていた被害者に男性を含め、②性交に性交類似行為を含め、③その法定刑の下限を懲役3年から5年に引き上げ、そして④性犯罪に係る親告罪規定を削除した。また、家庭での性的虐待を念頭に親等の監護者がその立場を利用して性的な行為をすれば暴行や脅迫がなくても罰する監護者わいせつ罪及び監護者性交等罪を新設した。この改正に対応して、241条の強盗強姦及同致死罪の規定は、強盗・強制性交等及同致死罪とされた。

2023（令和5）年の刑法改正により強制性交等罪は不同意性交等罪として規定された。そこでは、（1）①暴行・脅迫、②心身の障害、③アルコール・薬物の影響、④睡眠その他の意識不明瞭、⑤同意しない意思を形成、表明又は全うするいとまの不存在、⑥予想と異なる事態との直面に起因する恐怖又は驚愕、⑦虐待に起因する心理的反応、⑧経済的又は社会的関係上の地位にもとづく影響力による不利益の憂慮のいずれかを原因として、同意しない意思を形成、表明又は全うすることが困難な状態にさせること、あるいは相手がそのような状態にあることに乗じて、もしくは（2）わいせつな行為ではないと誤信させたり、人違いさせること、又は相手がそのような誤信をしていることに乗じて、性交等をした場合は不同意性交等罪として5年以上の拘禁刑、わいせつな行為をした場合、不同意わいせつ罪として6月以上10年以下の拘禁刑とした。また、相手が13歳未満の者である場合、又は相手が13歳以上16歳未満の者であり、行為者が5歳以上年長である場合にも、不同意性交等罪や不同意わいせつ罪が成立することとした。

　その他に、「16歳未満の者に対する面会要求等罪」が新設され、（1）16歳未満の者に対して、①威迫、偽計、又は誘惑、②拒まれたのに反復、③利益供与又はその申込みや約束行為をした場合1年以下の拘禁刑又は50万円以下の罰金、（2）上記（1）の結果、わいせつ目的で会う場合2年以下の拘禁刑又は100万円以下の罰金、（3）性交等をする姿、性的な部分を露出した姿等の写真や動画を撮影して送るよう要求した場合1年以下の拘禁刑又は50万円以下の罰金が科せられることとなった。なお、性犯罪に対する処罰の適性を図るために、性犯罪の公訴時効期間について、（1）不同意わいせつ等致傷、強盗・不同意性交等の罪の場合20年、不同意性交等、監護者性交等の罪の場合15年、不同意わいせつ、監護者わいせつの罪の場合12年であり、また被害者が18歳未満の場合は、被害者が18歳に達するまでの期間に相当する期間を加算した期間が公訴期間となる。これらの改正と併せて、性的姿態を撮影することや撮影した記録を提供、保管、送信、あるいは記録等した場合を処罰する「性的な姿態を撮影する行為等の処罰及び押収物に記録された性的な姿態の映像に係る電磁的記録の消去等に関する法律」が制定・施行された。

## 3 財産に対する罪

### (1) 窃盗罪（235条）

> **事例 2-1** 自己の所有する自転車を盗まれたYは、Aがその自転車に乗っているのを発見したため、Aがその自転車を駐輪場に止めたところを見計らって、その自転車を持ち帰った。なおAはネットオークションに出品されていた自転車を購入しており、その自転車が盗品であるとは知らなかった。

● 窃盗の意義

窃盗とは、他人の財物を窃取する犯罪であり、我が国の刑法犯認知件数のおよそ3分の2が窃盗である（令和5年版犯罪白書によると、令和4年の刑法犯認知件数60万1331件のうち、40万7911件が窃盗であり、自転車盗と万引きがその半数を占める）。強盗罪と同じく他人の財産をその者の意思に反して奪う（この性格から、窃盗や強盗を「奪取罪」と呼ぶことがある）点で詐欺罪、恐喝罪等と異なる。窃盗罪等の奪取罪には、その保護法益は所有権その他の本権か占有権かという問題がある。これは、窃盗被害者Yが、外観上一応平穏な占有を有している（窃盗犯人から盗品であるとは知らずにその財物を買い受けた）者Aから、自己にその所有権があることを根拠にその物を取戻す行為が窃盗に当たるかという問題である。事例のYは自己の所有権にもとづいてその自転車を持ち帰った（その占有を自己のもとに移した）のではあるが、Aにはその自転車の占有権がある。窃盗の保護法益が所有権である場合、所有権者であるYの行為は窃盗にはならないが、窃盗の保護法益が占有権である場合、YはAの占有権を侵害しているので、Yの行為は窃盗罪になる。判例は、窃盗罪等の奪取罪の保護法益は占有権と解している（最決平成1年7月7日刑集43巻7号607頁）。この占有とは、事実上の支配（所持）をいうが、これは現実に握持していることに限らず、現実に権利者が排他的に支配を及ぼしている区画内にあれば、権利者がその財物その物について具体的にその所在を認識していなくても占有していることになる。駅の近くにおいてある自転車には所有者の占有が及んでいるが、それを持ち去れば窃盗罪になるし、占有がなければ占有離脱物横領罪（254条）になる。

窃盗罪の客体は「他人の財物」である。但し、不動産はその客体から外れて

いる（不動産は持ち去ることができないから）。財物とは、物理的な方法により管理可能な財貨である。固体、液体等の有体物のみならず、電気その他のエネルギーも財物に含まれる（物理的管理可能性説。物理的に管理可能な物に加えて、人の労働力やエネルギー等も財物に含まれるとする考えを事務的管理可能性説と呼ぶ）。財産的価値や交換価値がなくても何らかの利用価値を持っており、所有や占有の目的となるものであれば、財物といえる。この財物の意義について、高度情報化社会におけるコンピュータ情報は財物といえるかという問題がある。近年はコンピュータに入力される情報について保護の必要性が増大している。しかし、財物について管理可能性の考え方を採用しても、情報そのものは財物として取り扱われない。もっとも、判例は情報を出力してコピーした紙（財物）については財産的価値の高い情報を化体した紙の財物性を認めて窃盗罪（財物への占有侵害）の成立を認めている（例えば、東京地判昭和59年6月28日刑月16巻5＝6号476頁等）。また、情報そのものを直接外部のコンピュータに入力した場合については、情報の窃盗ではなく会社の財産的利益を害した背任罪に当たるとしている（東京地判昭和60年3月6日）。刑法246条の2は電子計算機使用詐欺罪を規定するが、これは電磁的記録情報の改変により財産上の利益を得ることを処罰するもので、情報そのものを保護するわけではない。現在、情報そのものの保護は不正競争防止法や不正アクセス規制法等の特別法に委ねられているが、高度情報化した現代社会において情報を財物として保護するとともに情報の漏示行為を処罰の対象とすることも検討の余地がある。なお、窃盗罪は財物のみを客体とするが、強盗罪、恐喝罪、詐欺罪は財産上不法の利益（サービス、債務等）も犯罪の客体とする。

　財物は、他人の所有に属していることが必要であり、所有者のいない無主物は財産犯の客体にならない。それゆえ、野生動物や植物を奪い取る行為は、特別法違反になる場合を除き、窃盗罪等にはならない。もっとも、覚醒剤や拳銃のように所持自体が禁じられている禁制品であっても、それを所持・占有することは可能であるから、それを侵害すれば窃盗罪等になる。

　窃盗罪は、他人の財物を窃取することによって成立する（235条）。「窃取」とはもともとは「密かに奪う」ことを意味していたが、刑法上はこれに限定されず、「占有者の意思に反して財物に対する占有者の占有を排除し、目的物を

自己または第三者の占有に移すこと」をいうとされている。

(2) **強盗罪**（236〜243条）

　強盗罪とは、人の反抗を抑圧する程度の暴行・脅迫を用いて他人の財物を強取し、又は財産上不法の利益を得る犯罪である。相手の意思に反している点で窃盗と類似するが、財産上の利益をも客体としている点、ならびに暴行・脅迫を手段として人の身体・自由という人格的法益を侵害する点において窃盗と異なり、5年以上の有期拘禁刑という重い刑が科せられる。強盗の手段としての暴行・脅迫は、相手の犯行を抑圧する程度のものであることを要し（但し、相手を現実に抑圧する必要はない）、この程度に至らない暴行・脅迫は恐喝罪の問題となる（249条）。刑法では、単純強盗罪（236条）、事後強盗罪（238条）、昏睡強盗罪（239条）、強盗致死傷罪（240条）、強盗・不同意性交等罪（241条）、更に強盗予備罪（237条）を規定する。

> **事例2-2**　以下の場合、Yには何罪が成立するのかを考えてみよう。
> ① YはAの財物を奪い取る意思でAを殺害し、その財物を持ち去った。
> ② YはAを殺害した後にAの財物を奪い取ろうと思い、その財物を持ち去った。
> ③ BはAを殺害し、そこを立ち去った。YはAが死亡しているのを見て、その財物を持ち去った。

　強盗罪は、上述のように、人の反抗を抑圧する程度の暴行・脅迫を用いて他人の財物を強取する等によって成立する。「強取」は暴行・脅迫により財物の占有を奪うことをいい、ここにいう「占有」は窃盗の場合と同じく事実上の支配（所持）をいう。事例の①のYは、財物強取の意思で被害者Aを殺害してその財物を強取しているので強盗殺人罪になる。では、財物の占有者が死亡した後に奪う行為を行った②及び③のYはどのような罪に問われるのか。本来死者には占有がないことから占有離脱物横領罪が成立するとする考えもある。財物の占有者が死亡した後に初めて財物奪取の意思を生じた②の場合、自己の殺害行為によって生じた被害者の抵抗不能の状態を利用して財物を奪取した点に着目すれば強盗罪と殺人罪が成立するようにも考えられるが、判例は行為を全体的に考察して、被害者の持っていた生前の占有を侵害したものであるが、殺害行為を手段としたわけではないから強盗罪ではなく、窃盗罪と殺人罪を成立させる。財物の占有を殺害した者とは異なる無関係の第三者（③のY）が死体か

ら財物を奪った場合には占有離脱物横領罪が成立する。

強取は、暴行・脅迫を手段として財物の権利者を排除して財物に対して事実上の支配を取得することである。窃盗の機会に暴行・脅迫をすれば強取といえることから、財物の窃取に着手した後、窃取完成前に暴行・脅迫を用いる居直り強盗も強取といえる。実際に奪取行為をせずに、自由意思を抑圧された被害者が加害を恐れて財物を提供しても強取である。

(3) **詐欺罪**（246、246の2、248条）

● 詐欺罪の意義

詐欺罪とは、人を欺いて錯誤に陥れ財物を交付させた場合であり、10年以下の拘禁刑となる。詐欺罪は、いわゆる知能犯であり、近代経済の発展にともない増加してきた。近年では、特にカードによる詐欺や悪徳商法としての詐欺が時代を反映して増えているが、無銭飲食や無賃乗車などの従来からの形態も存在する。**悪徳商法**とは、消費者の無知、軽信などに付け込んで巧妙に詐欺的にあるいは強引に商品やサービスの購入を勧誘する行為で、現物まがい商法、アポイントメントセールス、モニター商法、内職商法、かたり商法、催眠商法、出会い系・アダルトサイト等のワンクリック詐欺、マルチ商法、キャッチ商法、ネガティブ・オプションなど枚挙に暇がない。これらの商法に対しては刑法上の詐欺罪が成立しにくいので、特定商取引に関する法律（特定商取引法）、消費者契約法、あるいは金融商品販売法等により対処しているが、人々のニーズの多様化に対応して様々な形態が発生しており、刑罰による積極的抑止は後手に回っているといえよう。

詐欺罪には、財物そのものを対象とする246条の1項詐欺と財産上の利益を保護対象とする2項詐欺とがある。さらに、未成年者の知識の不十分さや思慮のなさに付け込んでの詐欺や心神耗弱の状態に人を陥れての詐欺行為を対象とした準詐欺罪（248条）ならびに電磁記録物についての特別保護規定である電子計算機使用詐欺罪（246の2条）がある。

● 詐欺罪の成立要件

詐欺罪では、人を欺き錯誤に陥れ、財物もしくは財産上の利益を処分する行為をさせなければ処罰の対象とならない（詐欺行為→錯誤→交付（処分行為）の間

に因果関係が必要)。人を欺く行為とは、積極的に誤解を生じさせるような事実を述べることばかりでなく、挙動や不作為でも該当するし、過去や現在の事実のみならず将来の事実に関する内容でも構わない。現実の商取引では、ある程度の虚言や事実の秘匿も取引慣行として許されていることから、その限界を明確にするのはきわめて難しいといえよう。デパートで洋服を試着してそのまま持ち去る行為は、詐欺行為の着手がなく窃盗罪が成立する。また、火災保険金目当てに家屋に放火する行為は、家屋への着火行為そのものには詐欺の実行行為がなく、保険料の支払い請求の時点で初めて詐欺罪の実行の着手となる。

近年、カードの普及に応じてカード詐欺が著しく増加してきている。**カード犯罪**として問題になるのは、不正に入手した他人名義のカードの不正使用と支払い意思のない会員による自己カードの不正使用である。まず、カード契約の構造は原則的に**三面関係**となっている。すなわち、カード発行会社とカード会員たる消費者との間で、基本となるカード会員契約が締結され、他方カード会社と商品・サービス販売店との間で加盟店契約を締結する。その結果として、加盟店にてカード会員がカードで商品等を購入すると、その代金がカード会社から加盟店に支払われ、さらにカード会社は会員の指定銀行口座から代金と手数料の合計金額を引き落として返済を受ける。そして、判例の多くは、加盟店に対して支払い能力がないのにかかわらず、あるかのごとく装ってカードを提示する行為が欺罔行為であり、加盟店が錯誤に陥って商品等を交付したことで1項詐欺罪が成立するとしている。しかし、上記のような三面関係から、加盟店はカード会社より確実に支払いを受けるので実質上の損害はないのであるが、判例は当該商品を失ったこと自体が損害であるとする。そこで、学説の中には、実際の損害がカード会社にあることを重視して、被欺罔者、処分者、被害者ともにカード会社であるとして、カード会社に立替払いさせて不法に利得することで2項詐欺罪が成立すると解する説もある。もっとも、この説では被欺罔者、処分者が実態と一致しないことになる。

> 事例2-3
> X：　最近の不景気で生活保護受給者が200万人超（令和3年）となり、ホームレスは4000人弱と減少してるけど、やはり生活に困窮して無銭飲食や無銭宿泊する人は多いんだろうね。ところで無銭飲食って後でお金を払えばいいだけじゃない。

Y： お金が払えないから無銭飲食するんだろ！何言ってんだよ。
X： え！じゃあ食べ得、やり得か？店の人を騙しておいて……きっと犯罪だよ。
Y： そういえば、騙すといえば、昔からある釣銭詐欺も詐欺罪だろ？
X： 無銭飲食や釣銭詐欺は、あまり形態も変わらないけど、古くて新しいのがIC乗車券で不正乗車する「キセル行為」かな？これも問題だね。

　　　　　　　　＊　　　＊　　　＊

A： 刑法上の詐欺犯のかなりの数が無銭飲食だそうですね。キセル乗車が鉄道営業法等の特別法に触れるのはともかく、刑法上の詐欺罪になるのですか。
B： そうか、やはり無銭飲食は詐欺罪ですか……。
A： **無銭飲食**については、当初より支払いの意思もなく、食べ物を注文して飲食するわけですから詐欺行為があり、その注文にもとづいてお店は代金を支払ってくれるものと錯誤して食べ物を提供（処分行為）している。比較的わかりやすい詐欺行為ですね。しかし、食べ物を注文して飲食する時点（前者）と最後にレジで代金・料金の支払いを免れた時点（後者）のいずれの時点で詐欺罪が成立するかは問題となります。前者の場合には、代金の支払い意思がないのにもかかわらず注文する行為で、実際に食事（財物）の一部を食した時点に1項詐欺罪が成立すると思われます。後者では、2項詐欺罪が問題となるけど、代金支払いを免れる具体的行為が必要となるため、単に逃走して事実上の債務の支払いを免れただけでは、債務免除行為を代金債権者はしていないから、単なる民法上の債務不履行になるだけだね。
B： **釣銭詐欺**には、①釣銭が余分であることを知りながら、黙って受け取った場合、②釣銭が余分であることに後になって気付いたけど、そのまま返還しなかった場合、③釣銭が余分ではないか確認されたのに、それを否定し返還を免れた場合、などの形態があるけど。それぞれ場合で異なるのかな？
A： ①については、釣銭が余分であることを認識しながら、その旨を告知しないことが不作為による詐欺行為となる。店の人はそれにより錯誤し処分行為したといえるから1項詐欺罪が成立する。②は、釣銭を受け取る段階では余分であることを知らず、故意はない。その後、気付いたが返還しないことから返還債務を免れたことにつき2項詐欺罪が成立するようにも思えるが、詐欺行為自体がないことから、詐欺罪は成立せず、占有離脱物横領（254条：遺失物などの占有を離れた他人の物を不法領得の意思で自己の事実上の支配下に置く犯罪、1年以下の拘禁刑又は10万円以下の罰金若しくは科料）が成立する。③は、店の人は明確には債務を免れさせる意思はないことから、無意識的な不作為による処分行為を認める場合には2項詐欺罪が成立する。
C： いわゆる**キセル乗車**は、例えば、東京駅から横浜駅まで乗車する目的で、東京駅から新橋駅までの乗車券を購入して東京駅の改札を通過し、あらかじめ購入してあった神奈川駅から横浜駅までの乗車券で降車し、新橋・神奈川間の乗車料金を騙し取るものです。このように、欺罔行為をして正規の運賃の支払いを免れるのが「キセル乗車」であり、キセル乗車では、実行行為を乗車駅の時点に認めるのか、下車駅の時点に認めるのかで犯罪成立の時期がかなり異なってきますよね。
B： 乗車の時点で不正乗車の意思を隠して改札を通過する行為自体が財産上の利益とし

ての輸送役務を得たことになるとしても、乗車時に改札係員が債務免除の処分行為をしているとはいえず、詐欺の実行行為とはいえない。それに、現実には車内精算、下車駅精算の制度が採用されているから、入場行為は実行行為とはいえないと思う。

C： しかし、下車駅については改札係員に対し正規の運賃を支払ったように欺いています。その結果として運賃の支払いを免れており、さらに出場改札で改札係員は不正利用者チェックの目的で切符点検を行っており、欺罔されて出場させれば運賃債務の支払いを免れさせることを認識して処分していますから2項詐欺罪が成立するはず。

A： 一般には、乗車後にキセル乗車の意思が生じた場合をも含むのみならず、最初からキセル乗車の意思をもっていた場合についても、主観を重視せず客観的に最終の精算所も通過した下車駅での2項詐欺罪を認定するのがもっとも妥当な解釈でしょうね。ちょっとした出来心でキセル乗車をする人がいるとしたら、最後の出札口で思いとどまり精算所へ行くかもしれませんね。キセルを翻意する機会を最後の瞬間まで与えることが、謙抑的な刑法の考え方とマッチするでしょう。

C： 刑法の謙抑主義の考え方ですか。そういえばキセル乗車につき詐欺罪の成立を否定した判決（東京高判昭和35年2月22日東高刑時報11巻2号43頁）もありましたね。

B： もっとも近年のキセル乗車（不正乗車）は、磁気定期券の不正乗車防止システムを解除してキセル乗車を繰り返していたように、不正乗車防止システムを解除した磁気・IC定期券でキセル乗車を繰り返すという形態で頻繁に行われている。このような場合、金額にもよるが、悪質な場合には電子計算機使用詐欺罪（246条の2）として対応されているようです。

## 4 社会的法益に対する罪

### (1) 放火罪及び失火罪（108～117条の2）

**事例2-4** 先日、近くの商事会社で、深夜たった1人で残業中の従業員のXが、上司の残業命令があまりに過酷なので、腹いせに火がついたタバコを事務所の床に投げ捨てたところ、タバコの火で床マットが燃え始めた。Xは慌てて隣の棟（コンクリートの渡り廊下で接続している）で寝ていた警備員Yを起こして、いっしょに消火作業をして火を消し止めた。結果的には、事務所の床を縦横90センチメートル四方焦がしただけで済んだ。
　Xは損害を賠償したが、犯罪が問題になることはあるのだろうか？
　　　　　＊　　　＊

A： 刑法は、108条から117条の2で放火及び失火の罪を規定している。特に、108条は人の住居又は人がいる建物など（客体は、建造物、汽車、電車、艦船又は鉱坑）への放火行為を犯罪（現住建造物放火罪）として重く処罰（死刑又は無期若しくは5年以上の拘禁刑）している。また、109条（非現住建造物放火罪）は空き家などの人がいない建物などへの放火を2年以上の有期拘禁刑として処罰している（客体は、上記108条の対象のうち汽車と電車は含まない）。さらに、108条、109条の建物など以外

の物についての放火は110条（建造物等以外放火罪）で、1年以上10年以下の拘禁刑とされている。

B：　死刑とは厳しいね。殺人とは異なる火事で死刑もありか。

A：　放火罪は、放火行為により不特定又は多数人の生命・身体・財産の安全を保護法益とした公共危険罪で、これらの保護法益に対する危険を生じさせることを処罰するとしてるんだ。だから、保護法益の人の生命・身体で、人が現住（現在）している場合（108条）とそうでない場合（109条）に分けて規定している。また、放火の対象物が「自己の所有」か「他人の所有」かで財産的意味が異なるので、放火の対象物が109条の1項の「他人所有」の場合に比べて2項の「自己所有」のように軽く（1年以下の懲役又は10万円以下の罰金）処罰している。放火罪は、公共危険犯だから、放火により目的物が燃える（焼損）ことで抽象的な公共の危険が生じれば既遂になる（108条、109条1項、116条1項）。しかし、放火罪の条文上、「公共の危険」を敢えて必要とする場合には、焼損だけでは足りず、具体的な保護法益に対する公共の危険がなくては犯罪は成立しない場合（109条2項、110条、116条2項）がある。

B：　なかなかややこしいな。単に火事があったというよりも、火事でどのような法益が危険になるのかを場合分けにして刑法は考えているんだね。

C：　そうか。ところで過失がある場合は、116条に失火罪の規定があるから、放火罪は当然故意犯だよね。この事件では、Xは故意はなくて過失ではないかな？

A：　いやそうはいえないね。火のついたタバコを床マットの上に捨てれば当然に燃え広がるわけだし、Xは床マットの上に意識的に捨てているから、少なくとも床が燃えてもかまわないという未必の故意（犯罪結果が生じるなら生じてもいいという意識状態）はあるだろうね。

B：　厳しいな。じゃあ、故意はあるとしても事務所だから「現住」ではないし、放火した自分Xがいるだけだから「現在」ともいえないよね。とすると非現住建造物放火罪（109条1項）か。火をつけたあとで警備員のYも来たんだし。

A：　たしかに、なんとなく非現住建造物のように思えるね。でも、隣の棟には警備員Yが寝泊まりしていた。しかも火をつけた事務所のある建物と警備員のいる隣の建物とは渡り廊下で繋がっていた。延焼していく可能性は十分にあったんだから2つの建物を一体のものとして考える（一体性の問題）こともできます。

C：　え、そうすると隣の建物と渡り廊下で繋がって延焼可能性があり、物理的に一体性があることで現住建造物として見れるんだ。そうするとXは現住建造物放火罪の既遂で処罰されるんだ。

A：　いやまだです。現住建造物への放火が認められても、それが未遂（未遂で処罰できるのは108条と109条1項のみ）でなく既遂となるには、108条の「焼損」がなくてはならない。裁判所は、「焼損」とは、火が媒介物を離れて独立して燃焼を継続する状態になったこと（独立燃焼説）をいうとしています。具体的には、天井を30センチメートル四方焼いた程度で「焼損」ありとしています。この事例では、90センチ四方焼いていますから十分既遂ですね。そこでXには現住建造物放火罪（108条）の既遂が成立します。

C: いやあ、なかなか考えさせられますね。
B: つまらんことを聞きますが、よく家中の人を殺して火を放って家を焼いたという事件がありますが、その場合は、現住性が無くなり非現住建造物への放火（109条1項）ですよね。その考えだと、家にいる人が火をつけることに同意すれば現住性は無くなり非現住建造物放火罪（109条1項）となる。しかし、家の所有者が同意しても現住性は変化しないということで108条ですね。
A: はいそうですね。ちなみに、家に人がいなくなっても（非現在性）、その家を住居として使用し続けることが明白な場合は、現住性があることになります。旅行へ行って留守でも、近日中には戻って住み続ける場合は現住性があり、建造物の使用形態に変更がない場合には、現住性は消えません。

## 5 国家的法益に対する罪

### (1) 公務執行妨害罪（95条）

● 公務執行妨害罪の意義

　公務執行妨害罪は、公務員が職務を執行するにあたって、これに対して暴行又は脅迫を加える行為をなした場合に成立するもので、3年以下の拘禁刑に処せられる。公務ではなく一般の業務である場合には業務妨害罪（233、234条）が成立し、公務と関わりのない場合については、公務員に対しての単なる暴行罪（208条）、脅迫罪（222条）が成立することになる。それゆえに、公務執行妨害罪の本質は、公務そのものの保護であり、公務員自身の保護ではないのである。そこでは、公務である国又は地方公共団体の作用の円滑で公正な遂行を保護法益としてとらえており、公務員は保護法益である「公務」の行為客体である。そのため、公務員に対する侵害は、公務に対する侵害の抽象的危険（結果発生不要）として把握されている。公務の執行を妨害する犯罪として刑法は、公務執行妨害罪（95条1項）のほかに職務強要罪（95条2項）、封印破棄罪（96条）、強制執行免脱罪（96条の2）、競売入札妨害罪（96条の6第1項）、談合罪（96条の6第2項）を規定している。もっとも、実務上の犯罪件数では公務執行妨害罪に関するものが圧倒的である。

● 公務執行妨害罪の公務員

　公務執行妨害罪における「公務員」とは、刑法7条により国又は地方公共団体の職員その他法令により公務に従事する議員、委員その他の職員である。もっとも、形式的には国又は地方公共団体の職員に該当しても、単純な機械的労務

に従事する者は除かれる。これに対し、特別法により刑法適用の対象となる「みなす公務員」は含まれることになる。公務員の職務は、警察事務のような権力的作用に限らず、学校や鉄道のような一般企業と同様な非権力的作用をも一応含むものと考えられている。

● 職務行為の適法性

公務員の行為であっても、法令上の根拠にもとづく職務行為以外の行為については、一般人と同じであり公務としての保護を受けることはない。もちろん法令上の職務行為であっても、権限を逸脱あるいは濫用した行為は、公務員職権濫用罪（193条）に該当することはあっても公務執行妨害罪の保護の対象とはならない。問題となるのは、外観上は法令に根拠ある公務の執行としてなされており、なおかつ当該公務員も正当な職務行為と信じて行為しているのだが、実際には、法律上の形式的又は実質的要件を欠いている場合である。一般的には、職務行為の適法性については、①問題となる職務行為が当該公務員の一般的・抽象的職務権限に属していること、②当該公務員がその職務行為を行う具体的権限をもっていること、③その行為が公務員の職務行為の有効要件である法律上の重要な条件や方式を履践していることの3要件が必要である。

そして、この職務行為の適法性についての判断基準については、裁判所が法令を解釈して客観的に決めるべきであるとする客観説が多数である。このような判断は、職務行為の時点における具体的状況に即して判断すべきで、事後的に客観的に判断すべきではない。公務員が、行為時に相当な根拠にもとづいて職務執行の要件たる事実が存在すると信じて権限を行使した以上は、その職務は保護に値するものであり、相手方に公務執行妨害罪が成立することになる。このように職務の適法性は、職務行為に対する刑法的要保護性の問題であることから、故意についての認識対象とはならない。それゆえに、公務員に過失なく、外観上適正な手続きを履践した職務執行と認められる以上は、犯人が違法な職務行為であると信じて反抗したとしても、事実の錯誤ではなく法律の錯誤として一般的に公務執行妨害罪の故意を阻却しないのである。

● 暴行・脅迫

公務執行妨害罪の暴行・脅迫とは、刑法における一般的な有形力の行使である暴行、人を畏怖させるに足りる害悪の告知である脅迫とは異なり、公務員の

職務執行に対して物理的又は心理的障害となるものであれば足りる。すなわち、暴行は公務員に向けられた有形力の行使であれば足り、必ずしも直接に公務員の身体に向けられる必要のない**間接暴行**で足りる。逮捕現場で押収された覚醒剤のアンプルを足で踏み付けて壊す行為でもよいのである。また、脅迫についても直接に公務員に向けられなくとも第三者に対する脅迫でも公務執行妨害罪の脅迫となる。もっとも、公務の執行に際して、単に敵意や反感を示して気勢をあげる程度では、威迫にすぎず脅迫ではない。なお、暴行・脅迫により、現実に公務が妨害されることは公務執行妨害罪の成立に必要でない。

### (2) 賄賂罪（197〜198条）

**事例2-5** 国会の衆議院で過半数の議席をもつ自閉党の衆議院議員Xは、衆議院議長になりたいと思い、自閉党の有力者で衆議院議員であるYに自閉党内の衆議院議長候補者選出選挙で自分を推挙してほしい旨説得した。Yは見返りを期待してXを議長候補として推挙するとともに議長選でXに賛成票を投じた。その際、XはYに謝礼を渡さないつもりであった。翌年Yは解散により衆議院議員の職を失い、その後参議院議員選挙に出馬し当選した。Xは以前のYの厚意にやはり報いるべきだと思い、Yを料亭で接待し飲食代金を負担した。X、Yは賄賂罪に触れないか。

＊　　＊

A： いやあ、なかなか厳しい事例ですね。あまり好ましくないというか、やってはまずいかなという感じではありますね。

C： まずい！何いってるんですか、犯罪でしょう、賄賂罪ですよ。

B： そうかな、民間企業ではよくあることでしょ。色々配慮してもらったらそれなりにお礼をするのは当たり前でしょう。犯罪なんて……。

A： 賄賂罪というのは結構厄介で、この事例のYについては、単純収賄罪（197条1項前段）、受託収賄罪（197条1項後段）、事前収賄罪（197条2項）、第三者供賄罪（197条の2）、加重収賄罪（197条の3　1項、2項）、事後収賄罪（197条の3　3項）、斡旋収賄罪（197条の4）が一応問題視できます。また、接待したXには贈賄罪（198条）が問題となります。

C： 知ってるよ。**単純収賄罪**（197条1項前段）は、収賄罪の基本型で、賄賂を収受（受け取ること）し、要求し、又は約束する行為を公務員がする場合で5年以下の拘禁刑です。もちろん、受け取ったものが職務に関連した賄賂であることを認識しなければ故意がないことになります。**受託収賄罪**（197条1項後段）は、請託（職務に関して一定の職務行為を依頼すること）がある点で、単純収賄罪よりも重い7年以下の刑になります。**事前収賄罪**（197条2項）は、公務員になろうとする者が、将来担当する可能性がある職務について請託を受け賄賂を収受、要求、約束した場合で、行為者が

公務員になった場合に5年以下の拘禁刑で処罰されます。**第三者供賄罪**（197条の2）は、職務権限を有する公務員が自ら賄賂を取るのではなく、当該公務員以外の第三者に賄賂を供与（収受させる行為）させ又は供与を要求、約束する行為を5年以下の拘禁刑に処するものです。**加重収賄罪**（197条の3　1項、2項）は、収賄行為のみならず職務違反行為が行われた場合に重く処罰するもので、1項は賄賂を収受した後に不正な行為をした場合、2項は不正行為をした後に賄賂を収受した場合です。**事後収賄罪**（197条の3　3項）は、公務員であった者が、公務員在職中に請託を受け、職務上不正な行為をし、又は相当な行為をしなかったことで賄賂を収受、要求、約束することです。**斡旋収賄罪**（197条の4）は、公務員が請託を受けて、他の公務員をして、その職務上不正な行為をさせ又は相当な行為をさせないように斡旋することで賄賂を受け取ることで5年以下の拘禁刑になる場合です。また、**贈賄罪**（198条）は、公務員でもあってもなくても、公務員に対し賄賂の供与（賄賂を相手に収受させること）、申込み（賄賂を供与する意思を示すこと）、約束（将来賄賂を供与することを公務員と合意すること）をした場合には、3年以下の拘禁刑又は250万円以下の罰金に処されます。

A：　よくご存知ですね。そもそも賄賂罪は、公務員の職務の公正及びそれに対する社会の信頼が保護法益です。この観点から、賄賂（公務員の職務に関連する正当な根拠のない報酬としての一切の利益）を受け取ったといえるかを検討する必要があります。

B：　なるほど。そもそも料亭で飲食の接待を受けた程度だから賄賂ではないか？

C：　いや、先ほどのAさんの賄賂の定義だと金銭以外でも人の欲望又は需要を満たす一切の利益を含むでしょう。とすれば、正当な根拠のない報酬としての利益でしょう。やはり賄賂ですね。

B：　それでは、賄賂は議長候補者への推挙と投票だから当然職務に関連した行為だな。

A：　そうかな？収賄罪の保護法益は先ほどの説明どおりですから、職務と密接に関連している行為について賄賂を受け取ることは職務の公正さを害しますが、単に党内の議長候補者選出選挙については一見しただけでは関連性はないようにも見えますね。

C：　え!?それはないでしょう。だって、衆議院で過半数を占める自閉党の議長候補者選挙ですから、しかも投票結果は当然に党員を拘束しますから、党内で選出されれば、自動的に衆議院議長になれますよ。であれば、衆議院議員であるYの職務である議長選出行為と職務密接関連した行為でしょう。

A：　なるほどそのとおりですね。しかし、Yは衆議院議員の時に依頼を受けましたが、賄賂を受け取ったのは参議院議員のときですよね。転職前の職務に関して賄賂を受け取った場合も「職務に関し」といえますか？

B：　そうそう、衆議院と参議院では一般的・抽象的職務権限が異なるから、転職前の職務に関して賄賂を収受した場合は、「職務に関し」とはいえないよ。現在担当している職務に関してのみが問題なんだよ。だからYは無罪さ。

C：　そういう考え方もあるけど、およそ公務員であれば転職して一般的・抽象的職務権限が異なっても、職務の公正に対する信頼が害されるのは間違いないのだから、公務員であれば、現在担当している職務に「職務に関し」の要件を限定する理由はないよ。

当然、受託収賄罪（197条1項後段）がYには成立するね。
　　もっとも、事後収賄罪（197条の3　3項）は、公務員で無くなった場合に成立するから、この事例では無理だね。
A：　なかなか面白い議論ですね。なお、C君の考え方ですとXについては、Yに投票行為などを依頼しており、受託収賄罪が成立するYに賄賂を供与していますから贈賄罪（198条）が成立しますね。

【著者紹介】

三 枝　有（さえぐさ　たもつ）
　信州大学名誉教授
　〔主要著書〕
　『フロンティア法学〔第2版〕』（共著）法律文化社、2006年
　『家族の変容と暴力の国際比較』（共著）明石書店、2006年

鈴 木　晃（すずき　あきら）
　中京大学 講師
　〔主要著書〕
　『憲法入門講義〔第2版〕』（共著）法律文化社、2016年
　『セットアップ法学〔第3版〕』（共著）成文堂、2006年

漆畑　貴久（うるしばた　たかひさ）
　大阪経済法科大学 客員准教授
　〔主要著書〕
　『体験する法学』（共著）ミネルヴァ書房、2020年
　『検証　判例会社法』（共著）財経詳報社、2017年

Horitsu Bunka Sha

ローディバイス法学入門〔第3版〕

2013年4月25日　初　版第1刷発行
2018年3月1日　第2版第1刷発行
2025年2月28日　第3版第1刷発行

著　者　　三枝　有・鈴木　晃・漆畑貴久
発行者　　畑　　光
発行所　　株式会社　法律文化社

〒603-8053
京都市北区上賀茂岩ヶ垣内町71
電話 075(791)7131　FAX 075(721)8400
https://www.hou-bun.com/

印刷：西濃印刷㈱／製本：㈱吉田三誠堂製本所
装幀：三枝倫子

ISBN 978-4-589-04390-0

© 2025 T. Saegusa, A. Suzuki, T. Urushibata　Printed in Japan

乱丁など不良本がありましたら、ご連絡下さい。送料小社負担にて
お取り替えいたします。
本書についてのご意見・ご感想は、小社ウェブサイト、トップページの
「読者カード」にてお聞かせ下さい。

**JCOPY**　〈出版者著作権管理機構　委託出版物〉

本書の無断複写は著作権法上での例外を除き禁じられています。複写される
場合は、そのつど事前に、出版者著作権管理機構（電話 03-5244-5088、
FAX 03-5244-5089、e-mail: info@jcopy.or.jp）の許諾を得て下さい。

木俣由美著
## ゼロからはじめる法学入門〔第3版〕
A5判・238頁・2640円

ユーモアに富む語り口で、法とは何か、法律の役割とは何か、を知識ゼロの水準から丁寧に説く好評書の改訂版。拘禁刑創設や性犯罪に関する刑法改正、所有者不明土地問題に対処する民法・不動産登記法改正、離婚後共同親権の法改正等を反映させつつ記述を改めた。

長沼建一郎著
## 大学生のための法学
―キャンパスライフで学ぶ法律入門―
A5判・232頁・2970円

法学部以外で初めて法学を学ぶ人を対象にした入門書。総論では法の考え方・しくみについて概説し、各論では民法を中心に行政法、憲法等を素材に身近な事象を示しながら具体的に解説。各小項目レベルで関連するキャンパスライフの事例も取り上げた。

吉永一行編
## 法学部入門〔第4版〕
―はじめて法律を学ぶ人のための道案内―
A5判・198頁・2310円

法学部はどんなところ?「学生のつまずきの石」を出発点に、新入生の学習をサポート。「何を学ぶか」「どう学ぶか」の二部構成からなり、法学部生らしい考え方が身につく一冊。法律上の年齢にまつわるコラムを加筆・追加し、2022年刑法改正も反映。

君塚正臣編
## 高校から大学への法学〔第2版〕
## 高校から大学への憲法〔第2版補訂版〕
各A5判・222頁・2310円

高校で学ぶ地理・歴史・公民等の基礎知識や基本用語と連関させたユニークな法学・憲法の入門書。高校で学んだ用語を明示するとともに、大学での基本用語も強調するなど、学習を助ける工夫を施す。高校の新課程をふまえ全面改訂。

尾﨑利生・鈴木 晃著
## 憲法入門講義〔第3版〕
A5判・264頁・2530円

法学部新入生や一般教養として憲法を学ぶ人のために、全体像をシンプルに提示。近代立憲主義の精神を根底にすえて、可能なかぎり通説の意味をわかりやすく伝える。憲法状況の変動や新たな判例・動向を踏まえてアップデートした。

―法律文化社―

表示価格は消費税10%を含んだ価格です